BKC 강해 주석 14
예레미야·예레미야애가

The Bible Knowledge Commentary

BKC 강해 주석 14

예레미야·예레미야애가

지은이 | 찰스 디어   옮긴이 | 장종식·김정남
개정2판 1쇄 발행 | 2016. 7. 20

등록번호 | 제1988-000080호
등록된 곳 | 서울특별시 용산구 서빙고로 65길 38
발행처 | 사단법인 두란노서원
영업부 | 2078-3352   FAX 080-749-3705
출판부 | 2078-3332

▌책값은 뒤표지에 있습니다.
ISBN 978-89-531-2601-5 04230
(set) 978-89-531-2540-7 04230

▌독자의 의견을 기다립니다.
tpress@duranno.com   http://www.Duranno.com

▌이 책의 성경 본문은 개역개정판을 사용했습니다.

두란노서원은 바울 사도가 3차 전도여행 때 에베소에서 성령 받은 제자들을 따로
세워 하나님의 말씀으로 양육하던 장소입니다. 사도행전 19장 8~20절의 정신에
따라 첫째 사역자를 돕는 사역과 평신도를 훈련시키는 사역, 둘째 세계선교(TIM)와
문서선교(단행본·잡지) 사역, 셋째 예수문화 및 경배와 찬양 사역, 그리고 가정·상담 사역
등을 감당하고 있습니다. 1980년 12월 22일에 창립된 두란노서원은 주님 오실 때까지 이
사역들을 계속할 것입니다.

BKC 강해 주석 14

예레미야 · 예레미야애가

찰스 디어 지음 | 장종식 · 김정님 옮김

두란노

CONTENTS

예레미야애가

דִּבְרֵי

אֲשֶׁר הָיָה דְבַר־יְהוָה אֵלָיו בִּימֵי יֹאשִׁיָּהוּ בֶן־אָמוֹן מֶלֶךְ יְהוּדָה בִּשְׁלֹשׁ־עֶשְׂרֵה שָׁנָה לְמָלְכוֹ

לְצִדְקִיָּהוּ בֶן־יֹאשִׁיָּהוּ מֶלֶךְ יְהוּדָה עַד־תֹּם עַשְׁתֵּי עֶשְׂרֵה שָׁנָה עַד־גְּלוֹת יְרוּשָׁלַ͏ִם בַּחֹדֶשׁ הַחֲמִישִׁי ס

וַיְהִי בִּימֵי יְהוֹיָקִים בֶּן־יֹאשִׁיָּהוּ מֶלֶךְ יְהוּדָה עַד־תֹּם

The Bible Knowledge Commentary 14

Jeremiah
서론

The Bible Knowledge
Commentary

서론

　예레미야는 유다가 멸망했던 암흑기에 사역한 최초의 예언자였다. 당시는 하박국, 스바냐와 같은 예언자들의 활약이 눈에 띄는 때이기도 했다. 예레미야는 바벨론에 있던 에스겔과 함께, 하나님 말씀의 강렬한 메시지로 유다의 어두운 죄를 폭로했던, 당대의 활활 타오르는 횃불이었다. 그리고 제멋대로 행동하는 백성을 향해 눈물을 흘린 선지자였다.

저자 및 연대

　이 성경의 저자는 "힐기야의 아들 예레미야"(1:1)이다. 예레미야(이르메야후[יִרְמְיָהוּ], 혹은 이르메야[יִרְמְיָה])라는 이름의 정확한 의미에 대해서는 논란의 여지가 있으나, 암시하고 있는 의미는 '여호와께서 세우신다', '여호와께서 높이신다'이며 '여호와께서 던지신다'는 의미도 내포한다. 예레미야의 아버지 힐기야는 레위 지파 제사장 중 한 사람으로, 요시야 왕 때에(참조, 왕하 22:3~14) 성전에서 율법을 발견한 사람과 동일 인물은 아닌 것 같다. 그는 예루살렘에서 북동쪽으로 4.8킬로미터정도 떨어진 작은 마을 아나돗에 살았다(참조, "예레미야

와 에스겔의 세계" 지도). 아나돗은 요시야가 제사장 아론의 후손들에게 준 성읍들 중 하나였다(참조, 수 21:15~19). 에스겔(겔 1:3), 스가랴(슥 1:1. 참조, 느 12:1, 4, 16)와 마찬가지로 예레미야도 제사장 가문에서 출생한 것이다. 그러나 그가 예루살렘의 제사장이 되었는지에 대해서는 정확한 증거가 없다.

예레미야의 사역은 "요시야가 다스린 지 십삼 년"(1:2)부터 예루살렘 사람들이 포로가 된 시기까지이다(1:3). 이러한 사실로 봤을 때 예레미야는 BC 627년경부터 적어도 BC 586년까지 예언을 했다고 볼 수 있다. 이밖에도 예레미야서 40~44장을 보면, 예레미야의 사역은 예루살렘 멸망 이후 적어도 BC 582년까지 계속되었다는 사실을 알 수 있다. 이처럼 예레미야서에는 연대기적 언급이 포함된 예언들이 기록되어 있어 구체적인 날짜를 계산해 낼 수 있다.

예레미야서에 나타난 다양한 예언들이 어떻게 편집되었는지를 결정하는 것은 아직도 어려운 문제로 남아 있다. 많은 학자들은 이 책이 후대에 가끔씩 우연히 발견된 예레미야(혹은 그의 제자들)로부터 들은 하나님의 말씀들을 선택해서 모아 정리한 것이라고 주장한다. 그러나 어떤 학자들은 이러한 의도적인 순서들의 존재를 거부한다.

도표 "예레미야 예언의 연대"는, 예레미야의 예언들을 연대기적으로 어떻게 정리할 수 있는지를 보여 준다. 여기서 세 가지 사실을 주목해 볼 수 있다.

(1) 분명히 연대기적 일관성은 없다. 에스겔서의 예언들이 연대기적인 순서를 따라 정리되어 있는 것과는 달리, 예레미야서는 가끔 서로 떨어진 연대들을 모아 예언을 삽입했다.

(2) 예레미야의 메시지들은 억압, 격변, 빈곤의 시기에 주어졌다. 1~6장, 11~12장은 요시야의 개혁 시기와 대략적으로 일치한다. 다음으로 중요한 예언 활동은(7~10장; 14~20장; 22:1~19; 26장) 느부갓네살의 힘이 왕성해질 때였다. 예레미야의 나머지 예언들은 1차 바벨론 포로, 2차 바벨론 포로, 바벨론에 대한 반란 모의, 그리고 바벨론의 마지막 포위 전투 이후 이스라엘 백성이 포로로 잡혔을 때 선언됐다.

(3) 예레미야서는 다양한 시대적 발전 단계의 증거를 가지고 있다. 즉, 예레미야의 예언 사역의 발전 단계 각각에 해당하는 예언들을 분명한 편집 양식에 맞게 수집해서 재배열했다(참조, 25:13; 30:2; 36:2, 32). 1~51장까지의 최종적인 형태는 예레미야가 애굽에 포로로 잡혀간 이후에(참조, 51:64) 완성되었다. 그런데 52장은 어떠한가? 예레미야 52장은 여호야긴이 바벨론 포로에서 해방된 시기인(52:31) BC 561년 이후의 어떤 시기에 기록된 것이다. 그리고 그 내용은 열왕기하 24장 18절부터 25장 30절까지의 내용과 거의 일치한다. 즉 이 마지막 장은 열왕기서의 저자가 예레미야의 예언들을 첨가하여 편집한 것이라 할 수 있다. 여기에는 심판에 대한 예레미야의 예언의 성취와 여호야

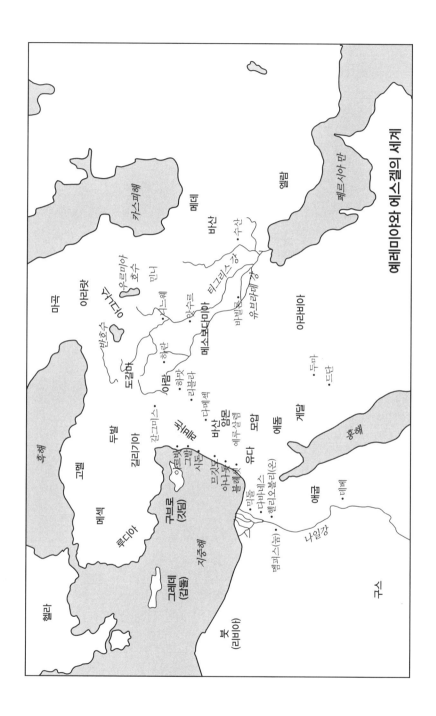

예레미야와 에스겔의 세계

긴의 해방의 내용으로, 하나님의 회복과 축복을 예시하고 있다.

역사적 배경

예레미야의 사역은 유다 역사 마지막 50년에 걸쳐서 행해졌다. 예레미야는 유다의 마지막 선왕 때인 요시야 왕 13년(참조, 1:2), BC 627년에 부르심을 받았다. 요시야의 통치는 다윗 왕권이 우상숭배의 악함과 이방의 침략으로 전복되기 전 마지막 빛과 같은 시대였다. 요시야가 왕위에 올랐을 때의 나이는 8세였고, 유다를 위해서 31년 동안 안정된 통치를 했다.

유다는 므낫세 왕이 55년 간 통치하며 촉진시킨 우상숭배로 내적인 어려움을 겪었다(왕하 21:1~9). BC 622년(요시야 18년)에 유다는 그의 마지막 영적인 갱신(참조, 왕하 22:3~23:25)을 경험했다. 성전 안에서 모세의 율법을 되찾은 일을 계기로, 요시야는 우상을 제거하는 작업을 강력히 추진하기 시작했다. 요시야는 종교개혁에 있어서 외적인 형식들을 계속 제거해 나갔다. 그런데 이러한 노력에도 불구하고 흡족한 결과를 가져오지는 못했다. 결국 요시야가 죽자 백성은 다시 사악한 길로 들어섰다.

국제적으로는 수세기 동안 고대 근동 지역을 지배해 왔던 위대한 제국 앗수르 제국이 붕괴 위기에 처해 있을 때였다. 수도 니느웨는 BC 612년에 멸망을 당했고 BC 609년에는 퇴각하는 앗수르 군대가 하란에서 패배했다. 한때 앗수르에 포위되어 있던 잔존자들은 유브라데강을 건너 갈그미스를 충격에 빠뜨리게 한 적도 있었다(참조, "예레미야와 에스겔의 세계" 지도).

앗수르의 멸망은 더 큰 세력인 바벨론의 부흥의 계기가 되었다.

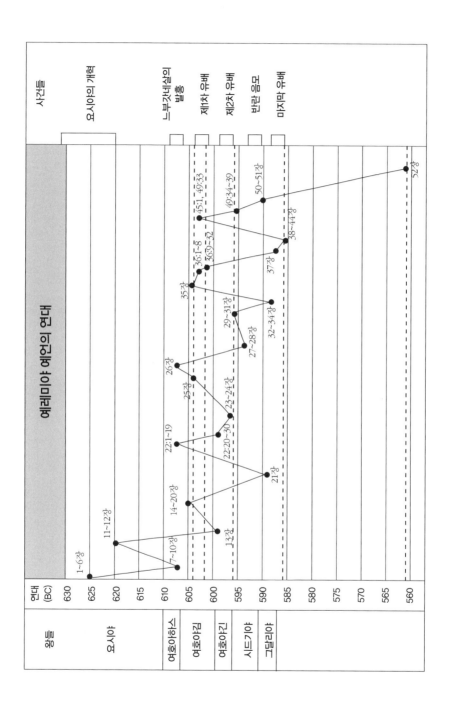

예레미야 예언의 연대

왕들		연대 (BC)	사건들
	요시야	630	
		625	요시야의 개혁
		620	
		615	
		610	
여호아하스		605	느부갓네살의 발흥
여호야김		600	제1차 유배
여호야긴		595	제2차 유배
시드기야		590	반란 음모
그달리야		585	마지막 유배
		580	
		575	
		570	
		565	
		560	

점들의 본문:
1~6장
11~12장
7~10장
14~20장
22:1-19
13장
25장
26장
22:20-30
23~24장
21장
27~28장
29~31장
35장
36:1-8
36:9-32
32~34장
49:34-39
45:1, 49:33
37장
38~44장
50~51장
52장

BC 626년 10월에 갈대아의 왕자 나보폴라사르가 바벨론 외곽에서 잇수르 군대를 패배시켜 바벨론의 왕권을 주장하게 되었다. 그가 세운 왕국은 신바벨론 제국이었다. 나보폴라사르는 제국을 견고하게 만들고 BC 616년에는 영토를 확장하기 위해 진격했다. 결국 바벨론과 메데 군인들로 구성된 연합 군대가 BC 612년에 니느웨를 함락시켰던 것이다.

바벨론의 부흥과 앗수르의 멸망은 그 지역 전체에 힘의 재분배를 가져왔다. 요시야가 통치하고 있던 유다는 앗수르 지배의 멍에로부터 해방되어 잠시나마 국가 독립의 기쁨을 맛봤다. 그러나 독립은 BC 609년의 사건들로 막을 내렸다.

애굽은 앗수르의 멸망을 확장의 기회로 삼고자 엿보고 있었다. 약화된 앗수르가 바벨론의 서방 진출을 저지하는데 완충국으로서 유지될 수 있다면, 애굽은 앗수르에게 초기에 잃었던(유다를 포함한) 서팔레스타인의 대부분을 쉽게 되찾을 수 있을 것이다. 이제까지 애굽은 강력한 앗수르를 두려워했지만, 지금은 강력한 바벨론의 번영을 두려워했다. 그래서 애굽은 앗수르와 바벨론 사이의 충돌에서 앗수르의 편을 든 것이다. BC 609년 애굽의 왕 느고 2세는 잃었던 영토를 되찾기 위한 최후의 시도로서 앗수르의 남은 군대를 돕고자 대군대를 이끌고 하란으로 진군했다.

요시야는 애굽이 승리했을 때의 결과가 유다에 어떤 영향이 미칠지를 알고 있었다. 그는 애굽이 앗수르를 대신해서 유다의 감독이 되는 것을 원치 않았다. 그래서 군대를 보내 애굽 군대의 진군을 막으려고 했다. 전투는 므깃도 골짜기에서 벌어졌으나 유다 군대가 패하고 말았다. 요시야는 그 전투에서 전사했고 애굽 군대는 하란을 향해 계속 진군했다(대하 35:20~24).

요시야의 공격이 그 전투 결과에 어떤 영향력을 행사했는지는 잘 알 수 없으나, 아마도 이 사건으로 앗수르가 애굽 군대의 도움을 제공받을 적절한 시기를 놓친 것이 분명하다. 결국 앗수르는 영토를 재탈환하려고 시도했으나 실패하고 대세에서 이탈했다.

당시 갈그미스 성을 경계로 하여 애굽과 바벨론은 군사적으로 대치하고 있었다. 유다의 패배 후에 애굽이 팔레스타인 지역을 차지하게 되었고, 유다는 요시야의 후임으로서 그의 아들 여호아하스를 왕으로 추대했다. 그러나 여호아하스는 통치 3개월 만에 느고에 의해 폐위를 당해 애굽으로 끌려갔다(참조, 왕하 23:31~32, "유다의 마지막 다섯 왕들" 도표). 느고는 유다의 국고를 약탈해 갔으며 요시야의 다른 아들인 여호야김을 그의 분봉왕으로 임명했다(왕하 23:34~35).

BC 605년에 힘의 균형에 또 다른 주요한 변화가 일어났다. 4년 동안 애굽과 바벨론은 갈그미스에서 서로 우위를 차지하지 못하면서 대치 상태에 있었다. 그후 당시 바벨론의 왕자 느부갓네살 2세가 이끄는 군대는 갈그미스에서 방어선을 뚫고 도망가는 애굽 군대를 애굽의 국경 가까이까지 추적하여 결정적인 승리를 얻었다.

같은 해에 일어난 또 다른 두 가지 사건이 유다의 역사에 영향을 미친다. 첫째는 갈그미스 전투 후 여호야김이 애굽과 동맹을 파기하고 바벨론과 제휴하여 느부갓네살의 한 분봉왕으로 그를 섬기는 것에 동의한 사건이다(왕하 24:1). 둘째는 8월 15일 바벨론의 왕 나보폴라사르가 사망하여 느부갓네살이 진격을 중단하고 바벨론으로 돌아가 왕위를 차지한 사건이다.

느부갓네살은 분봉왕들을 임명한 후 계속적인 충성을 확고히 하기 위해서 인질 정책을 취했다. 그렇게 함으로써 획득한 영토에 대한 통치를 견고히 할 수 있었다. 이러한 정책의 일환으로 다니엘을 포로로 데려가기도 했다(단 1:1~6).

유다는 BC 601년까지 바벨론의 속국으로 남아 있었다. 당시 느부갓네살은 애굽을 상대로 다시 한 번 팔레스타인 진격을 감행했으나 목적을 달성하지 못했다. 오히려 바벨론 군대는 패배를 당하고 퇴각할 수밖에 없었다.

여호야김은 정치적인 변덕쟁이였다. 느부갓네살이 애굽과의 전투에서 승리했을 때는 바벨론 편이었던 그는, 바벨론이 패배하자 다시 동맹관계를 바꿔 애굽을 도왔다(참조, 왕하 24:1). 그러나 이것이 치명적인 실수였다.

BC 598년 12월에 느부갓네살의 군대가 공격을 준비했다. 공격의 주 목적은 바벨론에 대항하여 반란을 일으켰을 때의 결과가 얼마나 무서운 것인가를 예루살렘(그리고 다른 속국들)에게 알려 주기 위해서였다. 여호야김은 이때 사망했으며 그의 아들 여호야긴이 뒤를 이어 왕위를 계승했다. 여호야긴은 바벨론에 대항하는 것은 어리석은 짓이라고 생각하여 BC 597년 3월에 항복을 하고 말았다.

느부갓네살은 유다의 도시를 노략질하고 주요 인사들을 제거했다. 그리고 새로운 왕으로 여호야긴의 삼촌 시드기야를 권자에 올렸다. 여호야긴은 3개월 통치 후에 바벨론에 포로로 잡혀갔다.

느부갓네살은 여호야긴과 함께 만 명의 지도자와 기술자, 그리고 예루살렘의 병사들을 바벨론으로 데려갔다(참조, 왕하 24:12~16). 이 사건은 예언자 에스겔이 바벨론으로 유배되었을 당시의 일일 것이다. 5년 후에 에스겔은 바벨론에서 예언자적 사역을 시작했다.

한편 유다의 새로운 왕 시드기야는 허약하고 마음의 동요가 심했다. 결국 유다는 파멸하고 말았다. 그의 11년 통치는 영적인 타락과 정치적 불안정에 의해서 끝이 났다. 그는 과거의 실패를 교훈삼기보다는 그것을 되풀이한 것으로 보인다.

BC 588년에 애굽의 왕 호브라의 등극과 함께, 유다는 다시 한 번 바벨론에 대한 반란의 유혹을 받았다(왕하 24:20~25:1, 렘 52:3~4). 속국들의 연합(유다, 두로, 암몬)은 바벨론의 통치 하에 남아 있기를 거부했다. 그러자 느부갓네살의 반응은 즉각적으로 나타났다. 바벨론 군대가 예루살렘 성을 둘러쌌고 장기간의 포위가 시작된 것이다. BC 586년 7~8월에 걸쳐 예루살렘의 군대는 패배하고 성은 파괴됐다.

구조와 문체

예레미야서에는 네 개의 중요한 구조 혹은 문체적인 특징이 분명하게 나타난다.

1. 연대기적 순서를 무시함

'저자와 연대'에서 언급했듯이 본서는 연대기적 진행을 하지 않고 있다. 예레미야는 예언들을 그의 활동 무대에서 모았으나 그것들을 연대기적으로 편집하지는 않았다. 예를 들면 백성에 대한 그의 예언들은 사역 초기에 쓴 것들이다(참조, 25:1, 13). 이런 예언들의 내용이 본서의 끝부분에도 다시 기록되어 있다(참조, 46:1~49:33). 따라서 본문 형태의 순서에 관해서는 그 나름대로의 어떤 이유가 있는 것이 분명하다.

2. 자서전적인 성격을 띰

예레미야서에는 세 가지 문학적인 형태가 발견된다. 첫째, 시적인 설교, 둘째, 산문체적 설교, 셋째, 산문체이다. 이러한 각각의 문서들의 배열이 예레미야서의 구조를 이해하는 데 중요한 열쇠를 제공해 줄 수 있다. 구체적으로 분석해 보면 다음과 같다.

1~25장 : 시 또는 산문 형태의 설교가 잠깐씩 이야기와 섞여서 구성되어 있다.

26~29장 : 산문체 설교와 이야기가 섞여 있다.

30~31장 : 시적인 설교 형태이다.

32~33장 : 산문체 설교 형태이다.

34~36장 : 산문체 설교와 이야기가 섞여 있다.

37~45장 : 연대기적 순서의 이야기이다.

46~51장 : 시적인 설교 형태이다.

52장 : 연대기적 순서의 이야기 형태로 구성되어 있다.

이러한 문학적인 요소들이 본서의 내용에 중요한 변화를 주고 있는 것으로 보인다. 이렇게 분류한 이유는 나중에 논의될 것이다.

3. 자료의 논리적 배열

예레미야는 어떤 의도로 그의 책을 연대기적으로 정리하지 않았을까? 가장 좋은 해답은 그가 전체적인 메시지를 백성에게 전달하기 위해서 자료들을 논리적인 배열로 구성했을 것이라는 점이다. 예레미야는 그의 연속적인 예언들을 모아 그것들을 논리적인 양식으로 배열했으며, 그 배열을 하나님의 심판에 대한 주제로 발전시킨 것이다. 2~45장은 유다에 대한 하나님의 심판에, 46~51장은 이방 민족들에 대한 하나님의 심판에 초점을 맞추었다. 추가로 다양한 문학 양식들이 예레미야서를 분석하는 데 도움의 열쇠를 제공하고 있다.

2~25장(시적이며 산문적인 이야기의 혼합)에서 예레미야는 유다를 향하여 열세 가지 심판의 메시지를 전했다. 그 뒤 26~29장(산문체 설교와 이야기의 혼합)에는 백성이 예레미야와 그의 메시지에 대해 어떤 반응을 보였는가를 담았다. 유다 사람들의 거역으로 심판은 확실해졌으며, 예레미야는 심판이 시작되기 전에 유다의 미래 소망을 미리 언급하고 있다(30~31장은 시적인 설교로, 32~33장은 산문체 설교로 구성). 34~36장(산문체 설교와 이야기의 혼합)은 26~29장이 다룬 거역의 주제를 이어서 다루고 있다.

유다의 파멸은 필연적인 것인데, 그 백성이 하나님의 말씀을 거역했기 때문이다. 예레미야는 37~45장(연대기적인 순서의 이야기)에서 예루살렘의 멸망 전과 그 당시, 그리고 후에 일어났던 사건들을 서술하고 있다. 하나님은 유다 백성의 죄 때문에 심판을 내리셨다. 하나님이 선택한 백성조차 그들의 죄에 대한 심판을 받았는데, 하물며 다른 이방 국가들이 그 심판에서 벗어나기를 바랄 수 있을까? 46~51장(시적인 설교)에서 예레미야는 다른 민족에게로 초점을 이동해 그들의 심판을 예고하고 있다. 예레미야는 이렇게 메시지를 만들고 구체화시키는 데 다양한 문학적인 요소들을 빌려서 사용하고 있다.

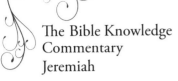

The Bible Knowledge
Commentary
Jeremiah

개요

Ⅰ. 서론(1장)

    A. 예언자의 배경(1:1~3)

    B. 예언자의 부르심(1:4~10)

    C. 예언자의 환상에 대한 확증(1:11~16)

        1. 살구나무 가지에 꽃이 핌(1:11~12)

        2. 끓는 가마(1:13~16)

    D. 예언자의 도전(1:17~19)

Ⅱ. 유다에 관한 예언(2~45장)

    A. 유다에 대한 하나님의 심판(2~25장)

        1. 심판에 대한 아홉 가지 일반적인 예언(2~20장)

        2. 심판에 대한 예레미야의 네 가지 특별한 예언(21~25장)

    B. 유다와의 개인적인 충돌(26~29장)

        1. 백성과의 충돌(26장)

        2. 예루살렘에서 거짓 예언자들과의 충돌(27~28장)

        3. 포로 중에 있는 거짓 예언자들과의 논쟁(29장)

C. 이스라엘과 유다를 위한 미래의 위안(30~33장)

    1. 이스라엘과 유다의 회복에 대한 선언(30~31장)

    2. 이스라엘과 유다의 회복을 설명함(32장)

    3. 이스라엘과 유다의 복구가 재확인됨(33장)

D. 유다의 현재의 재앙(34~45장)

    1. 멸망 이전(34~36장)

    2. 멸망의 시기(37~39장)

    3. 멸망 그 이후(40~45장)

III. 열방을 향한 예언들(46~51장)

A. 애굽을 향한 예언(46장)

    1. 갈그미스에서 패배한 애굽(46:1~12)

    2. 침입을 받고 유배된 애굽(46:13~26)

    3. 다시 모아질 이스라엘(46:27~28)

B. 블레셋을 향한 예언(47장)

C. 모압을 향한 예언(48장)

8. 열방들을 모아 바벨론을 치게 함(51:27~33)

9. 바벨론을 향한 하나님의 보복(51:34~44)

10. 바벨론에 남아 있는 자들에 대한 경고(51:45~48)

11. 바벨론의 멸망의 확실성(51:49~53)

12. 바벨론에 대한 하나님의 응보(51:54~58)

13. 스라야의 상징적인 임무(51:59~64)

Ⅳ.결론(52장)

A. 예루살렘의 멸망(52:1~23)

　1. 시드기야의 패망(52:1~11)

　2. 성의 파괴(52:12~16)

　3. 성전의 파괴(52:17~23)

B. 특정 사람들의 운명(52:24~34)

　1. 성이 파괴될 때 성 안에 있던 자들의 운명(52:24~27)

　2. 포로들의 운명(52:28~30)

　3. 여호야긴의 운명(52:31~34)

דְּבָרֵי

אֲשֶׁר הָיָה דְבַר־יְהוָה אֵלָיו בִּימֵי יֹאשִׁיָּהוּ בֶן־אָמוֹן מֶלֶךְ יְהוּדָה בִּשְׁלֹשׁ־עֶשְׂרֵה שָׁנָה לְמָלְכוֹ

לְצִדְקִיָּהוּ בֶן־יֹאשִׁיָּהוּ מֶלֶךְ יְהוּדָה עַד־גְּלוֹת יְרוּשָׁלַ͏ִם בַּחֹדֶשׁ הַחֲמִישִׁי ס

וַיְהִי בִּימֵי יְהוֹיָקִים בֶּן־יֹאשִׁיָּהוּ מֶלֶךְ יְהוּדָה עַד־תֹּם עַשְׁתֵּי עֶשְׂרֵה שָׁנָה

The Bible Knowledge
Commentary 14

Jeremiah
주해

The Bible Knowledge
Commentary

주해

Ⅰ. 서론(1장)

예레미야서는 독자들에게 예언자를 소개하는 것으로 시작한다. 그의 배경과 예언적 사역을 위한 부르심은 본서의 나머지 부분을 위한 발판이 되고 있다.

A. 예언자의 배경(1:1~3)

1:1 예레미야는 그가 사역했던 당시(2~3절)의 가정 배경(1절)을 설명한다. 예레미야는 아론의 제사장 계열로부터 내려온 제사장들 중 한 사람이었다. 그의 아버지 힐기야는 요시야(왕하 22:2~14) 때 율법의 사본을 발견했던 대제사장 힐기야는 아닌 것으로 보인다. '힐기야'라는 이름은 구약성경에서 대제사장 혹은 레위인(대상 6:45~46; 26:10~11; 대하 34:9~22; 느 12:7)이었던 옛 사람들에게 주었던 일반적인 이름이다.

　예레미야의 고향은 베냐민 땅 아나돗이었다. 아나돗이라는 마을은 예루살렘으로부터 북동쪽으로 약 4.8킬로미터 정도 떨어진 곳이다. 베냐민은 유다와 경계를 이루고 있는 접경 지역으로, 경계는 대략 동쪽으로 서쪽까지 예루살렘 근처를 통과하고 있다(참조, 수 18:15~16). 아나돗은 요시야가 제사장들에게 할당해 준 곳이었다(수 21:15~19). 솔로몬은 제사장 아비아달을 아나돗으로 추방시켰는데, 그 이유는 다윗의 후계자로서 아도니야를 지지했기 때문이다(왕상 1:7; 2:26~27).

1:2~3 예레미야는 제사장으로 태어났지만 주님의 말씀을 받았을 때 예언자로서의 역할을 시작했다. 예언자는 하나님께서 직접 그의 백성에게 말씀하신 것을 전달하는 자들이다. 예레미야의 부르심은 요시야 통치 13년에 있었다. 요시야는 BC 640년에 유다의 왕이 되었고, 그 13년째 되는 해는 BC 627년이다. BC 609년, 요시야가 때아닌 죽음을 맞이한 뒤 유다의 왕위에 오른 모든 왕은 선한 정치를 하지 못했다. 예레미야는 시드기야왕 11년 5개월의 치리까지 하나님의 대변자로서 예언을 지속했다. 연대로는 BC 586년 7~8월까지이다. 즉 예레미야의 사역은 적어도 41년동안 지

속되었다고 할 수 있다. 그러나 이 구절은 예루살렘 백성이 포로로 잡혀가는 때까지 유다 민족에게 했던 예레미야의 사역을 언급하고 있는 것 같다. 39장 11절부터 44장 30절까지는 BC 586년 8월 이후에 행했던 예레미야의 사역을 기록하고 있기 때문이다.

B. 예언자의 부르심(1:4~10)

1:4~5 예언자로서 예레미야의 부르심이 비록 짧은 시간 동안에 이루어졌더라도, 그의 사역에 동기부여가 될 메시지는 이미 계획된 것이었다. 하나님은 예레미야가 모태에서 나오기 전에 예언자로서 선택했다고 계시하셨다. '알았다'(야다[יָדַע])라는 단어는 지식적인 앎 이상의 의미를 가진다. 창세기에서는 남편과 아내가 경험하는 은밀한 관계를 나타내는 말로 사용되었고(창 4:1, "동침하매", NIV성경에서는 "lay"), 때로는 긴밀하게 친한 개인적 관계(암 3:2, "알았나니", NIV성경에서는 "chosen"), 혹은 보호(시 1:6, "인정하시나", NIV성경에서는 "watches over")의 의미로도 사용했다. 하나님께서는 예레미야가 어머니 모체에 있기도 전에 그를 이스라엘의 대변자로 선택했던 것이다.

예레미야는 이 사역을 위해서 따로 세움을 받았다. 이때 사용된 '카다쉬'(קָדַשׁ)라는 동사는, 어떤 사물이나 사람을 특별하게 사용하기 위해 '따로 구별하는 것'을 의미한다. 안식일(출 16:23; 20:8), 회막과 그 기구(출 29:44; 40:9), 그리고 제사장(출 29:1; 30:30)은 하나님을 위한 사역을 위해서 '구별한'(정결한, 성결케 한) 개인 또는 사물이었다. 하나님은 예레미야가 잉태된 때부터 특별한 사역을 위하여 구별하셨던 것이다. 실제로 예레미야는 열방의 예언자로 세워졌다. 비록 예레미야는 유다 안에서(2~45장) 하나님의 말씀을 선포했지만, 하나님의 대변자로서 그의 사역은 유다를 넘어 이방인의 나라들까지 이르렀다(46~51장).

1:6 예레미야는 스스로를 의심하는 방법으로 하나님의 명령에 응답했다. 처음에 그는 어떻게 말을 해야 할지 모른다고 거절했다. 이는 물리적으로 말을 할 수 없다는 것이 아니라, 언변의 부족과 공적인 사역을 위해 요구되는 말하는 능력의 결핍을 주장한 것이다.

또한 예레미야는 자신이 단지 어린아이(나아르[נַעַר])에 불과하다면서 거부했는데, 이 단어는 유아들(출 2:6; 삼상 4:21)과 젊은 남자들(창 14:24)을 지칭할 때 사용한 말이었다. 예레미야의 나이는 나타나 있지 않지만, 당시 10대 후반이나 20대 초반 정도 되었을 것으로 추측한다. 예레미야는 '아이'라는 용어를 사용하여 자신의 경험 부족을 강조하면서, 열방을 향한 하나님의 대변인이 되기에는 아직 준비가 덜 되었다고 생각했다.

1:7~10 하나님은 예레미야의 거부에 대하여 세 가지 응답을 주셨다. 첫째, 예레미야가 하나님의 권위 아래에서 행동해야 한다는 사실을 강조하셨다. 그렇기 때문에 사명을 피하기 위한 변명으로 경험 부족을 내세우지 말라는 것이다. 예레미야는 그의 예언의 수신자나 전해야 할 메시지를 취사선택해서는 안 된다. 예레미야는 모든 사람에게 가서 하나님께서 명령하신 말씀들을 전해야 한다. 하나님께서는 예레미야에게 노련하고 고귀한 자가 아닌, 단순히 신실한 전달자가 되라고 하셨다.

둘째, 하나님께서는 미래의 예언자를 보호하실 것을 강조하셨다. 분명히 예레미야는 그의 신상의 안전에 대한 두려움이 있었다. 확실히 그의 두려움은 시대 의식에 근거를 두고 있는데, 유다 백성이 그를 해치려고 했기 때문이다(참조, 11:18~23; 12:6; 20:1~2; 26:11; 37:15~16; 38:4~6). 그러나 하나님께서는 예레미야에게 그들을 두려워하지 말라고 말씀하셨다. 하나님이 그와 함께 있기 때문이다. 유다 백성은 예레미야를 죽이려 했지만 하나님은 그를 구원하시기로 약속하셨다.

셋째, 하나님은 예레미야에게 메시지의 근원을 보여 주셨다. 예레미야의 부르심은 환상의 형태로 주어진 것이 틀림없다(참조, 겔 1:1). 주님께서 손을 뻗어 예레미야의 입에 대셨다는 대목에서 알 수 있다. 하나님의 이러한 가시적인 표현은 주님의 말씀을 예레미야의 입술에 두셨다는 것을 그에게 보이기 위함이다. 예레미야는 무엇을 말해야 할 것인가를 걱정할 필요가 없었다. 하나님께서 그가 말해야 할 모든 말씀들을 가르쳐 주시기 때문이다.

그런 후 하나님께서는 예레미야의 메시지를 요약해 주신다(10절). 그것은 열방과 만국에 대한 심판과 축복의 메시지였다. 하나님은 예레미야의 사명을 설명하기 위하여 두 가지 비유를 사용하셨다(참조, 31장 28절에서도 같은 두 가지의 비유를 사용하신다). 하나님은 예레미야를 농부에 비유하면서 그가 앞으로 뿌리째 뽑을 것(심판)이며 심기도 할 것(축복)이라고 말씀하셨다. 또 하나님은 예레미야를 건축자에 비유하면서 부서뜨리고 파괴하며 무너뜨릴 것(심판)이고 건설할 것(축복)이라고 말씀하셨다.

C. 예언자의 환상에 대한 확증(1:11~16)

하나님은 예레미야에게 두 가지 환상을 보여 줌으로써 예레미야에 대한 그의 부르심을 확신시켜 주셨다. 첫째는(11~12절) 예레미야가 전해야 할 메시지의 성격에 초점을 맞추고 있고, 둘째는(13~16절) 메시지의 내용을 지적하고 있다.

1. 살구나무 가지에 꽃이 핌(1:11~12)

1:11 하나님은 첫 번째 환상을 통해 예레미야에게 살구나무 가지를 보여 주셨다. '살구나무'의 히브리어는 '샤케드'(שָׁקֵד)로 '지켜보다', '깨우다'라는 단어에서 유래되었다. 즉 살구나무는 '나무를 깨운다'라는 의미로 이해되었다. 팔레스타인에서는 싹이 트고 열매 맺는 나무 중에 살구나무의 시기가 가장 이르기 때문이다. 이 나무는 꽃이 잎보다 먼저 피는데, 1월 하순에 만발한다.

1:12 가지는 자신의 말씀이 성취되는 것을 지켜보시는 하나님을 나타낸다. 하나님은 여기서 그의 활동과 살구나무를 연결시켜 사용하고 계신다. '지켜본다'라는 단어는 '쇼케드'(שֹׁקֵד)로서 살구나무를 지칭하는 히브리어 명사와 관련 있다. '나무를 깨운다'라는 예레미야의 환상은 하나님께서 그를 깨워서 그분의 말씀이 확실하게 실현되는 것을 지켜보고 계시다는 사실을 상기시킨다.

2. 끓는 가마(1:13~16)

1:13 둘째로 하나님은 예레미야에게 끓는(나푸아[נָפוּחַ : 불다]. 가마솥의 내용물을 끓이기 위해서 불을 타오르게 하는 바람이나 통풍) 가마의 환상을 보여 주셨다. 가마는 불 위에 올려 놓는 큰 솥이다. 그 가마는 윗면이 북에서부터 기울어져 있었고 속에 있는 내용물이 남쪽을 향하여 넘쳐 흘러내렸다.

1:14~16 기울어져 있는 가마는 유다에 살고 있는 자들에게 부어질 재앙을 나타낸다. 또한 가마가 향하고 있는 방향은 하나님이 유다 민족을 벌하기 위해서 일으킨 북방 왕국의 백성을 나타낸다. 어떤 학자들은 하나님이 스키타이인(Scythian)들의 침입을 말하고 있다고 보고 있으나, 바벨론과 그의 동맹국들에 의해서 침입을 받는 것에 관한 것이라고 이해하는 편이 더 옳다(참조, 25:8~9). 바벨론이 지리적으로 동쪽에 위치하고 있지만, 침입하는 적들이 유다로 행군할 때에 유브라데 강을 끼고 무역로를 따라왔던 것이다. 그 적들은 북쪽으로부터 접근해 왔다(참조, 4:6; 6:1, 22; 10:22; 13:20; 15:12; 16:15; 23:8; 25:9, 26; 31:8; 46:24; 47:2; 50:3, 9, 41). 그들은 예루살렘 성 입구에 왕좌를 만들어 두었다. 이는 그 도시가 자신들의 소유가 될 것을 암시하고 있다. 예레미야는 39장 2~3절의 바벨론 사람들이 예루살렘 성을 포위한 사건 이후에 이 예언의 성취에 관해서 기록했다. 유다가 바벨론에 의해 멸망된 것은 그들의 우상에 대한 하나님의 심판임에 틀림 없다. 유다 백성은 하나님을 저버리고 자기들의 손으로 만든 것을 경배하면서 하나님과의 언약을 범했다(참조, 신 28장). 이러한 죄가 멸망을 자초한 것이다.

D. 예언자의 도전(1:17~19)

1:17~19 사명을 설명한 후에 하나님은 예레미야에게 그 도전을 받아들이도록 명하셨다. '단단히 허리를 동이라'는 말은 '준비하라'는 뜻이다(참조, 출 12:11; 왕하 4:29; 9:1; 눅 12:35; 엡 6:14; 벧전 1:13). 하나님은 예레미야에게 유다 백성과 맞설 수 있는 충분한 힘을 공급해 주셨다. 하나님의 능력을 통하여 예레미야는 난공불락의 성과 철 기둥, 청동 벽과 같이 강해졌다. 공격에 맞서기 위해서는 하나님의 힘이 절대적으로 필요했다. 모든 백성이 예레미야의 메시지를 반대했기 때문이다. 그들은 예레미야에 대항해서 싸웠지만, 하나님은 그들이 결코 이길 수 없다는 사실을 확신시켜 주셨다.

II. 유다에 관한 예언(2~45장)

이 단락은 유다 민족에 대한 하나님의 열세 가지 심판의 신탁을 기록하고 있는 예레미야의 모습으로 시작한다(2~25장). 이후에 예레미야는 백성이 자신의 메시지를 거부할 때 일어난 개인적인 갈등을 묘사한다(26~29장). 유다에 대한 심판은 이제 분명했으나 그 심판의 집행을 기록하기 전에 예레미야는 미래에 대한 하나님의 위로의 메시지를 이스라엘과 유다를 위해 삽입했다(30~33장). 유다가 포로 상태에 있게 되더라도 하나님은 그의 백성을 버리지 않으신다는 것이다. 미래의 소망에 관한 메시지 다음으로 예레미야는 바벨론에게 패망한 유다를 기록한다(34~45장). 이전에 그가 단언했던 심판의 예언이 성취된 것이다.

A. 유다에 대한 하나님의 심판(2~25장)

열세 가지 심판에 대한 메시지들은 심판에 대한 아홉 가지의 일반적인 예언들(2~20장)과 네 가지의 특별한 예언들(21~25장)을 포함한다.

1. 심판에 대한 아홉 가지 일반적인 예언(2~20장)

a. 예루살렘의 불신앙(2:1~3:5)

2:1~3 예레미야의 첫 번째 메시지는 예루살렘의 올바르지 못한 행

동에 대한 것이다. 이것을 강조하기 위해서 예레미야는 유다의 과거 헌신을(1~3절) 지금의 하나님으로부터 떠나 있는 상태와 대조하고 있다(2:4~3:5). 출애굽 당시 이스라엘은 하나님을 사랑했고 광야에서 그분을 따라 살았다. 이스라엘이 광야에서 방황하며 하나님에 대해서 불평했을 때 그들의 신앙에 중한 병이 들기 시작했다. 그러나 하나님은 그분의 은총과 인내(롬 3:25)로 이스라엘을 통과시켰다. 대체로 그때까지의 이스라엘은 한 민족으로서 신실한 상태로 남아 있었다. 주님께서는 이스라엘을 거룩하게 분리시키셨다(참조, 출 19:6; 22:31). 수확의 첫 열매가 하나님께 속했던 것처럼(참조, 레 23:9~14), 이스라엘은 주를 섬기기 위한 첫 민족으로 선택받았다. 이스라엘을 멸망시켰던 자들은 하나님께 드린 첫 열매들을 먹었던 자와 같은 죄를 지은 자들로서, 하나님께서는 그들에게 재앙을 내리셨다(참조, 창 12:3).

2:4~8 그러나 하나님께 대한 이스라엘의 신앙은 오래 지속되지 않았다. 야곱(이스라엘과 동의어, 4절)은 주께서 자신들을 사막을 통과시켜(6절) 비옥한 땅으로 인도하셨다는 것을 잊어버리고 무가치한 우상을 섬겼다(5절. 참조, 8, 11절; 8:19; 10:8, 14~15; 14:22; 16:19; 18:15; 51:17~18). 그리고 백성은 우상으로 그 땅을 더럽혔다(7절). 예레미야는 민족을 이끌어 가는 책임을 맡은 세 그룹을 골라 내어 그들의 불순종을 폭로했다(8절). 그런데 백성에게 하나님을 가르쳤던 제사장들은 정작 하나님을 알지 못했다. 그들은 하나님에 대해서 가르치기만 했지 하나님과 긴밀한 관계를 갖지는 못했다(참조, 1:5 주해, '알았다').

관리(로임[רֹעִים: 목자들])는 하나님께로부터 위임받은 정치인과 백성의 지도자로서 민족을 지도하고 보호하는 자들이다. 이스라엘 초기에는 이 역할을 사사들이 수행하다가 나중에는 왕들에게 일임했다. 그러나 유감스럽게도 유다를 이끌던 자들은 스스로 변화의 필요성을 느끼자 자신들에게 사명을 맡긴 분에게 반항했다.

선지자들은 민족을 이끌어 갈 책임을 맡은 제3그룹이었다. 그러나 비난과 개선에 관한 하나님의 말씀을 선포하는 것 대신에, 바알에 의존해서 예언하고 백성이 무가치한 우상들을 따르도록 부추겼다(참조, 2:5 주해). 바알은 가나안의 풍요의 신으로, 그에 대한 의식은 지속적으로 이스라엘에 가시가 되었다(참조, 왕상 18:18~40; 왕하 10:18~28; 21:1~3).

2:9~12 백성의 불신앙을 명백히 보여 주기 위해서 예레미야는 이스라엘의 죄의 중대성에 초점을 맞추고 법정 소송의 형식을 취했다. 하나님께서는 죄를 고발하신다(립[ריב : '소송을 제기한다'는 뜻의 법적 용어]. 참조, 미 6:1~2). 예레미야는 백성에게 이방인들의 신앙을 관찰하기 위한 '견학여행'을 요청했다. 그러나 서쪽의 깃딤 해변가에 가보든, 동쪽의 게달(북아라비아 사막에 거주한 부족)에 가보든 결과는 똑같다. 이방 사회에서는 그들의 신이 결코 바뀐 적이 없었다. 거짓신들을 향한 이스라엘 주변 민족들의 신앙이 우주의 참 신인 하나님을 향한 이스라엘의 신앙보다 더욱 충성스러웠던 것이다.

2:13 이스라엘은 두 가지 죄악을 범했다. 첫째는 태만죄로 그들의 하나님을 버렸다는 것이다. 두 번째 죄는 거짓 우상들로 진실한 하나님을 대신한 것이다. 인간의 마음은 본질상 공허를 미워한다. 예레미야는 이스라엘 민족의 행동을 생명의 원천이 흘러가도록 내버려 두는, 터진 웅덩이와 같은 자로 비유했다. 이 같은 비유는 유다에 거주하고 있는 자들이 이해

할 수 있는 수준이었다. 이스라엘 안에서 가장 신뢰할 수 있는 물의 원천은 자연수였다. 이 물은 신선할 뿐만 아니라 깨끗하고 시종일관 차갑게 유지된 훌륭한 물이었다. 반대로 가장 신뢰할 수 없는 물의 원천은 웅덩이였다. 이 웅덩이들은 바위를 깨서 만든 큰 구덩이로, 가장자리에 회를 발라 빗물을 받아 모으는 데 사용되곤 했다. 이 고인 물은 맛이 없으며 비가 오지 않을 때에는 말라 버리고 말았다. 게다가 바위에 금이 간다면 거기엔 더 이상 물을 모아둘 수가 없었다. 그렇게 신뢰할 수 있었던 순수한 물이 깨어져 볼품없는 웅덩이로 선회하여 흘러들어 간다는 것은 어리석은 일이었다. 바로 이러한 일이 유다가 섬김의 대상을 하나님으로부터 우상들로 바꾸었을 때 나타났던 것이다.

2:14~16 유다의 하나님께 대한 배신은 그들의 역사에 중대한 영향을 끼쳤다. 그 땅은 외세의 침입자들에 의해서 황폐해졌고(사자들에 비교함) 성읍들은 불에 타 폐허가 되고 말았다. 멤피스(참조, 겔 30:13, 16)와 다바네스(참조, 겔 30:18), 애굽에 있는 성들에 대한 언급은 BC 925년에 시삭이 유다를 침범한 사건(왕상 14:25~26), 혹은 BC 609년에 느고가 요시야를 살해한 것에 대한 것이라고 볼 수 있다(왕하 23:29~30). 위에 언급한 두 경우 중 하나로 애굽은 유다를 정복했고 유다가 머리에 쓴 왕관을 내려놓게 만들었다.

2:17~19 유다는 거짓 신들을 위해서 하나님을 버렸으며(13절), 거짓 동맹자들을 위해서도 역시 하나님을 버렸다. 유다 민족은 자기 나라의 안전을 보장받으려는 조약을 맺기 위해서 무모하게도 애굽에서부터 앗수르까지 손을 뻗쳤다(참조, 36절; 겔 23장; 호 7:11). 시홀은 나일 강 지류 중 하

나이다(참조, NIV 난외주; 수 13:3; 대상 13:5; 사 23:3). 어떤 동맹국도 유다를 그들의 죄로부터 보호해 줄 수 없었다. 오로지 그들은 심판을 받고난 후에야 하나님을 버린 것이 얼마나 악한 일이며 뼈아픈 일인가를 깨닫게 될 것이다.

2:20 유다의 영적인 배교는 영적인 간음에 의해서 나타나게 되었다. 예레미야는 유다를 영적으로 음란한 자로 묘사하면서, 거짓 신들을 향한 탐욕스러운 욕정을 갖고 있다고 서술했다. 예레미야는 바른 길을 벗어난 유다의 상태를 설명하기 위해서 네 가지로 묘사하고 있다(20~28절). 그 첫묘사는 멍에를 풀어 버린 어떤 동물의 묘사이다. 유다는 주님께 매여 있던 멍에를 풀어 버리고 이방 이웃 신들을 추종했다(참조, 5:5). 그리고 그신들을 섬기기 위해서(겔 6:1~7, 13) 모든 높은 산 위에(자주 '높은 곳'이라고 표현했다) 예배 처소를 세웠다. 예레미야는 바알의 예배에 뒤따르는 성적 문란을 언급한 것인데, 이와 마찬가지로 유다가 영적인 매춘부와 같은 행동을 했던 것이다(참조, 호 4:10~14).

2:21 유다에 대한 예레미야는 두 번째로 유다를 하나님께서 심으시고 키우셨던 좋은 종자로부터 얻은 귀한 포도나무로 묘사한다. 유다는 성경에서 종종 하나님의 포도나무로 묘사된다(참조, 사 5:1~7; 겔 15장; 마 21:33~46). 하나님께서 그 민족을 위해서 할 수 있는 모든 보살핌을 제공하셨는데도, 유다는 더 이상 좋은 열매를 맺을 수 없는 포도나무가 되고 말았다.

2:22 예레미야는 세 번째로 씻을래야 씻을 수 없는 오점을 가진 자로 유

다를 묘사한다. 유다의 죄는 너무 깊이 뿌리박혀 있기 때문에 심지어 잿물(강한 알칼리 탄산수)과 비누(강한 식물성 알칼리)로도 제거할 수가 없었다.

2:23~25 예레미야는 네 번째로 유다를 흥분해 있는 야생동물로 묘사한다. 유다는 민첩한 암낙타처럼 거짓 신들을 열정적으로 추종했으며(삿 2:11, 바알을 복수로 표현했다. 참조, 9:14 주해), 또한 야생 나귀처럼 이방 신들에 대한 욕정도 참을 수가 없었다.

2:26~28 결국 유다는 거짓 신들을 향한 추종의 대가로 수치스러움을 당하게 되었다. 그런데 유다는 스스로 나무와 돌로 만든 우상들을 섬겨 어려운 일을 당했음에도 하나님께 구원을 요청하는 대담함을 보였다. 그들의 거짓 신들은 무기력했지만, 그럼에도 유다는 자신들의 성읍만큼이나 많은 신들을 섬겼다. 게다가 그 우상의 수는 점점 증가했다(참조, 11:13).

2:29~30 유다는 영적으로 무책임해졌다. 9절에서는 하나님이 유다를 고발했다면, 여기서는 도리어 유다가 자신들의 죄에도 불구하고 하나님께 대항할 수 있다고 생각하고 있음이 나타난다. 유다는 하나님께 반항했고 하나님을 괴롭게 했기 때문에 벌을 받아야 마땅했다. 결국 하나님께서는 유다에게 벌을 내리셨다. 그 징계는 그들을 돌이키기 위한 선한 의도였다. 그럼에도 여전히 유다 백성은 응답하기를 거절했고, 오히려 하나님의 사자인 예언자들까지 살해했다.

2:31~33 유다는 무책임함으로 과거 친밀했던 하나님과의 관계를 잃어 버렸다. 그들은 스스로 하나님의 영향을 받지 않는 자유로운 자들이라고 생각했다. 신부는 자기를 결혼한 여자로 확인시켜 주는 결혼 장식물들을 결코 잊지 않는데, 유다는 만국 중에서 선택해 사랑을 베풀어 주셨던 그들의 하나님을 잊어버린 것이다. 유다가 하나님을 잊어버린 날들의 수는 셀 수 없을 정도이다. 예레미야는 유다가 불법적인 사랑을 추구하는 기술이 너무 발달되어 있기 때문에, 아무리 사악한 여인들이더라도 유다의 비뚤어진 방법들로부터 새로운 유혹의 비밀을 배울 수 있을 것이라고 비꼬면서 결론을 내렸다.

2:34~35 유다의 무책임성에 대한 또 다른 지적은 무고한 피를 흘리는 데 참여했다는 것이었다. 유다의 옷은 가난한 자들의 무고한 피로 물들어 있었다. 만약에 유다 백성이 밤에 침입한 도둑을 붙들어 죽인 것이라면 무죄가 인정되었을 지도 모른다(출 22:2). 그러나 유다는 상대가 죄를 지었다는 이유로 살해한 것이 아니다. 그들은 '무고'했다. 그런데도 유다는 "나는 무죄하니", "나는 죄를 범하지 아니하였다"(35절)라고 계속 주장했다. 따라서 유다는 하나님의 심판을 받을 수밖에 없는 것이다.

2:36~37 또한 유다는 변덕스러운 외교 정책에 무책임했다. 유다는 다른 민족과의 관계에서 부단히도 처세의 길을 바꿨다(참조, 18절; 겔 23장). 그런데도 유다는 애굽과의 새로운 동맹에서 과거 앗수르와의 동맹 때처럼 크게 실망한다(왕하 16:7~9; 사 7:13~25). 주께서는 그런 민족들을 거부하셨다. 유다는 그들이 의지하는 자들에게서 도움을 받을 수가 없었기 때문이었다.

3:1~5 예레미야는 유다의 영적인 간음을 폭로함으로 그의 첫 번째 메시지를 마치고 있다. 이혼을 한 부인이 다른 남자와 재혼을 했다면, 다시 그의 첫 남편과 재결합하는 것은 법으로 금지되어 있었다(신 24:1~4). 이미 유다는 그의 남편인 여호와와 별거한 후 매춘부처럼(참조, 2:20) 다른 애인들과 함께 살았다. 이러한 행동으로 유다는 이미 '더럽혀져' 있었다(참조, 2, 9절; 23:11 주해, '더럽혀짐'). 하나님께서 그의 백성을 도로 찾지 않았다는 것은 하나의 어떤 가능성을 보여 주고 있는 것이다. 분명히 이것은 임시적인 거절이었다. 예레미야가 얼마 후 새 언약 아래 이스라엘 민족의 회복에 대한 하나님의 약속을 기록하기 때문이다(참조, 18절; 31:31~33).

이스라엘이 영적인 간음을 한 것은 분명했다. 유다가 거짓 신들과 영적인 간음 행위를 하지 않은 곳을 찾기가 매우 어려울 정도였다(참조, 9절; 2:20 주해). 길가에 앉아 애인들을 열심히 기다리는 모습은 성소의 창녀들에 의해서 일반적으로 행해진 것과 비슷한 모습이다(참조, 창 38:13~14, 20~21). 유다가 우상숭배하는 자들을 갈망하는 모습은, 마치 지나가는 사람들을 약탈하기 위해서 기다리고 있는 사막의 유목민만큼이나 강렬한 것이었다.

하나님께서 단비와 늦은 비를 그치게 하심으로 유다에 심판을 내리셨지만(참조, 14장; 신 28:23~24) 그들은 아직도 자신들의 수치를 알지 못했다. 유다는 하나님께 "나의 아버지여 아버지는 나의 청년 때의 보호자이시오니"라고 외치면서 그에게 화를 거두시기를 원했으나, 그들의 말은 하나님을 단지 교묘히 조정하려는 허무한 외침에 불과했다. 유다는 자신들이 했던 말과는 달리 행동은 결코 변하지 않았다. 오히려 자신들이 할 수 있는 모든 악을 계속 자행했다.

b. 다가오는 심판의 빛 가운데서의 회개(3:6~6:30)

예레미야의 두 번째 메시지는 첫 메시지와는 다른 시기에 쓰여진 별개의 예언이다. 그러나 이 예언은 논리적으로 2장 1절부터 3장 5절과 관련 있으며, 첫 번째 메시지에 대한 적절한 결론을 도출하고 있다. 하나님께서는 그들의 죄를 생각하면서 그 민족이 회개하기를 촉구하셨다. 그 예언이 선포된 시기는 일반적으로 "요시야 왕 때"(3:6)일 것이라고 미루어 짐작할 수 있다. 아마도 예레미야가 사역을 시작했던 BC 627년과 율법이 발견된 BC 621년 사이일 것이다(참조, 11:1~8).

(1) 회개의 촉구(3:6~4:4)

3:6~11 하나님은 예레미야에게 이스라엘과 유다를 '두 자매'의 이야기에 비유하셨다(참조, 겔 23장). 북왕국 이스라엘은 높은 산 위에서 음행, 즉 대규모 우상숭배를 했다. 하나님께서는 인내하심으로 이스라엘이 다시 돌아오기를 기다렸으나 이스라엘은 이를 거부하고 계속 음행을 저질렀다. 더불어 신실하지 못한 자매 유다는 이스라엘의 죄를 지켜보고 있었다. 하나님께서는 이러한 이스라엘에게 이혼증서를 써주고 멀리 내쫓았다(참조, 호 2:2 주해). 예레미야는 BC 722년에 앗수르에 의해 북왕국 이스라엘이 멸망당하는 것을 언급하고 있다(참조, 왕하 17:5~20).

불행하게도 유다는 이스라엘의 멸망을 교훈으로 삼는 대신, 그들과 마찬가지로 음행을 저질렀다. 실제로 유다는 이스라엘의 죄에다 위선의 죄를 더 추가했다. 유다는 주께로 돌아오는 척하면서 동일한 죄를 지었던 것이다. 따라서 이스라엘은 죄를 지었음에도 신실하지 못한 유다보다는 더 의로웠다.

3:12~18 예레미야는 이스라엘에 회개의 메시지와 희망을 주기 위해서 죄에 대한 저주를 잠시 멈췄다. 만일 이스라엘이 하나님께로 다시 돌아온다면(참조, 7:3; 26:13), 하나님께서는 더 이상 화를 내지 않고 자비를 베풀었을 것이다. 그러나 그 백성은 반역과 우상숭배라는 그들의 죄를 인식해야만 했다.

하나님께서는 남은 자들을 모아(각 성읍으로부터 한 사람, 각 족속으로부터 두 사람) 예루살렘으로 데려오기로 약속하셨다(참조, 애 1:4 주해; 슥 8:3 주해, '시온'). 이 남은 자들은 목자들(지도자들. 참조, 10:21; 22:22; 23:1~2, 4)을 거느리게 될 것인데, 그들은 하나님께로부터 지도권을 부여받을 것이며 하나님의 축복의 증표로서 그 숫자가 엄청나게 증가할 것이다(신 30:5, 9).

BC 586년 바벨론이 유다를 멸망시킨 이후에 잃어버렸던 언약궤는 다시는 발견되지 않을 것이며, 다른 언약궤도 만들지 않을 것이다. 언약궤 대신에 예루살렘이 주의 보좌라는 명칭으로 불릴 것이다. 에스겔(겔 43:7)이 서술한 바 있듯이 하나님의 보좌가 있을 곳으로서 천년 성 예루살렘은 중요하다. 확실히 그리스도는 천년 동안 성을 다스릴 것이다. 예루살렘에 대한 하나님의 통치는 그분을 예배하기 위해서 예루살렘으로 갈 모든 민족에게까지 확대될 것이다(슥 14:16~19).

유다와 이스라엘은 영적인 갱신과 더불어 육적인 회복도 경험하게 될 것이다. 또한 유다 족속과 이스라엘 족속이 한 민족으로 재결합할 것이다(참조, 31:31~33; 겔 37:15~28). 그들은 포로 상태에서 하나님께서 그들의 선조들에게 유업으로 약속한 땅으로 돌아갈 것이다. 한 민족이었던 이스라엘과 유다는 BC 931년에 나뉘어졌고 여전히 하나님 통치 아래 있는 한 민족으로 재결합하지 못했다. 이 약속의 성취는 그리스도의 도래 때에야 비로소 이루어질 것이다.

3:19~20 하나님은 그의 백성을 축복하기 원하신다. 하나님은 그들을 자식처럼 대우하기를 원하셨고, 그들의 유업을 회복시키고자 하셨다. 그러나 이스라엘 민족은 마치 남편에게 신실하지 못하는 여인과 같았다. 그렇기에 회복에 대한 걸림돌은 이스라엘이지 하나님이 아니었다.

3:21~25 이 구절은 예레미야가 이스라엘 백성을 이상적으로 묘사하는 것처럼 보인다. 이스라엘 백성은 자식이 처한 상황 때문에 애곡하며(21절), 하나님은 그들에게 회개를 촉구하신다(22절상). 이스라엘 백성은 비참함을 느끼고 자신들의 죄 때문에 통회한다(22절하~25절). 예레미야는 유다 백성이 이렇게 하지 않았다는 것을 알게 한다. 이 민족의 회개는 그리스도가 왕으로 다시 오실 미래에 있을 것이다(슥 12:10~13:1).
이 단락은 울며 간구하는 이스라엘 백성으로 시작한다. 이러한 울부짖음은 그들이 정도에서 벗어난 죄를 짓고 "자기 하나님 여호와를 잊어버렸"기 때문이다. 회개에 대한 예레미야의 이상적인 묘사를 통하여 유다 민족은 자신들이 깊은 함정에 빠져 있다는 사실을 깨달았다. 만일 그 민족이 회개하고 돌아온다면 하나님께서 그들의 부르짖음에 응답하실 것이다.
이스라엘은 진실한 회개로 응답했다. 그들은 하나님이 어떤 분인가를 알기 때문에 그분께 돌아오기로 결심했다. 이스라엘 민족은 자기들 땅에서 자유분방하게 섬겼던 우상의 물건들이 헛된 것임을 시인하면서, 구원은 하나님께만 있다는 사실을 깨달았다. 그들은 자신들이 과거에 저지른 행위에 따른 수치와 치욕들을 경험하며 주께 대하여 범죄했다는 사실을 받아들이게 된 것이다.

4:1~2 하나님께서는 이스라엘과 유다가 정말로 자기에게 다시 돌아온다면 적극적으로 응답하실 것을 약속하셨다. 여기서 그들의 회개가 진실한 것인가 하는 점이 중요하다. 가증스런 우상들을 하나님의 목전에서 제거해야만 했고 백성은 더 이상 그들의 거짓 신들을 따라 잘못된 길로 가지 않아야 했다. 이스라엘과 유다의 민족들이 회개를 한다면 하나님으로부터 복을 받을 것이다.

4:3~4 여기서 예레미야는 회개의 필요성을 가르쳐 주기 위해서 두 가지 비유를 사용했다. 첫째 비유는 농사에 관한 것이다. 마치 농부가 개간하지 않은 땅에는 씨앗을 뿌리지 않는 것처럼, 하나님도 회개치 않는 마음에는 복의 씨를 뿌리지 않으신다. 유다와 예루살렘 사람은 개간하지 않은 그들의 마음을 회개를 통해서 곱게 갈아야 할 필요가 있었다. 두 번째는 유다 사람들의 할례를 행하는 것의 비유다. 할례는 이스라엘 민족과 하나님의 계약 가운데 이루어진 징표였다(참조, 창 17:9~14). 유다 백성은 육체적으로 할례가 행해졌더라도 그들의 마음에 할례가 필요했다. 그럼으로써 그들의 내적인 요건이 그들의 외적인 신앙고백과 조화를 이뤄야 했다(참조, 9:25~26; 신 10:16; 30:6; 롬 2:28~29).

만일 유다가 진정한 회개를 한 것이 아니라 단순히 외부적인 고백을 한 것이라면 하나님의 진노는 다시 임할 것이고 그것은 백성을 향하여 불처럼 타오를 것이다. 만일 하나님의 진노가 또다시 일어나게 된다면 그것을 끌 자가 아무도 없을 것이다.

(2) 다가오는 심판의 경고(4:5～31)

4:5～9 백성이 궁금하게 여기는 하나님의 진노가 어떤 것인지를 알려 주기 위해, 예레미야는 유다의 적들이 북쪽에서 일어나는 모습을 통해 다가오는 심판을 묘사했다. 그리고 수많은 적들이 접근하고 있다는 신호로 나팔을 불 것을 명령했다(참조, 호 5:8; 욜 2:1; 암3:6). 따라서 성 주변에 살고 있는 자들은 파괴적인 결과를 가져오게 될 북쪽으로부터의 재앙을 피하기 위해서 예루살렘(시온)으로 안전하게 피해야 했다.

광폭한 행동으로 접근해 오는 바벨론 군대는 마치 유다 땅을 공격하기 위해서 굴에서 나온 사자와도 같았다. 그들의 침입으로 유다의 성읍들은 황폐케 될 것이며 거주민들도 다 떠나게 될 것이다. 다가오는 파멸에 대한 인식은 백성을 애통하게 할 것이며, 슬픔을 상징하는 거칠고 굵은 베옷을 입게 할 것이다(참조, 6: 26; 48:37; 49:3; 창 37:34; 왕상 21:27; 느 9:1; 시 30:11; 35:13, 69:11; 애 2:10; 단 9:3). 하나님의 무서운 진노는 다시 돌이켜지지 않기 때문이다(참조, 4절).

하나님의 심판의 날은 특별히 유다 지도자들에게 공포를 가져다 줄 것이다. 제사장들, 예언자들과 함께 왕과 방백들은 나라의 파멸을 지켜보면서 두려워 떨게 될 것이다. 벌써 유다가 필요로 했던 지도력을 주는 데 실패했기 때문에 부분적으로 파멸은 시작되었다(참조, 2:8).

4:10 이 구절은 하나님께 대한 예레미야의 응답으로, 예레미야서에서 가장 해석하기 어려운 부분이다. 예언자는 하나님께서 백성에게 평강이 있을 것이라고 말씀하셨는데, 실제로는 심판의 칼을 백성의 목에 들이댔다고 주장한다. 따라서 하나님께서 백성을 속였다는 것이다. 그렇다면 하나님께서 백성의 운명에 대해 거짓말을 하시고 잘못된 인도를 하셨다

는 것인가? 그러나 이 해석은 하나님의 본질적인 속성에서 벗어나기 때문에 잘못된 것이다(참조, 민 23:19). 사실 하나님의 참 예언자들은 평강이 아닌 심판을 예언하고 있었으며(참조, 1:14~16; 미3:9~12; 합 1:5~11; 습 1:4~13), 거짓 예언자들만이 평강을 예언했다(참조, 6:14; 14:13~14; 23:16~17). 따라서 이 구절은 거짓 예언자들이 그들만의 메시지를 선포하도록 하나님께서 허락하신 것을 예레미야가 곡해하고 불평하고 있다고 보는 것이 더 타당할 것이다.

4:11~12 예레미야는 유다에 점차 다가오는 침입에 대한 하나님의 선언으로 다시 돌아온다. 하나님은 적들을 사막에서 불어오는 뜨거운 바람에 비유하셨다. 이 바람은 팔레스타인에 사는 모든 사람들에게 영향을 주는 것이다. 지중해 바다로부터 불어오는 신선한 산들바람은 농부들이 곡식을 키질하는 데 큰 도움을 주었고, 여름 동안에 땅을 기름지게 하며 생명을 유지시키는 이슬을 가져다 주었다. 그러나 사막으로부터 불어오는 뜨겁고 메마른 동풍인 열풍은 많은 어려움을 가져왔다. 이 바람은 너무 강해서 곡식을 키질하는 데 이용할 수가 없었다. 뿐만 아니라 채소를 시들게 하고(창 41:6), 사람들에게 많은 불편을 주었다(욘 4:8). 예언자 에스겔도 바벨론의 침입을 동풍이 불어오는 것으로 비유했다(겔 17:10; 19:12).

4:13~14 하나님께서는 바벨론의 군대가 진격해 오는 것을 열풍뿐 아니라 폭풍이 다가오는 것으로도 비유하셨다. 군인들은 마치 구름처럼 엄습해 오고 있으며 그들의 병거들은 회오리바람 같이 소용돌이치고 있었다. 이렇게 유다의 파멸이 분명한 상황에서 하나님은 자비롭게도 백성에게 다시 회개하도록 촉구하셨다. 만일 그들이 진심으로 회개한다면 자신들이

처한, 임박한 운명에서 구원받을 수 있을 것이다.

4:15~18 바벨론 군대의 접근은 이스라엘 최고 북쪽에 있는 단과 예루살렘의 북쪽으로 약 50~65킬로미터 정도 떨어진 에브라임 산으로부터 전령들이 와서 알려줄 것이다. 전령자들은 쇄도하는 군대가 유다의 성읍들을 향하고 있다고 전했다.

하나님께서는 군대를 보내어 유다를 벌하게 했다. 그 민족이 하나님께 반역했기 때문이다. 그러므로 이 재앙에 대한 책임은 유다 스스로 져야 할 것이다. 하나님으로부터 형벌을 가져오게 했던 것은 그들 자신의 행동과 행위이기 때문이다.

4:19~22 예레미야는 점차 다가오는 침입 소식에 고통스러운 외침으로 응답하고 있다. 유다에 전쟁이 다가오고 재앙이 밀어닥치고 있는 것을 생각할 때 심장은 뛰고 침묵을 지킬 수 없었다. 예레미야는 유다 백성을 어린아이와 같고, 따라야 할 의의 길에 대한 이해가 전혀 없는 바보들(에윌[אֱוִיל : 분별력이 부족하고 도덕적으로 부패된 사람])이라고 생각했다. 잠언 1장 2~3절을 보면 역설적인 반대의 현상, 이를테면 사람들이 악을 향하는데 익숙하나(하카밈[חֲכָמִים : 현명한]) 선을 행하는 일을 아는 것에는 무지한 현상이 나타난다.

4:23~28 예레미야는 하나님의 다가오는 심판을 우주적인 파멸, 즉 창조의 파괴로 묘사한다. 예레미야는 창조 기사의 비유적 표현을 사용하면서(창 1장) 생명체를 가진 모든 것이 다 파괴될 것이라고 지적했다. 하나님께서는 유다를 형체도 없고 공허(토후와 보후[תֹהוּ וָבֹהוּ])하게 하셨는데,

그것은 하나님께서 창조하시기 이전의 혼돈을 서술할 때 사용하는 표현이다(참조, 창 1:2). 창조 때에 어둠을 뚫고 비친 그 빛(참조, 창 1:3~5)은 이제 사라져 버렸다. 물을 한 곳에 모아 산과 언덕이 드러나게 하셨는데(참조, 창 1:9~10) 이제는 그것들이 하나님의 심판으로 흔들리고 요동치고 있다. 각종 새들과 함께 아름다운 땅에서 살고 있던 백성은 다시 그곳을 떠나야만 했다. 이제 그 땅은 생명을 창조하시기 이전처럼 황량하게 되었다(창 1:11~13, 20~26).

하나님의 상징적 말씀이 너무 무섭기 때문에 몇몇 사람들은 그분께서 이스라엘 전체를 파괴하실지도 모른다고 생각했다. 이러한 오해를 방지하기 위해서 하나님은 그의 말씀을 완곡하게 표현하셨다(4:27). 즉, 하나님께서 그 백성을 심판할 때 온 땅이 황폐케 될지라도, 완전히 진멸하지는 않으실 것을 약속하신 것이다(참조, 5:18). 그렇지만 온 땅은 슬피 울 것이며, 심판은 다가올 것이다(4:28).

4:29~31 적이 쳐들어 올 때 각 성에 있는 유다 백성은 살해당하지 않기 위해서 도망가게 될 것이다. 그리고 적군들에게 체포되지 않기 위해서 숲이나 바위 뒤에 숨을 것이다. 반면에 예루살렘 백성은(자기를 돋보이게 하기 위해서) 붉은 옷을 입고 금장식과 눈 화장을 할 것이다. 그들은 매춘부처럼 옷을 입고 자신들을 공격해 오는 바벨론 사람을 유혹할 것이다(참조, 겔 16:26~29; 23:40~41). 그러나 이러한 계략은 헛되다. 예루살렘의 연인들이 예루살렘의 생명을 빼앗을 것이기 때문이다.

바벨론 군인들이 공격해 오고 있을 때, 예레미야는 시온의 딸(예루살렘)을 고통스럽게 부르짖으며 해산하는 여인처럼 묘사했다(참조, 사 13:8; 21:3; 26:17; 렘 6:24; 13:21; 22:23; 30:6; 48:41; 49:22, 24; 50:43; 미

4:9~10). 예루살렘은 살인자들의 손에 자신의 생명이 결코 쓰러지지 않도록 손을 뻗쳐 도움을 요청할 것이다.

(3) 다가오는 심판에 대한 이유들(5장)

5:1~3 유다는 그들의 죄악과 부패 때문에 심판을 받아야 했다. 하나님께서는 예루살렘 사람들이 공정하게 행하면서 적극적으로 진리를 찾는 자가 한 사람이라도 있는지 찾아보게끔 예레미야를 예루살렘으로 보내셨다. 만일 예레미야가 그러한 사람을 단 한 명이라도 찾는다면 하나님은 그 성을 용서해 주시겠다는 것이다. 그러나 불행히도 예레미야의 찾는 수고로움은 소돔(참조, 창 18:22~23)에서보다 더 헛된 것이었다. 백성은 바른 길 가기를 거부했고, 얼굴은 돌보다 더 굳었으며, 회개를 촉구하는 예레미야의 말을 거절했다.

5:4~6 예레미야는 지금까지 만났던 사람들이 의로운 하나님의 요구를 알지도 못하는 비천한 자들뿐이었을 것이라고 추측했다. 예레미야가 만난 그들이 지도자들이라면, 적어도 그들은 주의 길을 알고 있을 것이라고 생각했다. 그러나 예레미야의 방문은 단지 실망만 안겨 주었다(참조, 2:8). 그 지도자들 역시 백성을 결박하고 하나님께 드리는 예배의 멍에를 끊었던 것이다(참조, 2:20).

하나님께서는 지도자들을 심판하시고, 그들과 비슷한 죄를 지은 동료들에게도 벌을 내리실 것이다. 예레미야는 다가오는 심판을 묘사하기 위해서 세 마리의 야생동물을 예로 든다. 유다는 주인의 멍에를 부수고 약탈하는 야수의 공격에 대해 스스로 문을 열어 주었던 것이다. 사자, 여우, 표범 이 세 마리의 야생동물은 바벨론의 공격을 받은 후의 유다의 파멸을 상징하고 있다.

5:7~9 하나님께서는 유다에게 수사학적인 질문을 던지셨다. 첫째, '하나님이 왜 유다를 용서해 주어야 하는가?'(7절), 둘째, '왜 죄를 지은 유다에게 벌을 주지 말아야 하는가?'라는 질문이다(9절). 두 질문 가운데서 하나님은 유다가 가진 특징을 분명하게 묘사함으로써 확실한 해답을 제시하신다. 그것은 유다를 용서할 수 없다는 것이다. 그들이 하나님을 저버리고 거짓 신들에게 맹세했기 때문이다. 하나님께서 그들을 보호해 주셨음에도 그들은 음탕한 수말같이 이웃의 아내들을 따라다녔다. 하나님께서는 우상숭배와 간음 행위의 죄 때문에 유다를 벌하시겠다는 것이다.

5:10~19 하나님께서 선택한 참 포도나무인 유다는 이제 야생 포도나무가 되었다(2:21). 하나님께서는 침입자에게 유다의 포도밭을 샅샅이 뒤져 죽은 가지들을 꺾어 버리게 하셨다. 그 민족이 완전히 파멸되지는 않더라도 주께 속해 있지 않는 자들은 심판으로 결국 죽게 될 것이다.

유다 백성은 하나님께서 예루살렘을 파괴하실 것이라는 말씀을 믿지 않고자 했다. 오히려 하나님은 아무것도 행하지 않으실 것이라고 주장했다. 백성은 자신들의 파멸을 예언한 예레미야, 에스겔 같은 선지자들을 바람같이 가벼운 존재로 여겼다. 이에 대해 하나님은 '말씀은 백성을 태우는 불'이라고 전할 것을 예레미야에게 명령하셨다. 하나님은 멀리 있는 민족(바벨론)과 유다와의 전쟁을 일으키실 것이다. 유다는 그 나라의 언어를 알지 못할 것이며, 바벨론의 전사들은 유다의 곡식, 짐승 그리고 아이들까지도 무자비하게 파멸시킬 것이다. 뿐만 아니라 굳게 믿었던 난공불락의 성들도 파괴시켜 버릴 것이다.

그럼에도 하나님께서는 다시금 유다를 완전히 멸망시키지는 않을 것을 강조하시면서(참조, 4:27), 남은 자들을 보호하겠다고 말씀하신다. 하나님께서는 남은 자들이 '왜 자신들이 파멸되어야만 하느냐'고 물을 때에, 그들이 이방신을 섬기기 위해서 하나님을 버렸기 때문이라고 말할 것을 예레미야에게 명령하셨다. 따라서 그들은 앞으로 외국 땅에서 이방인들(바벨론 사람들)을 섬기게 될 것이다. 하나님의 이러한 징벌은 그들의 죄에 합당한 것이다.

5:20~31 유다는 의도적으로 하나님을 무시했다. 유다는 눈과 귀를 가지고 있었지만 하나님의 진정한 속성을 보지도, 듣지도(곧 이해하지도) 않았고(참조, 겔 12:2), 하나님을 두려워하거나 경외하지도 않았다(참조, 잠 1:7). 바다조차도 영원한 경계선 안에 있는데(참조, 욥 38:10; 시 104:9), 유다 백성은 하나님의 언약의 규범 안에 머물기를 거절했다. 대신에 그들은 하나님으로부터 벗어나 멀리 도망쳤다. 그들은 추수를 보장해 주는 늦은 비와 이른 비는 보면서도 하나님의 은총의 손길은 보지 못했다.

여기서 예레미야는 어떤 사람들의 죄를 낱낱이 열거하고 있다. 부와 권력을 가진 사악한 사람들은 덫을 놓고는 가난한 자들이 걸리기를 기다리고 있었다. 그들은 억압받는 자들(고아와 가난한 자)을 도와주는 일도 거절했다. 하나님의 진리의 말씀을 선포해야 하는 예언자들은 거짓예언을 했고, 하나님의 뜻에 따라 백성을 가르쳐야 하는 제사장들은 오히려 자신들의 권위로 그들을 지배하고 있었다(참조, 2:8). 이렇게 의의 길에서 벗어난 삶의 모습은, 이미 잘못된 방식대로 살기 좋아하는 백성에게 용인되었다. 사회의 모든 것들이 의로움보다는 사악한 것을 더 좋아했다.

(4) 다가오는 심판의 확신(6장)

6:1~3 예레미야는 다시 바벨론의 공격이 임박하다는 것을 경고하기 위해서 상징어를 사용했다(참조, 4:5~6). 예루살렘 북쪽에 위치한 베냐민 족속(참조, 1:1)은 도망가야 했다. 도성에 머무르지 말고 예루살렘으로부터 도망하여 계속 남쪽으로 가라는 것이다. 그리고 예루살렘의 동남쪽으로 약 18킬로미터 정도 떨어진 드고아에서 나팔을 불라는 것이다(암 1:1). 또한 예루살렘과 베들레헴의 중간 요지에 있는 벧학게렘에서는 신호를 보내 그 땅의 주민들이 도망갈 수 있도록 경고해야 한다. 하나님께서 완전히 예루살렘을 파괴할 것이라고 하셨기 때문에 목자들은 천막을 치고 각기 처소에서 그들의 양들을 먹이게 될 것이다. 이런 엄청난 파괴는 느헤미야에 의해서 다시 확인된다(참조, 느 1:3; 2:3, 11~17).

6:4~6상 바벨론은 공격하려는 욕망에 가득 차서 예루살렘을 향하여 몰려갔다. 정오에 공격하기를 원했지만, 준비가 채 되기도 전에 석양의 그림자가 예루살렘 주위의 골짜기에 드리우기 시작했다. 바벨론은 다음날까지 기다리려 했으나 돌연 그날 밤에 공격하기로 결정했다. 하나님께서는 바벨론 군사들에게 예루살렘의 방벽을 깨뜨리기 위해서 흉벽을 쌓으라고 지시하셨다(참조, 겔 4:1~2).

6:6하~9 예루살렘은 죄 없는 백성을 억압했기에 벌을 받아 마땅했다. 그들의 사악함은 너무 심해서, 마치 우물에서 물을 솟구쳐 내는 것과 같았다. 그들이 경고를 받고도 회개를 하지 않는다면 진멸될 것이다. 하나님께서는 포도를 추수하기 위해서 포도를 따는 것처럼 바벨론이 예루살렘을 완전히 정복하게 하실 것이다.

6:10~15 예레미야는 유다의 불신앙에 놀라운 반응을 보였다. 그러나 어느 누구도 예레미야가 다가오는 재앙을 경고할 때 그것을 들으려 하지 않았다. 백성이 하나님의 말씀을 듣지 않았다는, 즉 불순종 했다는 말이 예레미야서에 서른두 번이나 나오는데, 첫 번째로 나오는 곳이 바로 이곳이다. 그들의 귀는 닫혀 있고("그 귀가 할례를 받지 못하였으므로") 하나님의 말씀을 자신들에게 욕이 되는 것으로 여겼다. 그러나 예레미야는 심판에 대한 하나님의 말씀을 선언해야만 했다. 그는 백성들의 태도를 참을 수가 없었다(참조, 20:9).

하나님의 진노는 어린아이들로부터 어른에 이르기까지 모든 사회의 영역에 퍼부어질 운명에 놓여 있었다. 유다는 다가오는 침입자에 의해서 농토와 아내와 집까지도 빼앗기게 될 것이다. 이러한 일들은 사회의 모든 영역의 부패 때문에 발생하게 될 것이다. 예언자들과 제사장들은 거짓을 말할 것이며 백성들은 상처 받게 될 것이다. 이 상처(참조, 19:8; 30:17; 49:17; 50:13)는 백성의 영적인 병폐와 더불어 영적이며 육체적인 결과들을 말하는 것이다(참조, 8:11, 22; 10:19; 14:17; 15:18; 30:12, 15). 예언자들과 제사장들은 하나님께서 그들에게 주지도 않은 평화(참조, 8:11; 23:17)의 메시지를 선포하고 있었다. 이 사기꾼들은 백성에게 거짓말하는 것에 대해서 전혀 부끄러움을 느끼지 않았다. 사실 그들은 자신들의 방식에 매우 익숙해져 있었기 때문에 죄가 폭로됐을 때에도 부끄러워하는 기색이 없었다. 하나님께서는 이런 거짓 지도자들이 성이 파괴될 때 멸망할 것이라고 약속하셨다(참조, 8:12).

6:16~21 하나님의 의로운 옛길에서 벗어난 유다는 파멸의 위기에 처했다. 아직도 하나님께서는 유다에게 의의 길로 행하기를 촉구함으로써 그

들이 평안을 얻기를 원했지만, 유다는 이를 거절했다. 예언자들은 임박한 위협으로부터 성읍을 보호하고 경계하기 위해 배치된 파수꾼과 같으나, 유다의 예언자들은 하나님 말씀 듣기를 거부했다. 유다는 순종을 예배의 번제로 대신할 수 있다고 생각하면서 하나님의 법을 거역했다. 그러나 하나님께서는 남서쪽 아라비아에 있는 시바에서 수입해 온 유향(참조, 왕상 10:1~13; 겔 27:22)과 먼 곳에서 가지고 온 향품(달콤한 과자였을 것으로 추정, 출 30:23. 참조, 아 4:14; 사 43:24)이 제단에 올라오는 것을 경멸하셨다. 아무리 공들인 번제라 할지라도 하나님을 위한 순전한 사랑이 없으면 그분을 기쁘시게 해드릴 수 없기 때문이다. 하나님께서는 의식적인 예배를 받으시지 않을 뿐만 아니라 백성 앞에 장애물을 두어 그들이 넘어지게 하실 것이다. 그 장애물이 어떤 것인지는 분명하게 언급하지 않았으나, 다시 바벨론을 언급하는 듯하다(참조, 6:22).

6:22~26 예레미야는 북쪽으로부터 오는 재앙을 다시 한 번 지적하면서 두 번째 메시지를 마무리 짓는다(참조, 1:13~15; 4:5~6; 6:1). 다가오는 군대는 잔인하며, 사로잡은 자들에게 자비를 베풀지 않을 것이다. 이와 관련해서 바벨론 사람들에 대한 적절한 묘사가 뒤따른다(참조, 합 1:6~11). 예루살렘을 공략하기 위한 전투 대형을 갖추고 있는 것이다.

　바벨론의 진격에 대한 보고는 유다 사람들에게 커다란 고통을 가져다줄 것이다. 이 고통은 마치 해산의 고통과 같다(참조, 4:31 주해). 유다 백성은 자신들을 공격하여 쓰러뜨리는 칼 때문에 성을 떠나게 될 것을 염려할 것이다. 그리고 슬프거나 회개할 때 입는 까칠한 베옷을 입게 될 것이며(창 37:34; 삼하 3:31; 왕상 21:27; 에 4:1~4) 인내를 감내해야 할 것이다(느 9:1; 단 9:3; 마 11:21). 예루살렘이 경험한 슬픔은 마치 외아들을 잃은 것과 같을 것이다.

6:27~30 하나님께서는 예레미야를 금속을 검사하는 자나 분석가로 비유하고, 유다 백성을 광석으로 나타내신다. 예레미야는 그 민족을 완악한 반역자로 결론을 지었다. 하나님께서는 그들을 심판을 통하여 단련시키고자 하셨으나 그 노력은 무용지물이 되고 말았다. 단련하는 과정에서 사악함을 버리지 않은 백성은 마치 은이 되기를 거절하는 것과 같다. 하나님께서 민족을 갱신시키려는 노력이 실패로 끝났다. 그래서 심판은 필연적인 것이 돼 버렸다.

c. 거짓 종교와 그에 대한 처벌(7~10장)

때때로 예레미야의 성전 설교로 알려진 이 본문은 백성의 거짓 종교에 대한 하나님의 징벌에 초점을 맞추고 있다. 백성은 하나님의 징벌이 결코 예루살렘이나 자신들에게는 미치지 않을 것이라고 믿고 있었다(참조, 5:12~13). 하나님의 성전이 현존하고 있고 자신들이 갖고 있는 종교의 외적인 자신감 때문이었다(참조, 6:20). 예레미야는 성전 설교를 통하여 백성의 거짓 소망을 폐하고 영적 타락의 원인이 되는 우상의 곪은 상처를 폭로하고 있다. 26장에서 서술하고 있는 사건들은 이 메시지에 대한 백성의 반응을 나타내는 것이라고 볼 수 있다.

(1) 성전 설교와 거짓 예배(7:1~8:3)

7:1~8 하나님께서 예레미야를 불러 성전 입구에 서서 예배하러 오는 자들에게 그분의 메시지를 선포하도록 지시하셨다. 이 메시지는 바로 앞에

서 언급한 것과 유사한 것으로, 그곳에서의 삶을 영위하기를 원한다면 죄의 길을 돌이키라는 것이다(참조, 3:12; 26:13).

예레미야는 자신의 메시지를 거절하는 백성에게 대답했다. 그들은 예루살렘에 주의 전(그 성전이 힘을 가지고 있다고 그들이 믿는 것을 강조하기 위해 "여호와의 성전이라"고 세 차례 반복하고 있다)이 위치하고 있기 때문에 징벌 받지 않을 것이라고 믿었다. 유다 백성은 성전이 어떤 공격도 막아 주는 부적이나 마력과 같은 힘이 있는 것으로 봤다.

그러나 하나님께서는 건물을 순종보다 더 높이 평가하지 않으셨다. 하나님의 보호하심은 백성이 그들의 길을 돌이킬 때에만 가능할 것이다(5절. 참조, 3절). 예레미야는 하나님께서 원하셨던 변화를 설명하기 위해서 세 가지 예시를 들고 있다.

첫째, 백성은 사회에서 힘없는 사람들, 부당하게 어려움을 당할 때 스스로 자신을 보호할 수 없는 자들을 억압하지 말아야 한다(참조, 신 14:29; 16:11; 24:19; 시 94:6). 둘째, 무고한 피를 흘리면 안 된다(참조, 신 19:10~13; 21:1~9). 셋째, 다른 신들을 섬기지 말아야 한다.

첫 번째와 두 번째는 이스라엘 사람들과의 관계, 세 번째는 하나님과의 관계에서 지켜야 할 것들이다. 만일 이러한 하나님의 언약에 대한 신실성에 확증이 있다면 하나님께서는 그 민족이 그 땅에서 살도록 허락하신다는 것이다. 그러나 백성이 자신들을 보호하기 위한 언약에 순종하기보다 오히려 성전 건물을 신뢰한다는 것은 자신들의 신앙을 무가치한 속임수의 말에 두고 있다는 것을 의미한다.

7:9~15 유다 백성은 하나님의 성전이 계속 존재하고 있으니 자신들은 안전하다고 생각했다. 그래서 가증스러운 어떤 일을 행해도 괜찮을 것이

라고 믿었다. 그러나 그들의 사악함으로 성전은 강도의 소굴로 둔갑했다 (참조, 마 21:12~13). 그들은 하나님께서 모든 행위를 지켜보시며 알고 계시다는 사실을 깨닫지 못했다.

예레미야는 이스라엘의 과거를 지적했다. 그리고 단순히 하나님의 성전이 있다는 사실만으로 재난을 피할 수 있다고 믿는 그들의 어리석음을 폭로했다. 이와 더불어서 백성에게 말하기를 하나님의 법궤가 처음으로 거주했던 실로를 기억하라고 했다(수 18:1; 삿 18:31; 삼상 1:3; 4:3~4). 그들은 이스라엘의 사악함 때문에 하나님께서 어떻게 행하셨던가를 알아야만 했다. 성경엔 실로의 파멸에 대한 언급은 없으나, 블레셋이 언약궤를 빼앗아간 뒤에(삼상 4:10~11) 분명히 제사장들은 놉으로 도망쳤고(삼상 22:11), 이스라엘의 중심적인 예배 처소였던 실로가 버려진 사실은 나타나 있다(참조, 시 78:56~61). 고고학적 연구에 의하면 실로는 BC 1050년경 블레셋에 의해서 멸망했다고 한다.

예레미야의 메시지의 요점은 실로에서의 하나님의 역사가 예루살렘 성전에서도 동일하게 나타날 것이라는 점이다. 유다가 그들의 길을 돌이키지 않는다면, BC 722년에 북왕국을 처리하셨던 것과 마찬가지로 하나님께서 유다를 그의 면전에서 쫓아내실 것이다(왕하 17:5~20). 성전은 하나님의 현존의 상징이라는 측면에서 하나님의 이름을 지니고 있다(10, 12, 14절. 참조, 30절). 그분의 '이름'은 그분의 계시의 속성을 나타낸다.

7:16~20 하나님께서는 예레미야에게 유다를 위해 중재하지 못하게 하셨다. 더 이상 그 중재를 듣지 않겠다고 하신 것이다(참조, 11:14; 14:11~12). 그 민족의 죄는 예레미야의 탄원이 무용한 지점까지 이르렀다. 유다가 얼마나 타락했는가를 설명하기 위해 하나님께서 그들의 우상숭배

의 한 측면을 강조하셨다. 유다 전 지역에 걸쳐 가족들은 하늘의 여왕(바벨론의 사랑과 풍요의 여신 이슈타르일 것이다)을 위하여 과자(납작한 과자이며 가운데에 여신의 상이 조각되어 있다. 참조, 44:19)를 차려 놓았다. 게다가 다른 신들을 위해서는 포두주를 제주(祭酒)로 바쳤다. 그러나 그들의 거짓 예배가 하나님께 피해를 주는 것은 아니다. 다만 우상적인 의식에 참여한 자들이 해를 입게 될 것이다. 하나님의 진노가 온 유다에 내릴 때 백성은 자신들의 행동의 결과를 경험하게 될 것이다.

7:21~29 유다 백성은 모두 올바른 제물을 드렸지만 하나님께서 시내산에서 다른 계명을 준 사실을 깨닫지는 못했다. 하나님께서는 이스라엘을 불러 자기에게 복종하며 그들을 위해서 만든 모든 길을 따르도록 하셨다. 그러나 불행히도 이스라엘은 하나님의 명령 듣기를 거부할 뿐만 아니라 경고를 소홀히 여겼다. 하나님께서 그의 예언자들을 계속 보내 백성에게 경고하셨지만 그들은 귀를 기울이지 않았다(참조, 25:4~7).

　예레미야는 당시 백성의 반응이 과거와 다를 것이라고 기대하지 않았다. 하나님께서도 예레미야에게 그 민족이 자기의 말을 듣지 않을 것이라고 하셨다. 그래서 예레미야는 애도의 표시로 머리털을 밀고(참조, 욥 1:20; 사 15:2~3; 렘 48:37; 겔 7:18), 민족을 위해 애가(키나[קִינָה : 장송곡])를 부를 것이다. 유다의 멸망으로 슬픔의 때가 시작될 것이다. 하나님께서는 이미 그 세대에 진노하기로 결정하셨다.

7:30~34 하나님께서는 심판을 가져올 유다의 죄에 대해 자세하게 언급하신다. 그들은 성전에 우상들을 세워 하나님의 집을 더럽혔다(참조, 겔 8:3~18). 성 밖에서는 도벳 사당을 지었다(참조, 19:6, 11~14). 그곳

은 벤힌놈의 골짜기(힌놈의 골짜기. 참조, 19:2, 6; 32:35)에 위치한 곳으로, 사람들은 그곳에서 아들과 딸을 불에 태워서 제사를 지냈다(참조, 왕하 21:6; 대하 33:6; 렘 19:5). '토펫'(תֹּפֶת)이라는 단어의 기원은 확실하지는 않지만, 아마도 '요리용 난로'나 '화덕'에서 온 것 같다. 그런데 이 단어의 모음의 변화에 의도성이 엿보인다. 그곳에서 제사를 지낸다는 것에 대한 부끄러움을 강조하기 위해서 '부끄러움'을 뜻하는 단어 '보셋'(בֹּשֶׁת)의 모음을 사용해 변형한 것 같다. 이 '수치스러운 높은 지역'은 성의 남쪽과 서쪽에 가까이 있는 힌놈의 골짜기에 위치했다. 이 골짜기에서는 성에서 나온 쓰레기를 태웠다. 헬라어로 '힌놈의 골짜기'(게힌놈[גֵּיא בֶן-הִנֹּם])는 지옥의 타오르는 구덩이를 묘사하는 '게헨나'로 알려져 있다(참조, 마 5:22, 29~30; 벧후 2:4). 하나님께서는 이곳의 이름이 예루살렘의 멸망 후에 타죽은 자들이 너무 많기 때문에 살육의 골짜기로 변하게 될 것이라고 선언하셨다. 백성의 시체를 먹을 새들과 짐승들에 관한 예언이 백성의 불순종으로 인한 모세의 언약을 확증시키고 있다(신 28:26). 성이 파괴될 때 기쁨은 사라지게 될 것이다(참조, 16:9; 25:10).

8:1~3 심지어 죽은 자들까지도 하나님의 심판을 피할 수 없을 것이다. 예루살렘 멸망 이전에 죽었으나 거짓 신들에게 경배했던 방백들의 모든 뼈들도 무덤에서 옮겨져, 그들이 한때 예배했던 모든 처소에 드러날 것이다. 그들은 땅 위에서 거절을 당한 채 남아 있을 것이다(참조, 25:33). 예루살렘의 멸망 때에 살아남은 자들은 쫓겨나게 될 것이고 그들의 삶은 너무 고통스럽기 때문에 차라리 죽는 편이 더 나을 것이다.

(2) 백성을 향한 하나님의 보응(8:4~10:25)

8:4~7 하나님께서는 자기에게 돌아오기를 거절하는 유다의 강퍅함을 노출시키기 위하여 일련의 질문들을 요구하셨다. 사람들은 쓰러질 때 다시 일어나려고 노력하는 법이다. 마찬가지로 어떤 사람이 바른 길에서 벗어났다면 가능한 한 빨리 원래의 길로 되돌아오려고 노력할 것이다. 대부분의 사람들은 그들의 잘못을 통해 교훈을 얻지만 유다는 돌아오기를 거절했다. 그들은 잘못된 행위를 인식하지 못하고, 마치 말을 몰고 전쟁터로 진격하는 것처럼 단호하게 제 길을 갔다. 철새들조차도 자신들이 이동하는 시기를 아는데 유다는 하나님께로 돌아오는 시기를 깨닫지 못했다. 유다는 새보다도 훨씬 현명하지 못한 것이다.

8:8~13 유다는 주의 법을 소유하기 때문에 스스로 다른 민족들보다 더 현명하다고 생각했다. 그러나 불행히도 그 율법은 서기관들에 의해서 거짓되게 활용되고 있었다. 하나님의 율법을 거절한 그들은 심판을 자초하게 될 것이다(참조, 신 28:30~45). 이러한 잘못된 태도는 작은 자로부터 큰 자에 이르는 온 백성에게 해당된다. 지도자들은 민족의 죄를 가볍게 취급했고, 상처는 시간이 지나도 심해지지 않을 것이라면서 보듬어 주었다(참조, 8:22; 6:14 주해). 8장 10절하~12절에서는 6장 12~15절의 메시지를 반복한다(참조, 6:12~15 주해). 하나님께서는 일찍이 그들에게 허락하셨던 수확의 축복을 취소함으로써 그 민족에게 벌을 내리실 것이다.

8:14~17 예레미야는 하나님의 심판이 시작될 때 일어날 고통을 묘사하고 있다. 유다는 하나님께서 그들을 거기서 멸망케 하실 것을 알면서도 견고한 성읍으로 도망갈 것이다. 평화를 향한 소망은 사라지고 바벨론 사

람들이 그 땅을 차지하게 될 것이다. 적군들의 말발굽 소리가 북쪽의 단에서부터 남쪽까지 들려올 것이고, 군대가 와서 기다렸다는 듯이 짓밟을 때 땅이 진동할 것이다. 하나님은 바벨론 사람들을 유다 사람들을 삼키는 독사로 비유하셨다.

8:18~9:2 예레미야는 진심으로 하나님께 부르짖는 유다의 고통에 응답하고 있다. 예레미야는 먼 땅으로 유배 간 백성의 외침을 하나님께서 들으셨는지 물었다. 바벨론에 포로로 잡혀간 자들은 하나님의 성전이 위치한 예루살렘 성이 어떻게 멸망할 수 있는지 궁금해 했다. 그들은 몹시 괴로워하면서 유다의 왕인 여호와가 더 이상 그곳에 계시지 않는지를 물었다. 이에 대해 하나님은 예루살렘의 멸망은 하나님의 부재가 아니라 백성의 죄 때문이라고 대답하셨다. 하나님은 유다가 그들이 섬긴 우상들로 하나님을 진노케 했기 때문에 바벨론 군대를 일으키신 것이다.

하나님은 유다에게 회개할 기회를 주셨으나 그들은 계속하여 이를 거절했다. 8장 20절에는 너무 늦게 죄의 심각성을 깨달은 자들의 통곡이 기록되어 있다. 하나님의 회개에 대한 기회를 암시하고 있는 추수의 때는 지나갔다. 가능할 때 심판으로부터 구원을 이루기 위한 하나님의 예비하심을 이용하지 않았으므로 백성은 이제 소망이 없었다.

유다의 패망에 대한 예레미야의 반응은 슬픔과 절망이 어우러져 있었다. 그는 백성과 일체감이 있었기 때문에, 유다의 파멸은 그의 마음을 산산히 부숴뜨리는 것 같았다. 그는 백성의 상처를 치료할 유향을 얻기 위해 길르앗으로 갔다(참조, 11절; 6:14 주해). 유향은 치료를 위해서 사용된, 소합향나무에서 나온 송진이었다. 요단강 동편에 있는 길르앗은 치료를 위한 유향으로 유명한 곳이었다(참조, 46:11; 51:8; 창 37:25; 겔 27:17).

예레미야는 슬픔으로 자신의 눈이 눈물의 샘이 되었다면서, 죽임을 당한 자들을 위해 밤낮 울기를 원했다. 이렇게 백성의 고통을 진심으로 공감했기 때문에 예레미야는 '눈물의 예언자'라는 별명을 얻게 된 것이다(참조, 13:17; 14:17). 하지만 그들의 고통에 대한 공감은 죄에 대한 혐오감도 상기시켰기에 감정을 억누를 수 있었다. 그래서 예레미야는 사막에 있는 오두막집에서 혼자 사는 것이 신실하지 못한 유다 백성과 함께 사는 것보다 낫다고 여겼다.

9:3~6 궁수가 활을 사용하듯이 유다 백성은 입을 사용하여 거짓을 쏟아 냈다. 유다에 살고 있는 자들은 정직하지 않았기에 친구들을 경계해야 했고 아무도 형제들을 신뢰하지 않았다. 모든 사회 조직이 해이해져서 아무도 진실을 말하지 않았다. 예레미야는 하나님 알기를 거절하고 기만으로 가득 차 있는 민족과 함께 살아가고 있었다.

9:7~9 하나님께서는 유다가 지은 죄 때문에 그들을 정제하고 시험하는 것으로 유다의 기만에 응답하셨다(참조, 6:28~30; 겔 22:18~22). 하나님은 유다를 심판의 도가니에 두시고 그의 기만을 처리하실 것이다. 하나님께서는 죄를 지은 백성에게 하나님 자신이 정말 복수를 하지 말아야 되는지를 예레미야에게 물으셨다.

9:10~16 예레미야는 유다의 땅을 향해 울며 부르짖기 시작했다. 바벨론의 침입과 그에 따른 추방으로 땅은 황폐해지고 인적이 끊어졌기 때문에, 하나님께서는 예루살렘을 파멸의 구덩이로 만들어서 승냥이(참조, 10:22; 49:33; 51:37) 떼가 그곳에 거주할 것이라고 말씀하셨다. 그리고 유

다의 현자들에게 왜 땅이 파괴되고 황폐케 된 것인지를 물으셨다. 누군가 먼저 대답하기도 전에 하나님께서는 분명하게 말씀하셨다. 파멸은 백성이 하나님의 율법에서 돌아서서 바알 신을 따랐기 때문이라는 것이다(참조, 2:23; 삿 2:11 주해). 이것이 하나님께서 유다 사람들을 열방 가운데로 흩으시고 그들이 칼로 죽어야 한 다고 말씀하신 이유이다(참조, 겔 5:2, 12).

9:17~24 예레미야는 주께로부터 받은 세 개의 분리된 선언을 기록하고 있다. 각 선언은 비슷한 어구로 시작한다. 첫 선언은 17~21절로, 하나님께서 직업적으로 곡하는 여인을 불러 예루살렘을 위해서 슬피 울도록 하셨다. 이 장송곡은 후에 그들의 딸들에게 가르칠 것이며, 그들도 슬피 울게 될 것이다. 노래는 바벨론 군대가 성에 들어와 파괴시킬 때 살육당할 어린 아이들과 청년들의 죽음으로 끝날 것이다.

두 번째 선언은 22절로, 바벨론에 의해 자행된 가혹한 살육에 대한 묘사이다. 죽은 시신들은 낫으로 이삭을 베어 밭에 그대로 놔둔 모습과 같을 것이다. 그러나 그 무시무시한 '수확'을 하고자 그곳에 남아 있는 사람은 한 명도 없을 것이다.

세 번째 선언은 23~24절로, 하나님께서 백성으로부터 기대하셨던 응답을 요약하고 있다. 백성은 그들의 인간적인 지혜나 힘, 혹은 부를 자랑하지 말아야 했다. 그런 것들은 오래 지속될 수 없기 때문이다. 오로지 하나님을 이해하고 그분께서는 알고 있다는 사실만을 자랑해야 할 것이다. '알다'(야다[יָדַע])라는 단어를 다시 한 번 살펴보면 그 의미가 하나님을 긴밀히 아는 것이라고 할 수 있다(참조, 1:5 주해). 하나님께서는 자신의 자비, 정의, 의로움을 백성이 밀접하게 인식하고 있기를 원하셨다. '자비'(헤세드[חֶסֶד])는 하나님의 신실한 사랑을 말하고 있다(참조, 31:3; 33:11; 애

3:22). 하나님은 그의 백성에게 하신 약속을 반드시 지키실 것이다. '정의'(미슈파트[מִשְׁפָּט])는 공정하게 다스리는 것을 가리킬 때 광범위하게 쓰이는 용어이다. '의로움'(체다카[צְדָקָה])은 표준이나 규범과 동일한 개념으로 표현할 수 있다. 하나님의 행위에 대한 표준은 이스라엘이 지켜야 할 규범으로 간주할 수 있다.

9:25~26 개인적인 성취나 능력이 하나님을 기쁘시게 할 수 없다면(23절), 형식적 종교의식을 신봉하는 것 역시 하나님을 기쁘시게 할 수 없다. 하나님은 가까이 있는 자나 멀리 있는 자나 단지 육체적인 할례만을 받은 자들을 벌하실 것이다. 언약의 표시에 대한 유다의 신앙은 잘못된 신앙인데, 하나님의 언약 아래 있지 않은 이방 민족들도 이런 할례 의식을 거행하고 있었기 때문이다. 유다의 행위는 그들이 진실로 마음의 할례를 받지 않았다는 것을 폭로한 것이다(참조, 4:4).

10:1~5 10장의 첫 열여섯 절의 문장은 설명조로 되어 있다. 다가오는 유배에 대한 논쟁을 계속하기 전에, 예레미야는 이러한 심판을 가져다 줄 하나님의 본성에 초점을 맞춘다. 하나님께서는 이미 포로가 된 북왕국을 포함한 전 이스라엘 집을 향한 말씀과 더불어 우상숭배의 어리석음을 설명하셨다. 이스라엘은 그 주위의 민족들이 행했던 우상숭배를 배우지 말고 하늘의 '징조'도 두려워하지 말라고 하셨다. 이 하늘의 징조들은 주로 일식이나 유성같은 특별한 사건들로, 당시 사람들은 이 징조가 신들이 다가옴을 암시한다고 여겼다.

그런 우상적 행위는 무가치한(헤벨[הֶבֶל : 숨]. 참조, 전 1:2 주해)것이다. 영광을 받는 '신들'이 예배자들에 의해서 만들어지기 때문이다(참조,

사 40:18~20). 그들은 나무를 자른 후 토목 기능공에게 주어서 그들이 바라는 형상대로 만들게 한다. 이 '신'에게 은과 금을 입혀서 높이 올려 밑을 고정시키면 흔들리지 않는다. 그런데 이것은 인간에 의해서 만들어진 신이기 때문에 용도에 따라서 움직여야 한다. 그것은 마치 수박 밭에 서 있는 허수아비처럼 생명이 없는 것이다. 분명히 그런 신은 그를 추종하는 자들에게 지식을 알려 주기 위해서 어떠한 말도 할 수 없다. 그래서 하나님께서는 백성을 권고하시면서 거짓 우상들을 두려워하지 말라고 하셨다. 이 우상들은 그들을 무시한 자들을 해칠 만한 힘도, 추종하는 자들을 위해 선을 베풀 수 있는 힘도 없다.

10:6~16 예레미야는 오직 주만이 진실로 유일하신 분이라는 것을 확신함으로써 우상에 대한 하나님의 말씀에 응답하고 있다. 그분과 같으신 존재는 아무도 없다(6절상, 7절하. 참조, 사 40:18, 25). 그들은 무가치한 나무로 만든 우상들(참조, 10:15; 2:5 주해)을 다시스에서 가져온 은과 우바스에서 가져온 금으로 꾸몄다. 다시스는 아마 남 스페인에 있는 어떤 성이거나 '광물질이 묻혀 있는 땅'에 대한 전문 용어이다. 우바스는 지금은 알지 못하는 어떤 한 지역이거나, 금산지로 유명한 아라비아 땅 오빌에 대한 원문의 다른 표기로(참조, 왕상 9:28; 10:11; 22:48; 욥 22:24; 28:16; 시 45:9; 사 13:12), '정제된 금'에 대한 전문적인 용어라고 볼 수 있다. 예레미야는 거짓 우상들과 대조적으로 주를 참 하나님으로 서술하고 있다. 하나님은 살아 계시지만 우상들에게는 생명이 없다. 하나님은 영원하시지만 그것들은 장색의 기술로 만들어졌기 때문에 곧 없어지고 만다.

11절은 본서에서 히브리어 대신 아람어가 쓰인 유일한 부분이다. 아람어는 그 당시 무역어로 사용한 언어이다. 아마 이 구절은 이스라엘을 둘러싸고 있는 이방 우상들을 향한 말씀이기 때문에 아람어로 쓰여진 것 같다. 하나님께서 이 언어로 말씀하실 때 그들은 확실히 이해할 수 있었을 것이다. 이런 우상들에게 주신 메시지는 우주의 창조에 참여하지 않았던 거짓 신들은 궁극적으로 하나님의 세계로부터 파멸당하게 되리라는 것이다.

거짓 신들과는 반대로 주께서는 창조의 책임을 맡으셨다(12~13절). 그분께서 지구를 창조하시고 손을 뻗쳐 하늘을 지으셨다(12~16절은 51장 15~19절과 같다). 오로지 그분만이 그 공적을 완성하실 수 있는 권능과 지혜를 지니셨다. 주님의 권능은 본래 그의 지속적인 계시를 반영하고 있다. 예레미야는 구름, 번개, 비 그리고 바람을 동반한 천둥의 두려움에 초점을 맞추면서 하나님의 지속적인 권능을 설명하고 있다(참조, 욥 38:22 주해, '권능의 보고'; 시 33:7; 135:7; 렘 51:16).

하나님의 위엄이 최종적으로 현현될 때에 무가치한 우상들을 만든 자들(참조, 10:8; 2:5 주해)은 한 때 우상을 섬겼던 것에 대해 부끄러워할 것이다. 반대로 하나님은 야곱의 분깃(참조, 51:19)으로 알려지게 될 것이다. '분깃'(헬레크[חלק : 나눔])은 어떤 것을 개인들에게 할당해 주는 것을 말한다(참조, 창 14:24; 레 6:17; 삼상 1:5). 실제적인 의미를 보면 하나님은 이스라엘에 속해 있었고, 동시에 이스라엘은 하나님께 속해 있었다. 이스라엘은 하나님의 유업을 이을 자이다(참조, 4:20 주해). 또한 하나님은 아무것도 만들어 낼 수 없는, 생명 없는 우상들과 달리 만물의 창조자이시다(참조, 욥 4:17; 32:22; 35:10; 시 115:15; 121:2; 전 11:5). 예레미야는 그의 백성과 떨어질 수 없이 긴밀한 관계를 맺고 계시는, 신실하신 하나님을 확인하면서 삽입 어구(1~16절)를 마무리 짓는다. 그분의 이름은 전능하신 주이시다.

10:17~22 예레미야는 하나님이 우상들보다 위대하심을 논하고(1~16절), 성전 설교를 이어 가면서 임박한 멸망과 유배를 묘사하고 있다. 예루살렘 사람들은 그 땅을 떠나기 위해서 짐을 꾸리려 할 것이다(참조, 겔 12:3~16). 하나님께서는 맹세하시기를 그 땅에 살고 있는 자들을 던져서 포로가 되게 하여 감금 상태에 두게 할 것이라고 하셨다.

예루살렘은 고통 가운데서 포로가 될 것이다. 고통을 겪은 후에는 그 상처가 치유될 수 없을 것이다(참조, 6:14 주해). 성은 붕괴된 천막으로 묘사된다. 자녀는 포로가 되고, 목자들(로임[רעים: 지도자들]. 참조, 2:8)이 몰던 양 떼는 다 흩어지게 될 것이다(참조, 23:1~2; 겔 34:1~10). 북으로부터의 공격으로 유다는 살육을 당하며 성읍들은 무너지게 될 것이다(참조, 9:11).

10:23~25 예레미야는 성전 설교를 끝맺으면서 주께 기도를 드리고 있다. 예레미야는 자신의 갈 길을 정하는 것은 본인의 자유지만 본인의 것이 아니라는 사실을 받아들였다. 하나님의 다스림 안에서, 갈 길을 인도하시도록 하나님을 의지하는 자만이 진실로 복이 있을 것이다(참조, 잠 3:5~6; 16:9; 20:24). 예레미야는 유다의 심판이 하나님의 진노가 아닌 그분의 공의 때문이기에 필연적이라고 주장했다. 그래서 그 민족이 소멸되지 않도록 하기 위해서는 확장하는 심판에 대한 하나님의 인내와 관용이 필요하다고 했다. '나'라는 단어를 사용하면서 예레미야는 자신을 유다와 동일시 했고, 자신이 유다를 대표하는 것으로 표현하고 있다. 그리고는 유다를 향한 하나님의 심판이 열방에까지 미칠 것인가를 물었다. 예레미야는 유다를 멸망케 할 족속들이 하나님의 이름을 부르기를 거절하고 하나님의 언약의 백성을 삼키고 파멸시켰다고 했다.

d. 깨어진 언약(11~12장)

예레미야의 네 번째 메시지는 하나님과의 언약을 깨뜨린 유다에 초점을 맞추고 있다. 비록 메시지 그 자체에서 기록 연대를 발견할 수는 없지만, 몇 가지 요소들이 이 시기가 예레미야가 사역을 시작한 후 6년 째 되는 해인 BC 621년이라는 사실을 말해 주고 있다. 그 해는 유다 왕 요시야가 개혁의 일환으로서 성전을 수리하고 개혁을 추진하는 가운데 율법이 발견된 때이다(참조, 대하 34:14~33). 예레미야가 언급한 몇 가지 사안들은 당시에 하나님의 율법을 발견했다는 것과 언약이 깨어졌다는 사실을 암시한다(참조, 11:3~5). 예레미야는 유다에게 요시야가 백성에게 읽어 주었던 언약의 말씀을 기억하라고 말했다(11:6; 대하 34:19~32).

(1) 언약을 어김(11:1~17)

11:1~5 하나님께서는 예레미야에게 언약의 조건들을 전해 들은 후 유다 백성과 예루살렘 사람들에게 전하라고 말씀하셨다. 하나님께서 말씀하신 언약의 특별한 분깃은 그의 율법을 순종하느냐 불순종하느냐에 달려 있었다(참조, 신 28장; 출 3:8 주해, 젖과 꿀이 흐르는 땅 가나안).

11:6~8 예레미야는 백성에게 언약의 말씀들을 따르라고 외쳤으며, 그들이 저지른 과거의 실수들을 상기시켜 주었다. 하나님께서는 반복해서 백성에게 순종하라고 경고했지만 그들은 귀를 기울이지 않았다는 것이다. 그래서 하나님께서 그 언약에 나타난 모든 저주들을 그들에게 내리실 것이라고 하셨다. 이스라엘의 역사는 반역과 교정의 역사였다.

11:9~13 요시야가 비록 외부적으로는 언약에 순응하는 것처럼 보였지만, 그의 개혁은 지속적으로 백성의 마음을 통찰하지 못했다. 요시야가 죽고 난 이후에 백성은 다시 그들의 우상을 섬기는 생활로 되돌아갔다. 백성 가운데 언약을 저버리도록 하는 공모자들이 있었는데, 그들은 예레미야의 경고를 무시하고 거짓 신들을 섬기기 위해서 조상들의 죄를 다시 반복했다. 북왕국 이스라엘과 남왕국 유다 모두 이 길을 답습했던 것이다.

우상을 섬기겠다는 의도적인 결정으로 유다는 파멸을 자초했다. 하나님은 그 민족에게 피할 수 없는 재난을 내리실 것이라고 맹세하셨다. 그런 비탄 속에서 백성은 하나님께 울부짖고 그들의 우상에게도 하소연하겠지만, 그 우상들은 그들을 도와주지 않을 것이다. 유다의 그 많은 신들과 제단들(참조, 2:28)은 유다를 파멸시킬 뿐이지 그들을 구원해 주지는 못할 것이다. 요시야가 그 땅에서 우상들을 제거하려고 했지만(대하 34:33), 향을 피운 많은 제단들이 계속하여 수치스러운 신인 바알에게 제사를 지냈고(참조, 11:17) 수많은 우상들이 여전히 예루살렘 거리에 산재했다.

11:14~17 백성의 죄가 너무 만연했기 때문에, 하나님께서는 예레미야에게 다시는 그들을 위해 기도하지 말라고 명하신다. 하나님께서 다가오는 재난의 때에 구원해 주시기 위한 그들의 기도를 듣지 않으시려는 것이다(참조, 7:16; 14:11). 15절은 해석자들의 많은 관심을 끄는 구절이다. 이 부분에서 핵심적인 개념은 사랑받는 자는 하나님의 성전(집) 안에 있는 유다 백성이라는 점이다. 분명히 어떤 사람들은 성전에 와서 제물을 드리고 의식을 행하면 벌을 피하게 할 수 있을 것이라고 믿었다. 그들은 자신들의 사악한 행동을 멈추지 않고 계속해 나갔다.

하나님께서는 큰 폭풍우 속에서 번개로 감람나무에 불을 피우는 것으로 심판을 묘사하셨다. 하나님께서는 유다를 그의 백성으로 삼았는데, 이제 와서 그들을 뿌리째 뽑으시겠다는 것이다. 백성이 우상숭배로 하나님을 분노케 했기 때문이었다.

(2) 언약을 범한 결과들(11:18~12:17)

11:18~23 백성은 예레미야를 비난하면서 그를 죽이려고 했다. 이 부분은 예레미야의 사역에 대한 백성의 계속적인 반대에 관한 첫 번째 삽입 부분이다(참조, 1:8, 17~19). 그러나 하나님은 그들의 음모를 예레미야에게 미리 알려 주셨다. 원수들은 예레미야를 그가 살고 있는 땅에서 제거하려는 계획을 꾸몄다. 이에 대하여 예레미야는 하나님께 이런 공모자들에게 보복하시도록 요청했다

하나님께서는 신속히 심판할 것이라고 대답하심으로써 예레미야에게 확신을 주셨다. 예레미야에 대한 음모는 아나돗 사람들에 의해서 이루어졌는데, 그곳은 예레미야의 고향이다(1:1). 아나돗 사람들은 예레미야에게 예언을 하지 못하도록 명령했으며, 말을 듣지 않을 때는 그들의 손에 죽게 될 것이라고 말했다. 하나님께서는 이런 배역에 대하여 칼과 기근으로 벌하시겠다고 약속하셨다. 아나돗은 하나님의 메시지와 예언자를 거부했기 때문에 재앙으로 인해 고통을 당할 것이다.

12:1~6 예레미야는 자신의 생명을 위협하는 음모의 계획을 보여 주신 하나님께 응답하면서 사악한 자들의 번영을 불평했다. 예레미야는 하나님께 고소(립[ריב]. 참조, 2:9, 29)하며 아뢸 때마다 하나님의 의로우심을 인정하면서도, 한편 하나님의 정의에 대해서 의문을 가졌다. 특히 하

나님께서 사악한 자들의 죄 때문에 정말 분노하셨다면, 왜 그 사악한 자들의 길이 그렇게 번영할 수 있는지를 묻고 싶었다(참조, 욥 21:7; 시 73:3~5, 12; 94:3). 사실 예레미야는 하나님이 그들을 마치 식물처럼 '심은 것'으로 생각했는데, 그들의 뿌리가 땅에 박혀서 성장하고 열매를 맺었기 때문이다.

예레미야는 하나님께 부정한 자를 심판하시도록 요구했다(참조, 11:20). 양을 도살하기 위해서 끌어내는 것처럼 하나님께서 그들을 끌어내시기를 원했다(참조, 11:19, "도살 당하러 가는 순한 어린 양"). 자신이 사명을 위해서 하나님으로부터 '따로 세움'을 받았던 것처럼(1:5), 예레미야는 하나님께서 사악한 자들을 살육의 그 날을 위해서 따로 예비하시기를 원했던 것이다.

하나님은 사악한 자들의 죄로 그 민족을 심판하실 것이다. 의로운 자들 역시 이 심판을 모면하지 못할 것이다. 4절에서 예레미야는 사악한 자의 번영을 부정하지 않고 그대로 설명한다. 예레미야는 어려울 때에도 사악한 자가 의로운 자보다 더 잘 견딜 수 있으리라고 생각한 것 같다. 하나님께서는 가뭄을 보내서 그 민족을 심판하셨다(참조, 14:1~6; 레 26:19~20; 신 28:22~24). 그 가뭄으로 땅은 바싹 마르고 식물은 시들어 버렸다. 그러나 이러한 사건들을 보면서도 백성은 하나님의 심판의 손길을 알지 못했다. 그들은 하나님께서 자신들의 죄에 무관심하기 때문에 그 가운데에서 벌어지고 있는 일들을 알지 못할 것이라고 단언하고 있었다(참조, 시 73:11; 94:7).

예레미야의 질문에 대한 하나님의 대답은 놀라웠다. 하나님께서는 예레미야가 현재의 상황이 어렵다고 이해했다면, 미래에는 훨씬 더 어려운 상황이 벌어질 것이라고 말씀하셨다(5절). 하나님께서는 '경주'와 '길을 건너는 자'의 두 가지 비유를 들어 상황을 설명하셨다. 만일 예레미야가 사람들과 도보로 경주를 하다가 지쳤다면 나중에 어떻게 말과 경주를 할 수 있겠는가? 또는 예레미야가 안전지대에서도 넘어진다면(바타흐[בטח: 믿는다]. 참조, NIV 난외주), 요단 가까이 있는 덤불(요단강을 따라 늘어서 있는 밀림) 속으로 던져졌을 때에는 어떻게 할 것인가? 이 두 번째 질문의 의중은 의역한 것으로 보인다. 만일 예레미야가 평화로울 때에만 하나님을 믿었다면 어려운 상황에 부딪혔을 때에는 어떻게 할 것인가?

하나님께서는 예레미야에게 계속 말씀하시면서, 심지어 그의 가족조차도 그를 배신하게 될 것이라고 암시하셨다. 실제로 그들은 아나돗에서 예레미야에 대한 음모에 가담했었다. 그래서 하나님은 그들이 형식적인 찬양의 말을 할 때에도 그들을 믿지 말라고 경고하셨다.

12:7~13 예레미야는 11장 18절부터 시작된 아나돗 사람들의 음모를 언급하면서 중단되었던 심판의 선언을 계속해서 설명하고 있다. 하나님께서 유다를 버리고 유다의 원수들에게로 돌아선다는 것이다. 하나님께서는 그 민족을 그분의 집, 유업 받을 자(참조, 10:16; 신 4:20 주해), 그리고 사랑을 받은 자로 묘사하면서 이 심판이 완악하고 변덕스런 왕의 마음으로부터 나오는 것이 아니라고 말씀하셨다. 설령 그 왕의 마음이 정반대의 상태에 있다고 할지라도 하나님께서는 백성의 죄 때문에 심판을 행하신 것이다. 그 하나님께 대항한 유다 민족은 마치 하나님을 향하여 울부짖는 사자와도 같았다.

그 민족은 너무 많은 변화가 있었기 때문에 "무늬 있는 매"와 같았다. 무늬 있는 매는 생김새가 다르기 때문에 결국 다른 매들에게 둘러싸여 공격을 당하게 될 것이다. 마찬가지로 유다도 다른 나라들과 너무나 다르기 때문에 적들로부터 공격을 당하게 될 것이다.

또한 예레미야는 예루살렘에 다가오는 약탈을 목자들과 그의 양 떼가 포도밭에 들어가 그것을 짓밟아 버리는 것으로 비유했다. 하나님의 민족은 어느 때인가 주의 칼로 황폐하게 될 것이다(바벨론의 칼들이 하나님의 도구로서 휘둘러질 것이다). 전쟁으로 황폐하게 되었기 때문에 밀을 뿌렸던 자들은 쭉정이만 거두게 될 것이며 수치스런 심판의 수확을 하게 될 것이다.

12:14~17 예레미야는 하나님이 그 민족에게 약속과 위협을 주고 있는 것으로 그의 네 번째 메시지를 마무리하고 있다. 이스라엘의 유업을 붙잡고 있는 사악한 이웃들은 그들 땅으로부터 뿌리째 뽑혀질 것이다(참조, 25:12~14, 27~29, 46~51). 반면에 하나님은 나중에 유다 족속을 이들 이방인들로부터 뿌리째 뽑을 것이나, 흩어진 후에 다시 그들의 땅으로 모으실 것이다(참조, 31:7~11; 겔 37:1~14).

하나님께서는 이방 민족들을 심판하실 것이지만 나중에 그들을 긍휼히 보시고 다시 그들 땅으로 돌아가게 하실 것이다. 이것은 그리스도께서 재림하셔서 지상에 천년왕국을 세울 때 일어날 것이다. 그리고 하나님의 백성으로서 길을 잘 따르고 그분의 이름으로 맹세한 백성은 복을 받게 될 것이며 세움을 입을 것이다. 반면에 하나님을 거역한 민족들은 멸망을 받게 될 것이다(참조, 슥 14:9, 16~19).

e. 베 띠와 포도주 부대(13장)

유다 백성은 예레미야의 메시지에 반응을 보이지 않았다. 그래서 하나님께서는 예레미야에게 상징적인 행동을 하게 함으로써 유다의 주의를 환기시킬 수 있도록 하셨다(1~11절). 예레미야는 비유를 사용하여 그들의 관심을 끌기 시작했다(12~14절). 이런 특별한 전달 수단의 사용은 메시지에 반응을 보이지 않는 청중들에게 호기심과 관심을 불러일으키도록 하는 데 있었다. 나중에 에스겔도 바벨론의 포로 상태에 있을 때 그의 사역 중에 비슷한 비유들을 사용하도록 명을 받았다(참조, 겔 4:1~5:4).

(1) 베 띠에 대한 설명(13:1~11)

13:1~7 하나님께서 예레미야에게 베 띠를 사서 그것으로 허리에 두르라고 명하셨다. 그리고 그것이 물에 닿지 않도록 하게 하셨다. 어떤 학자들은 1~7절까지는 예레미야가 보았던 환상을 묘사하고 있는 것이라고 설명했다. 그러나 본문 어디에서도 그 사건이 실제로 일어나지 않았다고 언급하지 않았다. 2절을 보면 예레미야가 실제로 그 일을 맡아 실행했다고 기록하고 있다. 띠(에조르[אֵזוֹר])는 사람의 허리에 매는 장식 띠나 천이다(참조, 왕하 1:8; 사 5:27). 제사장의 옷감으로 사용된 이 '베'로 만든 띠는(레 16:4) 예레미야의 행동을 관찰하는 자들에게 중요한 의미를 지니고 있었다.

하나님은 허리에 두른 띠를 가지고 페라스로 가서 바위 틈에 숨겨 놓으라고 하셨다. 페라스(페라트[פְּרָת])는 보통 '유브라데'로 번역되며(참조, 51:63), 어떤 이들은 예레미야가 장식 띠를 묻기 위해서 유브라데 강가를 약 1,100여 킬로미터 정도 왕복 여행을 했을 것이라고 주장한다. 다른 가능성은 예레미야가 베냐민 족속이 있었던 아나돗의 북동쪽으로 5킬로미터 정도 떨어져 있는 파라 지방을 여행했을지도 모른다는 것이다(참조, 수 18:21, 23). 오늘날 에인 파라로 알려져 있는 이 지역의 깊은 골짜기는 갈라진 틈과 바위들로 형성된 장소로 묘사하기에 알맞은 곳이다. '파라'와 '유브라데'에 해당된 히브리어는 같은 단어이다(참조, 4~7절). 그 지역이 집에서 너무 가까운 곳이어서 백성이 예레미야의 상징적인 행동을 관찰할 수 있었고, 명칭의 유사성은 유다 민족에게 그들을 멸망시키기 위해서 유브라데로부터 다가오고 있는 군대를 상기시켜 주었다.

여러 날 후에 하나님께서 예레미야에게 묻어 두었던 그 띠를 다시 찾으라고 하셨다(만일 페라스가 유브라데라고 한다면, 약 1,100킬로미터가 넘는 왕복 여행이 필요하게 될 것이다. 따라서 예레미야가 보냄을 받은 그 곳은 파라의 마을 근처였다는 견해를 더욱 뒷받침해 주고 있다). 그가 장식 띠를 파냈을 때 그것은 썩어서 거의 못쓰게 되었다.

13:8~11 하나님께서는 예레미야의 상징적 행동들을 해석하신다. 그 메시지는 하나님의 말씀을 듣기를 거절하는 사악한 백성에 대한 하나님의 심판이 임한다는 것을 말해 준다. 띠는 이스라엘과 유다를 나타내는 것으로 예레미야의 허리에 매여 있었다. 그것이 허리에 매여 있는 동안은 명성과 칭찬, 그리고 영예의 자리를 차지했다. 그것이 그의 허리에서 벗겨져 땅에 묻혔을 때는 완전히 못쓰게 되어 버렸다. 이것은 이스라엘과 유다가 거짓 신들을 섬기기 위해서 그들의 하나님을 떠남으로 파멸을 맞게 될 것을 말한다.

(2) 포도주 부대의 비유

13:12~14 예레미야는 백성에게 자명한 비유가 될 만한 것을 선포했다. 그는 포도주를 담는 모든 부대는 포도주로 가득 채워야 한다고 선언했다. '포도주 부대'(네벨[נֶבֶל])는 동물 가죽으로 만든 병(삼상 10:3, 참조, 눅

5:37)이나, 흙으로 만든 단지 또는 주전자를 말한다(48:12; 애 4:2). 그런데 여기서는 그 내용물들이 함께 부딪히기 때문에 아마 단지가 아닌가 싶다 (14절).

백성은 예레미야의 자명한 교훈을 비웃고 있었다. 물론 모든 포도주 부대는 포도주로 채워야 한다. 포도주 부대는 백성을 포함한 그 땅에 살고 있는 모든 사람들을 나타내고 있다. 하나님께서는 그들이 술에 취하게 (심판을 상징한다) 하셨다(참조, 사 49:26; 63:6; 렘 25:15~25; 51:7, 39). 그런 후 마치 단지들을 내치듯이 사람들을 내치실 것이다. 어떤 것도 하나님께서 그들을 파괴시키는 것을 금할 수 없다.

(3) 죄와 그 결과에 대한 메시지(13:15~27)

13:15~17 예레미야는 심판의 어두움이 다가오고 있기 때문에 오만한 유다 백성에게 그들의 죄를 인식하고 하나님께 영광을 돌리라고 경고했다. '어둠'과 검은 구름은 임박한 운명을 뜻한다(참조, 겔 30:3, 18; 32:7~8; 34:12; 욜 2:2; 암 5:18~20; 습 1:15). 예레미야는 그들이 오만함 때문에 듣기를 거절한다면, 그들이 사로잡힘으로써 통곡을 하게 될 것이라고 말했다(14:17).

13:18~19 이제 예레미야는 대중에게서 시선을 돌려 왕과 왕후를 향해 설교한다. 그들이 누구인지 여기서 확인되지는 않았으나, 아마 왕은 여고니아로도 알려져 있는 여호야긴이며 왕후는 여호야김의 과부 느후스다일 것이다(참조, 29:2; 왕하 24:8, 12, 15). 예레미야는 그들에게 다가오는 포로 생활을 깨닫고 스스로 겸손하도록 권면했다. 그가 통치한 지 꼭 3개월 이후인 BC 597년에 그들이 포로가 되었기 때문에(왕하 24:8) 이 예언은

그 기간 동안에 쓰여진 것이 틀림없다.

예레미야는 왕과 왕후에게 겸손하게 그들의 권좌에서 내려올 것을 요구했다. 그들의 왕관은 느부갓네살이 지위를 박탈할 때 곧 파멸할 것이기 때문이었다. 그들의 바벨론 유배는 유다에 대한 심판의 시작에 불과한 것이라 볼 수 있는데, 이는 모든 백성이 포로로 끌려가게 될 것이기 때문이다.

13:20~27 예레미야는 양 떼를 흩어지게 한 지도자들에게(참조, 10:21; 13:17) 북쪽으로부터 다가오는 군대(1:14; 4:6; 6:1, 22; 10:22)를 살펴보라고 촉구했다. 한때 유다가 동맹국으로 제휴하려고 했던 자들이 그들의 잔인한 감독인이 될 것이다(참조, 사 39:1~7; 겔 23:14~27). 결국 유다는 해산하는 진통과 같은 고통을 경험하게 될 것이다(참조, 4:31 주해).

심판이 다가올 때에 백성이 그 이유를 묻는다면, 하나님께서는 그들의 수없는 죄 때문이라는 사실을 알게 하실 것이다. 유다는 마치 검은 피부를 가진 구스인(지금의 에티오피아인)이 그 색소를 변하게 하거나 표범이 그의 반점을 제거할 수 없는 것처럼 그들 자신을 바꿀 능력이 없었다. 그들은 죄가 너무 깊이 배어 있기 때문에 오로지 악을 행하는 데에만 습관이 들었다.

하나님은 유다 백성을 사막의 바람으로 사방에서 불어온 검불처럼 흩으실 것이다(참조, 4:11~12). 이 심판은 우연한 것이 아니다. 거짓 신들을 믿었기 때문에 하나님에 의하여 유다에게 내려진 분깃이 될 것이다.

유다의 호색한 행동에 걸맞은 언어를 사용하시면서, 하나님은 유다의 치마를 들춰 유다를 열방에 알릴 것이라고 선언했다. 열방들은 자신의 부끄러움도 모르고 매춘 행위를 한 유다의 간음과 그가 이웃에 추파를 던진 사실(참조, 2:23~24, 마치 야생동물과 같은 행동)을 알게 될 것이다. 우상숭배의 가증한 행위들이 하나님께 알려졌고, 그것으로 유다는 고통을 겪게 될 것이다.

f. 가뭄과 기도(14~15장)

(1) 가뭄으로 인한 곤경(14:1~6)

14:1~4 하나님께서 불순종한 민족에게 내리겠다고 위협하셨던 저주에 대한 언약 중 하나가 가뭄(참조, 레 26:18~19; 신 28:22~24)이었다. 예레미야는 하나님께서 가뭄을 사용하실 거라고 이미 언급했다(3:3; 12:4). 그 가뭄이 한 번의 심한 가뭄인지, 유다의 말년에 왔던 일련의 가뭄 중 어떤 것을 가리키는 것인지 확실치는 않다.

가뭄의 재앙 때문에 예루살렘으로부터 고통의 외침이 들려 오기 시작했다. 비는 그치고 저장된 물은 말라 버렸다. 귀인들이 종들을 시켜 우물에서 물을 떠오도록 했으나 그들은 빈 그릇으로 되돌아왔다. 거짓 우물을 위해서 생명의 생수를 거절했던 자들은(2:13), 이제 그들이 돌아섰던 영적인 물의 필요에 걸맞게 물질적인 물의 필요성을 발견하게 되었다. 땅은 비가 오지 않아 갈라지기 시작했고, 농부들은 곡식이 시들어 죽는 것을 볼 때 당황했다(참조, 3절). 예레미야는 도시에 있는 백성과 시골에 있는 농부들이 슬픔과 수치로 그들의 머리를 가리웠다(참조, 삼하 15:30)고 말했다.

14:5~6 가뭄은 들에 있는 동물들에게까지 영향을 미쳤다. 보호 본능을 가진 암컷도 풀이 모자라기 때문에 그의 새끼들을 버릴 수밖에 없었

다. 들나귀들도 승냥이처럼 물이 없어 메마른 산등에 있었다(참조, 시 42:1). 그들은 초목이 없는 것 때문에 평소에 잘 보이던 시야가 흐려질 것이다.

(2) 가뭄으로 인한 호소(14:7~15:4)

14:7~9 가뭄의 재앙으로 유다 백성은 하나님께 구원을 요청했다. 자신들의 죄와 타락을 인정하면서, 다른 한편으로는 하나님께서 간섭하셔서 비를 공급해 주시도록 간청했다. 그들은 하나님을 이스라엘의 희망이요(참조, 17:13) 구세주로 외쳤다. 지금의 위기에서 자신들을 구원해 줄 수 있는 유일한 분은 하나님 한 분밖에 없음을 인식했다.

설령 하나님이 도움을 베풀 힘을 가졌다 하더라도 그분은 비에 대한 유다 백성의 탄원을 들어주지 않을 것이다. 그분은 마치 두루 여행을 하면서도 그 지방에 별다른 관심이 없는 여행자처럼 행동하셨다. 그 백성에게 놀라 행동을 하지 않는 하나님은 무기력한 병사를 연상케 했다. 하나님의 무심한 행동에 대해 백성은 하나님께서 자신들을 버리지 말기를 간곡히 애원했다.

14:10~12 처음 하나님의 응답은 다소 놀라셨던 것처럼 보인다. 하나님께서는 유다 백성의 고백을 수용하기보다 그들이 제멋대로 한 행동에 대해 비난하셨다. 하나님께서는 그들의 고백이 단지 피상적이라는 사실을 알고 계셨기 때문이다. 유다 백성들은 하나님을 주로 고백하면서도 악을 따르는 발걸음을 멈추길 거절했다. 그들이 계속 죄에 마음을 기울이고 있기 때문에 하나님은 그들의 피상적인 고백을 받아들일 수 없다고 말씀하셨다. 오히려 그들의 죄를 심판하실 것이라고 하셨다.

하나님은 예레미야에게 유다 백성을 위하여 기도하지도 말라고 다시 한 번 말씀하셨다(참조, 7:16; 11:14). 얄팍한 노력으로 하나님을 조정해 보려는 유다 백성의 시도가 여러 형태로 나타나고 있었다. 그들은 금식하고 번제를 드려 주님을 달래며 그의 진노를 바꾸어 보려고 했다. 그러나 하나님은 요동하지 않으셨다. 오히려 맹세하시기를 배역자들을 칼, 기근, 재앙으로 파멸시키겠다는 것이다(참조, 21:6~7, 9; 24:10; 27:8, 13; 29:17~18; 32:24, 36; 34:17; 38:2; 레 26:23~26; 겔 5:12; 6:11; 7:15; 12:16; 계 6:8; 렘 42:17, 22 주해; 44:13 주해).

14:13~16 예레미야는 거짓 예언자들이 하나님의 메시지를 반대로 전한다는 것을 하나님께 상기시켰다. 그들은 하나님께서 칼이나 기근 대신에 이스라엘에 영원한 평화를 주실 것이라고 선언하고 있었다(참조, 5:12~13; 6:13~14; 7:4, 9~10; 27:16; 28:2~4).

하나님께서는 이 거짓 예언자들은 메시지를 하나님으로부터 위탁받지 않았기 때문에 거짓말을 하고 있다고 예레미야에게 응답하셨다. 그들의 메시지는 그들 자신의 마음을 속인 것이다. 하나님은 심판을 하실 때 그들의 속임수 때문에 거짓 예언자들과 그들의 말을 들은 자들을 멸망시킬 것이다. 그들은 칼과 기근으로 멸망할 것이다(참조, 13, 18절).

14:17~18 예레미야는 예루살렘에 심판이 내려질 것이라는 생각에 슬픔이 복받쳤다. 그의 눈은 예루살렘의 멸망에 대해서 외칠 때마다 계속해서 눈물로 젖어 있었다(참조, 9:1, 18; 13:17; 애 3:48~51). 이런 이유로 예레미야는 예루살렘 성을 중한 병에 걸려 있는 처녀 딸로 묘사했다(참조, 6:14 주해). 예루살렘 변방은 칼로 살육당한 자들의 시체로 덮여 있었

다. 그 성에서 도피한 자들은 기근의 침식으로 서서히 쇠약해졌다. 백성을 바르게 가르쳤던 예언자들과 제사장들은 바벨론에 포로로 끌려갔다.

14:19~22 유다는 다시 하나님께 간섭해 주시기를 간구했다. 그들은 왜 하나님께서 그들을 경멸하시고 그들에게 고통을 주시는지 영문을 몰라 당황했다(참조, 8~9절, "어찌하여"). 그들은 평화를 소망함에도 오로지 공포만을 경험하게 되었다. 그들의 염려는 다시금 그들의 사악함과 죄를 깨닫게 했으며 하나님께 도움을 요청하도록 만들었다.

하나님의 도움을 바라는 그들의 호소는 하나님께서 당신의 이름을 드높이기 원하신다는 특성(참조, 7절)과 그분의 성전(그분의 영광스러운 보좌. 참조, 3:17; 17:12), 그분의 언약(참조, 11:2~5)에 근거한 것이었다. 유다는 성급하게 하나님께 민족에 대한 그분의 의무를 상기시키려 했으나, 정작 자신들의 의무를 기억해야 한다는 사실은 인식하지 못했다. 결국 그들은 자신들이 섬겼던 무가치한 우상들로 가뭄을 그치게 할 비가 오지 않았다는 것을 깨닫게 된다(참조, 2:5 주해). 하나님은 이 모든 것을 하실 수 있는 유일한 분이셨다(참조, 왕상 17:1; 18:18~46).

15:1~4 14장과 15장 사이에 새로운 장이 삽입되어야 한다는 주장은 그럴 듯하지 못하다. 15장의 첫 네 개의 절은 14장 19~22절에 나타난 '고백'에 대한 하나님의 분명한 응답이다. 민족의 죄가 너무 깊이 스며들어 있기 때문에(참조, 13:23) 심판은 필연적인 것이었다. 심지어 모세나 사무엘의 중보기도가 있을지라도 하나님의 심판을 멈추게 할 수는 없을 것이다. 이 두 사람의 언급은 큰 의미가 있는데, 모세는 민족을 위해 하나님의 진노를 거두시도록 간구했으며(참조, 출 32:9~14; 민 14:11~20; 신 9:18~20,

25~29), 사무엘도 민족의 원수들을 패배시키고 하나님의 진노를 거두시도록 중보기도를 했기 때문이다(삼상 7:5~11; 12:19~25).

유다 백성의 운명은 정해졌다. 하나님께서는 네 가지 종류의 정해진 운명을 선별하셨다. 재앙으로 죽을 운명에 놓인 사람(참조, 14:12)이 있는가 하면, 어떤 사람들은 칼로 쳐 죽음을 당할 운명에 놓이게 될 것이다. 어떤 이들은 기근으로 죽게 될 것이다. 하나님이 내리신 위의 세 가지 운명(재앙, 칼, 기근. 참조, 14:12 주해)에 해당되지 않는 자들은 죽음을 면할 것이나 대신 포로로 잡혀가게 될 것이다.

예레미야는 살육당한 자들을 개와 새들, 야생동물들이 게걸스럽게 먹고 파괴하는 상황으로 묘사하면서(참조, 16:4) 살육의 장면을 계속 설명하고 있다(3절).

유다는 하나님과의 관계에서 '돌아서지 못할 지점'을 통과해 버렸다. 그 선은 히스기야의 아들 므낫세의 행동으로 지켜지지 못하게 되었다(참조, 왕하 21:1~18; 대하 33:1~20). 므낫세가 예루살렘을 지나치게 우상으로 더럽혔기 때문에 그들의 파멸은 온당한 것이다(왕하 21:10~15). 요시야의 개혁조차도 단지 파멸을 지연시켰을 뿐이었다(왕하 22:16~20).

(3) 예루살렘의 파멸(15:5~9)

15:5~7 하나님께서 예루살렘이 심판을 받을 때 그들을 불쌍히 여기며 슬퍼할 자가 있는지 물었다. 그를 돌보아 줄 유일하신 분은 하나님이셨으나 예루살렘은 그분을 거역했다. 따라서 하나님은 연민 없이 예루살렘을 파멸시킬 것이라고 맹세하셨다. 농부가 곡식을 까부르는 것처럼 까불러서 겨와 같은 불신앙자들을 제거시킬 것이다.

15:8~9 심판의 무서운 효력이 유다의 온 백성에게 미치기 시작했다. 남편들이 바벨론 사람들에게 살해당하고 과부가 모래알보다 많아질 것이다. 어머니들까지도 도망갈 수가 없을 것이다. 일곱 장정의 아들을 가진 어머니가 된다는 것은 행복과 안전의 상징이다. 그러나 일곱 명의 튼튼한 몸을 가진 방어자라 할지라도 하나님의 심판의 타격을 벗어날 수 없을 것이다. 결국 그 어머니는 침입한 병사들이 들어와 생존자들을 살해할 때 숨을 거두게 될 것이다. 비록 이 '어머니'가 육신적인 어머니를 의미하더라도, 예레미야가 예루살렘을 '안전함을 느끼는 어머니'로 묘사했다는 해석이 가능하다. 바벨론은 성에 살고 있던 자들을 멸망시킴으로 그 성의 안전망을 제거할 것이다.

(4) 예레미야의 불평(15:10~21)

15:10~11 예레미야는 모든 땅이 자신에게 대항하고 있는 것으로 묘사하면서 자신의 삶의 악조건에 비통해 한다. 예레미야는 긴장과 갈등을 야기시키는 그 어떤 행위도 하지 않았지만(참조, 느 5:1~13; 잠 22:7), 그는 유다 백성들로부터 여전히 저주를 받고 있었다. 하나님께서는 예레미야를 옹호해 주셨다. 그의 원수들이었던 자들은 재앙의 시기가 막바지에 이르렀을 때 그에게 간청할 것이다. 실제로 이 약속은 시드기야가 예레미야에게 간청하면서 성취됐다(참조, 21:1~7; 37:1~10, 17~20; 38:14~18).

15:12~14 하나님께서는 심판의 필연성을 강조하시기 위해서 수사학적 질문을 하셨다. 맨손으로 철이나 동을 꺾을 수 있는 자가 없는 것처럼, 유다 백성도 그들을 공격하는 바벨론 사람의 힘을 꺾지 못할 것이라고 하셨다. 그들의 모든 재산은 침입자들에게 약탈을 당할 것이며(참조, 17:3;

20:5), 바벨론 사람들은 유다 사람들을 노예로 만들고 그들이 알지도 못하는 곳으로 유배시킬 것이다(참조, 14:18; 15:2; 16:3; 17:4). 이 심판은 하나님의 진노의 결과로 유다 백성을 향하여 불처럼 타오를 것이다.

15:15~18 하나님께서 궁극적으로 예레미야를 구원하시며 옹호해 주실 것을 약속하셨지만(11절), 예레미야는 다가오는 재앙에 비추어서(12~14절) 신속한 해결을 요청했다. 그는 하나님께서 친히 핍박자들에게 보복하시기를 원했다. 하나님께서 오래 참으신다 하더라도 예레미야는 빠른 공의를 원했다. 그리고 하나님이 그를 죽음으로 던지시기 전에 정당함을 입증받기를 원했다.

예레미야는 하나님과의 관계성으로 이러한 요구를 할 수 있었다. 하나님의 말씀을 무시한 유다 백성과는 반대로(8:9), 예레미야는 말씀을 받아들였고(먹었고) 기쁨과 즐거움으로 여겼다(참조, 시 1:2). 예레미야는 기뻐하는 자와 함께 있기를 거부했고(참조, 시 1:1), 대신 혼자 앉아 하나님의 인도를 받았다. 그는 백성의 죄에 대한 하나님의 분노에 공감했다.

예레미야는 이 설교를 마무리하면서 고통스럽게 그의 가련한 상태를 슬퍼하고 있다. 그는 왜 이런 고통이 끊이지 않고 그의 상처가 아물 수 없는지를 알기 원했다(참조, 6:14 주해). 그는 하나님께서 그의 고통을 질질 끌게 하시는 것 같다는 느낌을 받았다. 이러한 사태가 점점 더 악화되어가자 예레미야는 생수의 근원(2:13)이라고 하셨던 하나님을 향해 마치 물이 말라 실망을 주는 개울이나 샘 같게 하시겠느냐고 되물었다. 메마른 골짜기는 물을 찾는 이들에게 허탈감을 준다(참조, 욥 6:15~20). 예레미야는 하나님께서 그에게 실망을 안겨다 주시지 않기를 원했다.

15:19~21 하나님은 예레미야의 의심과 자기연민을 나무라셨다. 예레미야가 하나님을 경배하기를 원한다면 그는 회개할 필요가 있었다. 하나님의 대변자가 되기 위해서 무가치한 말이 아닌 가치 있는 말을 해야만 했다. 그는 하나님 앞에서 건실하게 남아 있어야만 했다. 그래서 백성은 그에게로 돌아갈 것이지만 어떤 경우에도 예레미야가 그들에게로 돌아가지 말아야 할 것이다. 누가 만일 동요한다면 그것은 백성이지 예레미야가 아닐 것이다.

하나님은 예레미야에게 예언자로 위임할 때 하셨던 약속을 다시 말씀하시면서 그에 대한 비난을 마무리 하셨다(참조, 1:18~19). 예레미야를 놋 성벽처럼 강하게 하셔서 그를 반대하는 자들이 결코 그를 이길 수 없도록 할 것이다. 반대자들이 예레미야를 죽이려 온다 할지라도 하나님께서는 그를 구하실 것을 약속하셨다.

g. 예레미야의 구속과 유다의 죄(16:1~17:18)

(1) 예레미야에게 내려진 금기들(16:1~9)

16:1~4 하나님께서는 백성을 위한 객관적 교훈들을 삼고자 예레미야의 개인적인 삶에 금기들을 두셨다. 첫째 금기 사항은 결혼을 하지 말고 한 가정을 세우지 말라는 명령이었다. 예레미야는 모든 이스라엘인들이 소중히 여기는 정상적인 관계를 거부당한 것이다. 하나님의 의도는 다가오는 재난은 모든 정상적인 관계를 파괴할 것이라는 사실을 보여 주는 데 있었다. 많은 부부와 자녀는 심한 병으로 죽게 될 것이며 남은 자들도 칼과 기근으로 패망하게 될 것이다(참조, 14:15~16; 15:2). 그 학살이 너무 끔찍하기 때문에 죽임을 당한 자들은 슬퍼할 수도, 묻힐 수도 없을 것이다(참

조, 16:6). 뿐만 아니라 그들의 생명 없는 육체들은 야생동물들을 위한 음식으로 제공되어(참조, 15:3) 땅 위에서 조차 거절된 채로 남게 될 것이다(참조, 25:33).

16:5~7 두 번째 예레미야에게 내려진 금기는 초상집에 들어가지 말며 울거나 동정하지 말라는 것이었다(참조, 겔 24:15~24). 어떤 사람이 죽었을 때 정상적인 슬픔의 감정이나 위로를 보이지 말아야 한다는 것이다. 이런 행위에는 두 가지 목적이 있었다. 첫째, 하나님이 그의 축복과 자비와 긍휼을 취소한 사실을 보여 주신 것이다. 둘째, 예루살렘 함락 때 죽은 자들이 묻히지도, 울지도 못할 것과, 생존자 중 누구도 그 슬픔을 위로하는 자들을 찾을 수 없다는 것을 상기시키기 위함이었다. 이 파멸은 엄청나게 광범위한 영향을 미칠 것이다. 자기 몸을 상하게 하고 두상의 모발을 자르는 것은 슬픔의 표시이며(참조, 41:5; 47:5; 48:37) 자기 몸을 자해하는 것은 율법에 금지되어 있다(신 14:1). 그것은 이방인들의 관습인 것이다(참조, 왕상 18:28; 욥 1:20 주해, 머리카락을 자르는 것).

16:8~9 예레미야에게 내려진 세 번째 금기는 잔치를 하고 있는 집에 들어가지 말라는 것이다. 이는 잔치와 행복의 때가 곧 끝날 것을 지적하기 위해서다. 하나님은 유다의 기쁨과 현재의 행복에 끝이 올 것이라고 단언하셨다(25:10).

(2) 유다의 죄(16:10~17:18)

16:10~13 예레미야가 자신의 행동을 유다 백성에게 설명하자, 그들은 하나님께서 왜 자신들에게 그렇게 큰 재앙을 명하시는지를 물었다. 그들

은 천진스럽게 그렇게 심판을 받을 만한 무슨 죄를 지었는지를 묻고 있다. 이 질문에 대한 하나님의 대답은 이스라엘 역사 전반에 대한 근원적인 문제에 대한 강조로 나타난다. 이전 세대(조상)가 다른 신들을 따르기 위해서 진짜 신을 버렸는데도, 현 세대들은 조상들의 실수를 교훈으로 삼지 않고 더욱 사악한 행동을 했다는 것이다. 각 사람들은 하나님께 순종하는 것이 아니라 그의 사악한 마음의 완고함을 따랐다.

유다의 계속적인 반역 때문에 하나님은 그들을 그 땅 위에서 쫓아내기로 맹세하셨다. '쫓아낸다'는 말은 '던지다'라는 의미로, 사물을 내어 던지는 것을 뜻한다(참조, 삼상 18:11; 20:33; 렘 22:26~28). 유다 백성들은 그들이 전에 알지 못한 나라에 난폭하게 던져져서(참조, 14:18; 15:2, 14; 17:4) 그곳 신들을 섬기게 될 것이다(참조, 5:19). 그들이 하나님을 배역했기 때문에 하나님께서는 그들에게 은혜를 베풀지 않을 것이다(참조, 5절).

16:14~15 하나님께서는 메시지를 분명히 하기 위해서 다시 한 번 심판을 잠시 멈추셨다. 이스라엘이 그분의 언약의 계획을 더 이상 어떤 장소에서도 가질 수 없을 것이라고 속단하지 않도록, 하나님께서는 이 심판이 영속적인 것이 아니라는 사실을 분명하게 지적하셨다(참조, 4:27; 5:18). 궁극적으로 한 민족으로서 이스라엘은 그 땅으로 다시 회복되고 하나님의 축복을 받게 될 것이다. 이것은 그 민족이 새 언약의 은총을 경험할 그리스도의 천년통치 시대에 일어날 것이다(31:31~34).

하나님은 다가오는 포로 시대 이후에 유다에 새로운 '탈출'이 있을 것이라고 약속하셨다. 백성들은 더 이상 하나님께서 이스라엘을 애굽에서 벗어나게 하신 출애굽 때를 기억하지 않을 것이다. 그 대신 그들이 일찍이 추방당했던 북쪽 땅(바벨론. 참조, 1:14 주해)에서 하나님이 그들을 데려 오신 당시를 회상하게 될 것이다. 하나님은 결국 이스라엘은 그 땅으로 되 돌아가게 될 것이라고 하시면서 약속을 재확인하셨다.

본문은 23장 7~8절과 거의 일치하고 있다. 몇몇 학자들은 이 부분이 후대에 잘못 삽입된 것이라고 하지만 그런 견해는 불필요한 것이다. 예레 미야의 책 전반을 살펴볼 때 그는 여러 곳에서 같거나 비슷한 단어를 사 용하고 있음을 알 수 있다(참조, 1:18~19과 15:20; 6:13~15과 8:10하~12; 7:31~32과 19:5~6; 15:13~14과 17:3~4).

16:16~18 하나님은 민족에게 마지막 회복을 확신시켜 주시고 계속해 서 임박한 심판에 관해서 말씀하신다. 회복은 미래에 기대할 수 있는 것 이다. 지금 유다 백성은 추방에 직면했다. 하나님은 바벨론 침입자들을 그물로 유다를 잡아 낸 어부로 묘사했다. 또한 적을 겨우 피해서 숨어 있 는 자들을 궁지에 몰아넣는 사냥꾼으로 묘사했다. 하나님의 눈은 사방을 감찰하시기 때문에 아무도 피할 수가 없을 것이다. 도망자나 그들의 어떤 죄도 하나님으로부터 숨길 수 없다. 그분은 백성들이 가증스러운 우상들 로 그 땅('백성의 땅'이라고 부르지 않고 '그분의 땅'이라고 표현)을 더럽혔 기에 그들을 궁지에 몰아 보복할 것이다.

16:19~21 예레미야는 "나의 힘, 나의 요새, 환난날의 피난처"로서 여호 와를 신뢰하고 있다고 단언했다(참조, 시 18:2 주해). 이 세 단어(힘, 요새, 피난처)는 하나님이 그를 위해서 베풀어 주신 은혜를 강조한다. 예레미야 는 하나님을 신뢰한다는 확신을 한 다음 모든 세계가 하나님을 알 수 있 는 그날을 기대하고 있다고 말했다. 유다가 이방의 거짓 신들에게로 돌아

갔다고 해도 열방이 이스라엘의 참 하나님께로 돌아올 때가 있을 것이다. 그들은 자신들이 이전에 섬겼던 대상들은 거짓 신들이며 무가치한 우상들이었다는 사실을 시인하게 될 것이다(참조, 2:5 주해). 그때에 하나님께서 열방에게 당신의 권능과 힘을 보이실 것이며, 그제서야 그들은 그분의 진실한 인격을 이해하게 될 것이다. 그들은 그분의 이름이 여호와라는 것을 깨닫게 될 것이다(참조, 겔 36:22~23).

17:1~4 이방인들도 언젠가 그들의 우상을 버리고 하나님께로 돌아올 것이다. 하지만 예레미야의 시대에 유다 백성은 우상숭배에 빠져 있었다. 그들이 너무나 자신들의 길을 고집했기 때문에 그들의 죄가 철필로 그들의 마음 판에 새겨졌고, 또한 제단 뿔로 새겨진 것 같았다. 단단한 철과 부싯돌은 글자들을 석판에 새기기 위해서 사용하는 것들이다(참조, 욥 19:24). 그러나 유다의 죄는 그들의 마음뿐 아니라 그들이 섬기는 우상 산당의 뿔 위에까지 나타났다. '뿔들'은 각 산당 꼭대기의 네 군데 모퉁이에 있는 돌의 돌출 부분을 말한다.

우상이 얼마나 만연했었는지, 심지어 아이들까지도 아세라 목상과 산당에 절하는 데 참여했다. 아세라는 가나안의 풍요의 여신이었다. 므낫세 왕은 아세라의 상이 새겨져 있는 그 목상을 하나님의 성전에 두었다가(왕하 21:7, 참조, 신 16:21) 나중에 치워 버렸다(대하 33:13, 15). 그런데 요시야가 종교개혁을 할 때 그것을 끄집어 내어 기드론 골짜기에서 태운 것을 보아, 다시 아세라 목상을 성전에 두었다는 사실을 분명히 알 수 있다(왕하 23:6). 요시야가 죽은 후에 백성은 우상을 다시 찾았고 아세라 목상을 다시 세웠다. 아마도 '질투의 우상'이 아세라에 새겨진 상이었던 것 같다(겔 8:5). 이러한 우상들은 나무가 무성한 곳이나 전통적으로 거짓 신들을 섬기던 장소인 높은 고개 가까이에서 분향을 받았다(겔 6:13).

백성의 죄 때문에 하나님은 침입자들이 예루살렘 성(그 땅에 있는 하나님의 산)과 주민들의 재산을 약탈하게 하실 것이다(참조, 15:13; 20:5). 하나님께서 유다 백성이 원수들의 노예가 되게 하며 그들이 알지도 못한 땅으로 유배를 당하게 함으로써 그 땅(그들의 유업)을 잃게 할 것이다(참조, 14:18; 15:2, 14; 16:13).

17:5~8 예레미야는 사악한 길(5~6절)과 의의 길(7~8절)을 대조시키는 짧은 시를 포함시키고 있다. 유다는 그들을 지키기 위해서 거짓 신들과 이방 동맹국들에 눈을 돌렸는데, 하나님께서는 자신을 지키기 위해서 사람을 의지하는 자는 저주를 받을 것이라고 말씀하셨다. 그의 마음이 하나님으로부터 떠나 있기 때문이라는 것이었다. 따라서 그런 사람은 왕성하기보다 사막의 관목처럼 시들 것이다. 하나님은 생명을 유지할 수 없는 사해 근처에 있는 메마른 소금 땅처럼 그들에게 열매를 맺지 못하게 하실 것이다.

그러나 의로운 사람은 그의 신뢰가 하나님 안에 있기 때문에 축복을 받을 것이다. 5~6절에 나타난 사람과 같지 않은 의로운 사람은 물 가까이 심겨진 나무처럼 번성할 것이다(참조, 시 1:3). 어려운 일들(상징적으로 열과 가뭄으로 나타남)이 올 때에도 그는 두려워하지 않을 것이다. 오히려 과일을 맺고 푸른 잎들이 무성한 나무처럼 계속 번성하게 될 것이다.

17:9~13 축복과 저주의 길이 분명하다면(5~8절) 왜 몇몇 사람들은 죄의 길을 선택하는 것일까? 그 원인은 마음에 있다. 그 마음이 너무 거짓되기 때문에 예레미야는 누가 그것을 이해할 수 있을지 궁금했다. 이에 대해서 하나님께서는 친히 심장을 살펴보며 마음을 감찰할 수 있다고 대답

하셨다. 하나님은 다른 모든 사람들로부터 감추어져 있는 개인 내면의 사상과 동기까지 알고 계신다. 따라서 하나님은 각 사람의 행위대로 갚으실 것이다.

심판의 원리는 부정한 수단을 사용해서 부를 축적한 자들에게 적용되었다. 만일 자고새가 다른 새의 알을 품었다면 그 새끼들이 곧 어미를 버리고 멀리 떠날 것이다. 마찬가지로 부정하게 얻은 부는 잃게 될 것이고 사재기를 해서 물질을 쌓아 놓은 사람은 어리석은 자라고 불릴 것이다.

죄에 대한 예레미야의 해결책은 하나님의 전능하심에 초점을 맞추고 있다. 하나님을 버리는 것을 선택한 자들(참조, 14:8, "이스라엘의 소망")은 흙 속에 기록될 것이다. 여기 흙 속에 기록될 것이라는 말은(생명책에 기록될 것이라는 말의 반대. 출 32:32~33; 시 69:28) 영원성이 없음을 언급하고 있는 것 같다. 그들은 그런 운명을 받을 수밖에 없는데, 그들이 생수의 근원 되시는 하나님을 버렸기 때문이다(참조, 2:13).

17:14~18 예레미야는 하나님께서 그의 정당함을 입증해 주시기를 바라면서 메시지를 마무리 짓고 있다. 이 메시지는 개인적인 탄식의 형태로 되어 있다. 예레미야는 하나님을 향한 자신의 신실한 헌신과 그를 핍박하려는 자들의 불신앙을 대조하고 있다. 그들은 예레미야의 예언을 비웃고, 만약 그 예언이 사실이라면 지금 성취되어야 할 것이 아니냐고 따졌다. 이런 반대에도 불구하고 예레미야는 하나님의 명하신 목자로서 신실하게 하나님을 섬기는 것을 포기하지 않았다. 예레미야는 자신이 전하는 메시지를 듣지 않고 자기를 핍박하는 자들이 재앙의 날에 수치를 당하게 해달라고 하나님께 간구하였다.

h. 안식일 준수(17:19~27)

예레미야의 이전 메시지는 백성의 일반적인 죄와 반역을 다룬 것이다. 그러나 이 부분에서는 백성이 하나님으로부터 얼마나 멀리 떨어져 있는지를 보여 주기 위해서 모세의 율법에서 말하는 특별한 명령을 강조하고 있다(참조, 출 20:8~11). 다시 한 번 분명하게 회개를 촉구하는 것이다. 축복이 순종에 동반될 것이라면 심판은 불순종에서 기인할 것이다.

17:19 하나님께서 예레미야에게 백성이 다니는 문 입구에 서있으라고 말씀하셨다. 이 문은 왕들이 드나드는 문인 것은 틀림없지만 정확히 어떤 문인지는 알 수가 없다. 그러나 많은 백성이 통과하는 문이기 때문에 그 장소를 선택했을 것이며, 성전에서 기드론 골짜기로 이어지는 동쪽으로 나 있는 문으로 추측된다. 에스겔은 이 문을 유다의 지도자들이 모인 장소로 묘사했다(겔 11:1). 혹은 그 성의 북쪽 끝에 있는 베냐민 문일 수 있다(참조, 37:13). 그곳은 왕이 보좌를 세워 둔 곳이었다(38:7). 어떤 문에서든지 예레미야는 한 곳에 머물지 않았다. 그는 성 전체가 들을 수 있도록 하기 위해 모든 문에서 그의 메시지를 전했다.

17:20~24 문을 통과하는 자들에게 들려 준 메시지는 거룩한 안식일을 지키라는 것이었다. 그들은 불순종했던 선조들을 본받지 말고, 아무 일도 하지 말라고 구별하신 안식일을 기념해야 했다. 안식일의 준수로 하나님의 언약을 향한 신실함을 가시적으로 시험할 수 있었다.

17:25~27 율법에 신실할 때 복을 받게 될 것이다. 유다가 하나님의 계

명을 준수했다면 예루살렘은 영원한 기업으로 계승될 것이다. 유다는 북쪽(베냐민 영토)과 저지대로부터, 또한 서쪽(서쪽의 작은 언덕)에 있는 쉐펠라의 굽은 언덕, 예루살렘과 요단 골짜기와 동쪽(고지대 국가)에 흐르는 사해 바다와의 사이에 있는 울퉁불퉁한 산지, 그리고 남쪽(네겝)에 있는 반건조지대인 광야로부터 성으로 몰려들었다. 이 백성은 번제와 희생 제물을 성전에 가져왔다. 그러나 그들이 제물을 가져오더라도, 하나님의 명령인 안식일을 지키지 않는다면 그 성의 요새들은 삼킨 바 될 것이고 불의 심판을 받게 될 것이다(참조, 49:27).

i. 토기장이와 깨어진 옹기(18~20장)

예레미야의 아홉 번째 메시지는 본서 첫 부분의 절정에 이르게 하는 비유와 사건들의 연속이다. 토기장이의 비유(18장)는 유다에 대한 하나님의 주권적 통치를 입증해 주고 있다. 이어서 뒷부분에 하나님의 심판이 다가온다는 것을 보여 주기 위한 상징으로 토기장이의 옹기가 깨어짐을 묘사하고 있다(19장). 20장은 본서에서 중심적인 역할을 수행한다. 연대기적으로는 19장과 맥을 같이하나, 앞선 부분과 분명하게 대조되는 내용과 심판에 대한 특별한 예언들이 등장하는 부분이다.

(1) 토기장이의 집에 대한 메시지(18장)
18:1~4 하나님께서 예레미야에게 토기장이의 집으로 내려가서 녹로로 진흙 항아리를 만들고 있는 토기장이를 지켜보라고 지시하셨다. 예레미야가 지켜보니, 토기장이가 자신의 손으로 빚어 만든 옹기의 결점을 발견하자 그것을 진흙 무더기에다 도로 집어 넣어 다른 옹기를 만드는 데 사용

했다.

18:5～12 토기장이와 진흙은 하나님과 백성의 관계성을 보여 준다. 유다 백성은 하나님의 손에 들린 진흙과 같았다. 유다 백성은 하나님은 당신의 뜻대로 민족을 부술 수도 세울 수도 있는 권한을 가지고 계신다. 그 백성에게 복을 주시겠다고 약속했지만 그들이 계속해서 악을 행했기 때문에 본래 작정했던 복을 보류하고 심판을 내리실 것이다. 그러나 유다가 그의 사악한 길에서 돌이킨다면 약속했던 재난을 거두실 수도 있을 것이다.

유다 백성은 그 말씀에 응답하면서 자신들은 돌이킬 힘이 없다고 말했다. 그들은 완악하게도 죄악된 마음의 계획을 따르면서 우상으로부터 돌이켜 주를 따르기를 계속 거부했다.

18:13～17 유다는 하나님 따르기를 완악하게 거절하면서 열방 가운데 홀로 서 있었다(참조, 2:10～11). 오히려 레바논 비탈길에 쌓여 있는 눈과 그 큰 산에서부터 흘러내리는 시원한 물이 변덕스러운 유다보다 더 믿을 만할 것이다. 그 민족은 하나님께로부터 돌아서서 무가치한 우상들을 섬겼다(참조, 2:5 주해). 유다는 하나님께 순종한 옛 길을 버리고(참조, 6:16) 목적 없이 울퉁불퉁한 길을 헤매면서 곁길을 찾고 있었다.

유다는 그들의 땅을 못쓰게 만든 죄로 하나님께로부터 심판받을 것이다. 그 민족은 '하나님을 버린' 죄로 조롱의 대상이 될 것이다(참조, 19:8; 애 2:15). 주께서 동풍처럼 그 민족을 흩어 놓을 것이라고 맹세하셨다(참조, 4:11～12; 13:24). 그들은 하나님의 심판(하나님의 외면)을 기대해야지 자비(그분의 대면)를 기대하지 말아야 할 것이다.

18:18~23 백성은 다시 예레미야에 대한 음모를 계획하고 있었다. 그들은 기존 질서의 영구성에 신뢰를 가지고 있었기 때문에 예레미야의 재난 선포를 받아들이지 않았다. 그들은 예레미야의 메시지를 비난하고 헐뜯으면서 욕했고, 더불어 그를 무시함으로써 어떠한 메시지도 전달하지 못하게 했다. 분명히 그들의 음모는 무시무시한 것이었다. 예레미야가 백성이 자기의 생명을 취하기 위한 음모를 꾸미고 있다고 주님께 호소할 정도였다(20~21절, "그들이 나의 생명을 해하려고 웅덩이를 팠나이다". 참조, 11:18~21).

백성으로부터 위협을 받은 예레미야는 그들의 비난을 듣고 자신의 신실함을 기억하며 음모자들을 심판해 달라고 하나님께 간청했다. 예레미야는 일찍이 하나님께 진노를 거두어 주시기를 간구했으나(20절. 참조, 7:16; 8:20~22), 이제는 진노의 때에 그들을 처리해 주실 것을 간구하고 있다(23절). 유다 백성은 하나님과 예레미야의 메시지 모두를 거절했고, 더 이상 예레미야도 그들을 위해서 할 수 있는 것이 없었다. 결국 그들은 기근과 칼을 경험하게 될 것이다(21절).

(2) 깨어진 옹기의 메시지(19장)

19:1~6 19장과 18장의 내용이 이어지는 것은 두 부분 모두 토기장이와 옹기를 근거로 한 메시지를 포함하고 있기 때문일 것이다. 예레미야는 물을 담기 위한 목이 좁고 흙으로 만든 작은 병이나 그릇을 샀다. 진흙으로 만든 옹기라는 단어는 '바크부크'(בקבק)로, 그것은 물을 부을 때 나는 소리를 표현한 의성어이다. 예레미야는 장로들과 제사장들을 모은 후에 질그릇으로 만든 문 바로 밖에 있는 '힌놈의 골짜기'(참조, 7:31 주해)로 걸어갔다. 힌놈의 골짜기는 성의 남쪽과 서쪽으로 이어져 있고 예루살렘의 '공

동 쓰레기장'으로 사용되었다. 그 골짜기로 연결된 성의 남쪽 문은 '질그릇 문'이라고 불렀다. 백성들이 옹기 파편(깨어진 옹기 조각)을 가지고 지나갔기 때문이다. 그리고 다른 것들은 이 문을 통해서 가져갈 수 없었다. 탈굼성경(아람어 성경)은 '질그릇 문'과 '분문'(오물의 문)을 같은 것으로 보고 있다(참조, 느 2:13; 3:13~14). 현대 예루살렘의 분문 역시 성의 남쪽에 위치하고 있으나, 벽은 예레미야 당시의 벽보다 몇백 미터 북쪽에 위치해 있다.

힌놈의 골짜기를 배경으로 예레미야는 메시지를 전했다. 하나님은 우상의 문제로 예루살렘에게 고통을 주겠다고 하셨다. 골짜기 그 자체가 백성을 향해 증거하고 있는데, 그곳은 백성들이 아들을 바알의 제물로 드리기 위해서 살육을 했던 바알의 높은 산당이 위치한 곳이기 때문이다. 이러한 사악한 행위(참조, 7:32~33) 때문에 하나님께서 백성을 진멸할 때 그곳의 이름을 "죽임의 골짜기"(6절)로 부르셨다.

19:7~9 예레미야가 다가오는 재난을 묘사하고 있다. 백성은 바벨론 앞에서 칼로 쓰러질 것이며 그들의 시체는 새들과 짐승들의 먹이가 될 것이다(참조, 7:33; 16:4; 34:20; 신 28:26). 결국 그 성은 파괴하는 자들에게 조롱의 대상(참조, 18:16)이 될 것이다. 그 성에서 피난처를 찾는 사람들은, 마치 바벨론 사람들이 성을 포위하자 주민들에게 음식의 공급이 끊어졌을 때에 행한 잔악한 행위(자신들의 아들과 딸의 육체를 먹는 행위)를 하게 될 것이다(참조, 26:27~29; 신 28:53~57; 애 2:20; 4:10). 백성의 죄 때문에 하나님께서 약속하신 모든 저주가 갑자기 덮칠 것이다(참조, 11:1~8; 레 26:14~39; 신 28:15~68).

19:10~13 청중들에게 메시지를 보다 극적으로 전하기 위해서 하나님께서는 예레미야에게 골짜기로 가져간 옹기를 깨라고 명하셨다. 하나님께서는 유다 민족과 예루살렘 성을 마치 예레미야가 토기장이의 옹기를 박살내는 것과 똑같이 행하실 것이고 말씀하셨다. 그 성은 도벳(참조, 7:31~32 주해)처럼 될 것인데, 한 때 아름답던 사람들의 주거지가 돌무더기로 바뀌고 모든 지역은 살해된 썩은 시체로 더럽혀질 것이다. 파멸에 대한 원인은 하늘의 만상들에 분향하고 다른 신들에게 술을 바치는 백성의 죄였다.

19:14~15 도벳에서 성으로 돌아온 예레미야는 직접 성전 뜰로 나갔다. 지도자들에게 주어진 메시지(참조, 1절)는 다시 모든 백성에게 반복된다. 하나님의 심판은 예루살렘과 그 주위에 있는 마을들을 향하게 되는데, 백성이 그의 말씀을 듣기를 거부했기 때문이다.

(3) 바스훌의 반응(20:1~6)

20:1~2 심판에 대한 예레미야의 메시지는 임멜의 아들 바스훌이라는 제사장 한 사람에 의해 거부되었다. 이 바스훌은 21장 1절의 바스훌이 아니다. 여기에서의 바스훌은 제사장이고 성전 영역 내의 질서를 유지하기 위해서 임명받은 자일 것이다(참조, 29:26). 그는 예레미야를 붙잡아 때리고 40번의 채찍질을 했다(참조, 신 25:2~3). 그리고 예레미야를 공개적으로 우롱하기 위해서 나무 고랑에 집어넣었다. 이 나무 고랑은 그 성의 북쪽에 있는 베냐민의 다락방에 위치해 있었다. 이것은 예레미야의 사역에 공개적으로 반대하여 대항한 몇 가지 사례 중 하나이다.

20:3~6 예레미야는 그 다음날 쇠사슬에서 풀려났을 때에도 자신의 메시지를 바꾸지 않았다. 대신 바스훌의 이름을 바꾸었다. 하나님께서 그에게 지어 준 새로운 이름은 마골밋사빕(사방의 두려움)이다. 바스훌이 하나님의 메시지를 경청하지 않음으로 하나님의 심판의 분노를 볼 것이기 때문이다. 그는 칼에 쓰러진 동료들처럼 두려워 떨며, 예루살렘의 재산을 약탈해서 바벨론으로 가져가는 것을 볼 것이다(참조, 15:13; 17:3). 바스훌과 그의 가족들은 바벨론으로 유배 당해 거기서 죽게 될 것이다. 이러한 심판의 원인은 그가 예레미야를 때린 것뿐 아니라, 예레미야의 메시지의 진실성을 부정하면서 거짓 예언을 했기 때문이다. 예언의 정확한 성취는 언급되지 않았으나, BC 597년에 제사장 에스겔과 함께(참조, 왕하 24:15~16; 겔 1:1~3) 제2차 포로기에 바벨론으로 잡혀갔을 가능성이 있다.

(4) 예레미야의 불평(20:7~18)

20:7~10 예레미야는 마음을 열면서 하나님께 깊은 내면의 심정을 표현했다. 즉 예레미야는 메시지 때문에 자신이 백성에게 조롱을 받게 되었다고 하면서 하나님께서 자기를 속이셨다는 느낌을 갖게 된 것이다. 그는 신실하게 백성에게 다가오는 폭력과 파괴를 경고했으나 그에게 돌아온 것은 경멸뿐이었다. 실의에 빠진 예레미야는 핍박을 피하기 위해서 하나님 말씀을 선포하지 않을 것을 고려했다. 그러나 그러한 생각을 했을 때 하나님의 말씀이 타오르는 불과 같이 솟아나 마음속에 간직하고만 있을 수 없었다(참조, 23:29). '골수에 사무친다'는 것은 그것을 강하게 느끼고 있다는 것을 의미한다(참조, 욥 30:17; 33:19).

예레미야는 백성들이 자신에 대한 음모를 꾸미고 있다는 것을 알았기 때문에 사역을 그만두고 싶었다. 예레미야가 한결같이 지속적으로 선포했던 공포의 메시지(3~4절. 참조, 6:25; 17:18; 46:5; 49:29; 애 2:22)는 지금 그를 넘어지게 만들고 있다(참조, 시 31:13). 심지어 친구들까지도 그의 예언이 잘못된 것으로 이해하여 그가 넘어지기를 기다리며 지켜보고 있었다. 그들은 예레미야를 거짓 예언자로 여기고 앙갚음하려고까지 했다(참조, 신 18:20).

20:11~13 예레미야는 계속해서 하나님을 신뢰하며 복수해 주실 것을 간구했다(참조, 18:19~23). 비록 그가 속은 것 같이 느꼈을지라도(참조, 20:7), 여전히 하나님은 힘 있는 병사처럼 그와 함께 있음을 깨닫게 되었다. 주님이 예레미야의 편에 서서 싸우고 계시기 때문에 그를 핍박하고 조롱하는 자들은 넘어지고 궁극적으로 수치를 당하게 될 것을 확신했다. 예레미야는 전능한 하나님께서 그의 원수들에게 보복을 가하는 것을 보시기 원했는데, 그것은 그가 하나님께 사정을 말씀드렸기 때문이다.

예레미야는 자신을 옹호해 주실 것에 대한 확신으로 하나님을 노래하고 찬양했다. 하나님은 사악한 자로부터 예레미야를 구해 주실 것이기 때문에 찬양을 받으시기에 합당한 분이셨다.

20:14~18 감정의 변화를 통해 예레미야는 다시 신뢰의 절정(11~13절)에서 절망의 깊은 늪으로 빠져들어 갔다. 예레미야가 찾고 있던 하나님의 변호는 그가 정말로 사랑했던 예루살렘 성과 유다 백성을 철저히 파괴함으로써 이루어 질 것임을 알고 있었다. 그는 자신이 태어난 날이 저주받아 차라리 태어나지 않았기를 바랐을 만큼 고뇌가 컸다(참조, 15:10; 욥 3:1~19). 그가 모태에서 죽었더라면 이 땅에 태어나지도 않았고, 그가 경

험하고 있는 고통과 슬픔을 맛보지도 않았을 것이다. 그러나 이러한 연민도 그가 사역을 위해서 '모태에서' 선택된 사실을 제거할 수 없었다(참조, 1:5).

2. 심판에 대한 예레미야의 네 가지 특별한 예언(21~25장)

바스훌에 대항한 사건은 예레미야서 전체의 중심부를 잇는 기능을 한다(20:1~6). 예레미야는 날짜를 언급하지 않는 아홉 가지 연속적인 예언을 통하여 유다의 죄를 고발하고 심판의 메시지로 위협할 뿐만 아니라, 백성이 회개한다면 소망 또한 있을 것이라고 주장했다. 반대 세력이 가시적으로 드러났다고 할지라도(11:18~23; 12:6; 15:10; 17:18; 18:19~23) 아직까지 그는 어떠한 육체적인 핍박을 당하지 않았다. 그러나 바스훌의 응답을 기록함으로써 예레미야의 예언은 더욱 더 개인적인 사안에 주목하고 있다. 그의 예언들은 이제 특별한 개인이나 단체에 대한 것으로 그 방향을 바꾸고 있으며, 유다의 회개에 대한 기대는 하나님의 심판으로 분명하게 대체되고 있다.

a. 왕들의 비난(21:1~23:8)

예레미야가 선택한 첫 대상은 왕들이었다. 그들은 유다 양 떼의 지도자들로서 하나님으로부터 위임받은 자들이다(참조, 2:8; 10:21; 23:1~8; 겔 34:1~10). 예레미야는 유다를 지배했던 사악한 왕들을 첫 번째로 비난했다(21~22장). 그리고 나서 유다를 회복하려고 했던 의로운 왕들에게 희망을 불어넣어 주었다(23:1~8).

사악한 왕들에 대한 메시지는 독특한 순서로 배열되어 있다(참조, 왕하 24장, "유다의 마지막 다섯 왕들" 도표). 기록된 첫 왕은 연대기적으로는 마지막 왕인 시드기야였다(21:1~22:9). 이어서 연대기적으로 여호아하스(22:10~12), 여호야김(22:13~23), 끝으로 여호야긴(22:24~30)을 기록하고 있다. 왜 예레미야는 연대기적 순서를 무시하고 시드기야를 처음에, 여호야긴을 맨 나중에 두었을까? 두 가지 이유가 있다. 첫째, 시드기야의 이야기를 처음에 꺼냄으로써 "말기야의 아들 바스훌"(21:1) 이야기를 "임멜의 아들 제사장 바스훌"(20:1) 다음에 둘 수 있기 때문이다. 이 두 사람의 같은 이름은 내용 상의 연속성을 보여 준다. 말기야의 아들 바스훌이 예레미야에게 그가 하나님께 간구해야 함을 전달한 때는 임멜의 아들 바스훌의 조롱 때문에 예레미야가 하나님의 변호를 부탁하게 된 때이다. 둘째, 서술의 흐름을 위해서이다. 여호야긴을 향한 예언이 왕들에 대한 하나님의 심판의 정점을 이루고 있기 때문이다. 사악한 왕들의 노선은 하나님께서 민족을 통치하기 위해서 의로운 가지를 세우심으로 끊어지게 되었다(22:30; 23:1~8). 이러한 예언의 순서는 연속성과 절정의 효과를 제공한다.

(1) 시드기야에게 주는 메시지(21:1~22:9)

21:1~2 이 메시지는 BC 588년과 BC 586년 사이에 임했다. 시드기야는 말기야의 아들 바스훌과 마아세야의 아들 스바냐를 예레미야에게 보내 질문하게 했다. 왕의 방백 중 한 사람인 바스훌은 나중에 왕에게 탄원하기를 예레미야를 반역죄로 사형에 처하라고 했다(참조, 38:1~4). 스바냐는 서열에 있어서 대제사장 스라야 다음 두 번째 제사장으로서(52:24) 여호야다의 뒤를 계승했다(29:25~26). 즉 스바냐는 유다에 있어서 두 번째

로 높은 종교 지도자였다. 나중에 예루살렘이 파멸된 후에(52:24~27) 스바냐는 느부갓네살에 의해서 처형당했다.

방백들은 예레미야에게 느부갓네살의 예루살렘 공격에 관해 주께 아뢰기를 부탁했다. 예레미야가 하나님께 어떤 결과가 있을 것인지 질문했어야 함에도 불구하고, 그들은 과거에 그랬던 것처럼 하나님께서 기적을 베풀어 느부갓네살이 철수하기를 바랐다. 시드기야와 그의 충고자들은 앗수르 사람들이 예루살렘을 위협할 때(왕하 18:17~19:37; 사 36~37장)의 히스기야 왕을 생각한 것 같다. 히스기야 왕은 위기에 처해 있을 때에는 그의 정치적, 종교적인 충고자들을 예언자 이사야에게 보내어 그의 조언을 요청했다(사 37:2~4). 의심 없이 시드기야는 하나님의 대답을 이사야에게 주신 것과 비슷한 것으로 기대했다(사 37:5~7).

21:3~7 불행히도 예레미야의 메시지는 시드기야가 원치 않은 내용이었다. 예루살렘의 구원 대신에 그들이 소지한 전쟁 무기들을 하나님께서 뒤로 빼돌리시겠다는 것이다. 성 밖을 둘러싸고 있는 병사들을 하나님께서 성 안으로 모으실 것이다. 즉 그들의 포위가 성공할 것이라는 이야기이다. 하나님께서는 예루살렘의 구원자가 되기보다는 그의 손을 뻗쳐 예루살렘과 싸우실 것이다. 성에서 안전을 위해서 이리저리 날뛴 사람들은 무서운 재앙인 전염병(포위된 이래로 성에 닥친 가장 무서운 공포 중 하나)으로 죽게 될 것이다(참조, 14:12 주해).

포위에서 겨우 살아난 사람들도 기뻐할 것이 없었는데, 하나님께서 그들을 느부갓네살에게 넘겨줄 것이기 때문이다. 그들은 자비나 긍휼을 기대할 수 없을 것이다. 하나님께서 그들을 다 죽일 것이기 때문이다. 이같은 사실은 그 성이 패망한 후인 BC 586년에 성취되었다. 시드기야는 앞을

못보게 되었고 쇠사슬에 묶여 바벨론으로 끌려갔다(39:5~7). 예루살렘 성의 다른 지도자들은 포로가 되어 리블라로 보내져 거기서 죽임을 당했다(52:24~27).

21:8~10 유다 백성은 두 가지 중 하나를 선택했다. 생명의 길과 사망의 길이다. 성 안에 남아 있기를 선택한 자들에게는 사망의 길이 주어졌다. 정말로 그들은 죽임을 당했다. 그러나 예루살렘을 포위하고 있는 적들에게 항복한 자들에게는 생명의 길이 주어졌다. 이것은 성 안에 있는 사람들에게 유일한 희망이었다. 왜냐하면 하나님께서 바벨론 사람들을 통해 그 성을 무너뜨림으로써 예루살렘에 해를 입히기로 결정했기 때문이었다. 예레미야로부터 주어진 이 메시지에 대한 반응은 38장 1~4절에 기록되어 있다.

21:11~14 예레미야는 다시 유다 왕족을 택해서 그들의 죄에 초점을 맞추고 있다. 왕은 정의를 베풀고 억압받는 자들의 권리를 지지해야 했다. 그런데 그가 하나님의 경고를 무시했기 때문에 하나님의 진노는 멈추지 않는 불처럼 타오를 것이다(참조, 4:4; 17:4).

분명히 유다의 왕은 하나님의 명령에 복종할 필요성을 느끼지 않았다. 그는 그 성을 안전하게 잘 지키고 있다고 생각하면서 "누가 우리의 거처에 들어오리요"(13절)라고 자랑했다. 하나님은 불복종과 자기 의존적인 교만함에 빠진 그 왕과 백성을 벌하실 것이다. 하나님의 심판의 불(참조, 21:12)은 그들 주위의 모든 것을 소멸할 것이다.

22:1~5 하나님은 예레미야에게 성전으로부터 왕의 궁전으로 내려가라

고 말씀하셨다. 그리고 나서 거기에 있는 왕과 방백들과 백성에게 무엇이 정의이고 무엇이 옳은 것인지를 메시지를 통해 알게 해 주라는 것이었다. 이 메시지의 내용은 21장 12절과 유사하고 행위와 관련된 특정 결론 부분이 첨가되었다. 왕이 하나님의 명령을 준수한다면 그는 계속적인 복을 기대할 수 있을 것이다. 그러나 이러한 명령들을 거역한다면 왕궁은 파멸하게 될 것이라고 맹세하셨다.

22:6~9 여기서 예레미야는 왕궁을 언급하고 있다. 길르앗과 레바논은 왕궁의 숲으로 알려져 있고(삿 9:15; 왕상 4:33; 대하 2:8), 예루살렘의 왕궁은 '레바논 숲의 궁전'으로 알려져 있다(왕상 7:2~5; 사 22:8). 그러나 하나님의 심판 이후에 궁전은 사막과 같이 황폐하게 될 것이고, 바벨론 사람들이 궁전의 아름다운 백향목 기둥을 잘라 불에 태워 버릴 것이다(참조, 52:13).

열방의 민족들이 이 엄청난 건물들이 파괴되는 것을 보면서 하나님께 왜 그렇게 하시는지 물을 것이다. 대답은 간단하다. 백성이 하나님의 언약을 버리고 다른 신들을 섬겼기 때문이다. 하나님께서는 그들의 불순종 때문에 약속된 저주로 백성을 심판하셨다.

(2) 살룸에 대한 메시지
22:10~12 살룸은 여호아하스의 다른 이름이다. 그는 요시야의 아들이며, 요시야가 애굽의 왕 느고 2세(왕하 23:29~33)에게 죽임을 당한 후 BC 609년에 뒤를 이어 왕위에 올랐다가 통치한 지 3개월 만에 느고에게 폐위를 당했다. 예레미야는 살룸이 포로가 되어 예루살렘에서 애굽으로 끌려간 이후 BC 609년에 이 예언을 썼다(왕하 23:34). 예레미야는 살룸이 결코

예루살렘으로 돌아올 수 없을 것이고, 오히려 그는 포로가 되어 유배지인 애굽에서 죽을 것이라고 예언하고 있다.

(3) 여호야김에 대한 메시지(22:13~23)

22:13~14 여호야김은 느고에 의해서 왕으로 임명된 이후에 전형적인 동양 군주적인 행동을 했다. 유다는 '국가의 배'를 이끌어 나갈 단단한 손이 필요했다. 그러나 국가는 파멸되어 가고 왕은 개인의 이익에만 관심이 있었다. 여호야김은 자신을 위한 궁전을 짓기 위해서 그의 백성을 희생시켰다. 여호야김은 백향목을 구입하는 데 많은 돈을 낭비하면서도 백성에게는 무임금으로 일을 하도록 강요했다.

22:15~17 예레미야는 여호야김을 그의 아버지 요시야와 비교하고 있다. 요시야는 바르고 정의로운 일을 했고 가난한 사람과 궁핍한 사람들을 옹호해 주었다. 하나님께서는 이런 행위들을 왕에게 기대했다. 하나님의 목자로서 요시야는 양 떼를 죽이는 것이 아니라 양 떼가 잘 양육되기를 기대했다. 그러나 여호야김은 아버지의 이러한 선한 특질을 유업으로 물려받지 않았다. 오로지 더러운 이윤, 피흘림, 억압과 강요 등에만 관심이 있었다.

22:18~19 여호야김의 무서운 억압 때문에 그가 죽었을 때 백성은 슬퍼하지도 않았다. 독재자 여호야김은 정상적으로 치러야 할 값비싼 장례 대신에 나귀처럼 묻힐 것이라고 예레미야는 예언했다. 예루살렘 성에서는 동물이 죽었을 때 끌어내어 성 밖으로 던져 버리는 관습이 있었는데, 여호야김의 시신도 이와 같이 치욕을 당할 것이라고 했다. 느부갓네살이 예

루살렘의 반란을 진압하기 위해 진격하던 BC 598년에 여호야김은 죽임을 당했다. 몇몇 사람들이 추측한 것처럼 여호야김은 느부갓네살 왕을 달래며 예루살렘 성을 구하려고 하다가 살해당한 것 같다. 새 왕인 여호야긴은 항복을 하고 바벨론에 유배되었으나 성은 파괴되지 않고 그대로 남았다(왕하 24:1~17).

22:20~23 예레미야는 여호야김의 어리석음 때문에 예루살렘 성이 멸망한 것을 보고 슬퍼하고 있다. 이 구절은 여호야김의 반란이 바벨론의 다가올 침입과 관계가 있다는 점에 초점을 맞추고 있는데, 이를 미루어 보아 BC 597년 초나 BC 598년 말에 기록된 것으로 보인다. 예루살렘의 아우성은 사방에 들리게 될 것이다. 북방의 레바논에서부터 북동쪽에 있는 바산까지, 또한 남동쪽에 있는 아바림(모압에 있는 산. 참조, 민 27:12; 신 32:49; 겔 39:11)에까지 유다의 동맹국들도 바벨론에 의해 파괴되어 애곡하는 소리가 가득하게 될 것이다.

하나님께서 예루살렘 성의 거주민들에게 불순종의 결과에 대해 경고하셨지만, 그들은 안전하다고 믿고 그 경고에 귀를 기울이지 않았다. 그러나 이제 그들은 목자들(왕들)이 유배되고 동맹국들(애굽인들일 것이다) 역시 강제로 흩어지는 것(참조, 왕하 24:7)을 지켜보면서 슬퍼할 수밖에 없었다. 이 구절에는 역설적인 어법으로 비트는 표현이 나타나는데, 예레미야가 예루살렘의 거주민들을 레바논에 살고 있는 자들로 언급하고 있는 것이다. 굉장히 많은 백향목이 레바논에서 예루살렘으로 수입되고 있었기 때문에(참조, 22:6~7, 13~15) 예루살렘에 산다는 것은 레바논의 백향목으로 지은 건물에 거주하는 것과 마찬가지라고 할 수 있다. 그렇게 거대한 백향목 건물에 살고 있는 자들이 하나님의 심판의 고통이 임할 때

괴로움을 당할 것을 암시하는 것으로 보인다(참조, 4:31 주해, 여인의 해산의 고통).

(4) 여호야긴에 대한 메시지(22:24~30)

22:24~27 여호야긴은 그의 아버지 여호야김에 이어 왕위에 오르게 되었다. 통치한 지 3개월 만에 여호야긴은 느부갓네살에게 항복하고 바벨론으로 유배되어 그곳에서 여생을 보냈다(참조, 52:31~34). 하나님께서 여호야긴을 인장 반지만큼 소중하게 여겼지만 그의 죄 때문에 그를 인장에서 빼어 내겠다고 하셨다. 인장 반지는 매우 가치 있는 것으로 소유자의 서명을 표시하거나 다양한 서류들을 봉인하는 데 사용했다. 설령 여호야긴이 하나님께 중요한 존재였어도(이 표현은 그가 그만큼 중요하게 여김을 받지 못했다는 것을 암시한다) 하나님은 그가 계속 죄를 짓도록 허락하지 않고 제거하기로 작정하셨다. 이러한 심판의 반전 형태는 학개서 2장 21~23절에 스룹바벨에게 한 약속에서 잘 나타난다.

하나님께서 여호야긴을 바벨론 사람에게 넘겨주시겠다고 말씀하셨다. 여호야긴과 그의 어머니인 여호야김의 과부 느후스다(왕하 24:8)는 바벨론에 있는 다른 국가로 옮겨져서 죽게 될 것이라고 하셨다. 이 말씀은 그들이 유배당할 것에 대한 예레미야의 두 번째 예언이다(참조, 13:18~19).

22:28~30 일련의 질문을 통해서 예레미야는 하나님께서 여호야긴의 심판에 대한 책임을 지셔야 한다고 주장하고 있다. 첫 번째 질문에 대한 하나님의 응답은 '그렇지 않다'라는 것이다. 백성은 여호야긴을 깨어져 소용이 없는 그릇처럼 무시하지는 않았던 것이다. 사실 어떤 사람들은 그가

왕으로 다시 복귀할 것이라고 믿었고(28:1~4), 또 다른 사람들은 시드기야가 왕위에 오른 이후에도 여호야긴이 다시 왕위에 오르게 될 것이라고 생각했다(참조, 겔 7:27 주해). 그런데 여호야긴이 그렇게 인기가 있었다면 왜 그와 그의 자손들이 공직에서 물러나고 이방 민족에게 던져졌을까("알지 못하는 땅에 들어갔는고", 참조, 14:18; 15:2, 14; 16:13; 17:4)? 그들의 운명이 하나님의 주권 아래 있기 때문이다. 그리고 여호야긴의 파멸의 책임도 하나님께서 갖고 계신다는 것이다. 하나님께서 땅을 향해 소리쳐서(강조를 위해 세 번이나 되풀이 한다. 참조, 7:4) 심판의 말씀을 듣게 하셨다. 여호야긴 왕에게 자녀가 있었을지라도(22:28. 참조, 대상 3:17) 자녀가 없는 것처럼 취급을 받게 되었는데, 그의 자손 어느 누구도 유다의 왕으로서 통치할 수 있는 다윗 왕좌를 허락받지 못할 것이기 때문이다.

이 예언은 당장의 사안과 장기적인 차원에서의 역사 모두가 중요하다는 사실을 지적한다. 여호야긴의 어떤 자손도 그를 따라 왕위에 오른 자가 없었다. 여호야긴 대신에 그의 삼촌인 시드기야가 유다의 마지막 왕이 되었다. 하나님께서는 유다 왕계에서 다윗 계열의 일부 가문을 잘라 내셨다. 이 예언은 마태복음 1장과 누가복음 3장에 서술된 그리스도의 계보를 설명하는 데 도움이 된다. 마태는 그리스도의 계보를 그의 의붓아버지인 요셉을 통한 것으로 기록하고 있다. 그런데 요셉의 계보는 여호야긴의 아들이었던 스알디엘을 통해서 내려온 것이다(여고냐. 마 1:12; 참조, 대상 3:17). 만약 그리스도가 요셉의 육신적인 후손이고 동정녀에게 탄생하신 것이 아니었다면 이스라엘의 왕의 자격이 없었을 것이다. 그러나 누가는 그리스도의 육신적 혈통이 다윗과 그의 아들 나단의 혈통으로 이어져 내려온 마리아를 통한 것으로 기록하고 있다(눅 3:31). 그래서 그리스도는 여호야긴의 '저주' 아래 있지 않게 된 것이다(참조, 마 1:2~17; 눅 3:24~38

주해).

(5) 의로운 가지에 관한 메시지(23:1~8)

23:1~4 예레미야는 불의한 왕을 하나님의 양을 파멸시키고 흩어지게 하는 목자로 비유하면서 설명한다. 목자들은 그들이 행한 악(참조, 겔 34:1~10) 때문에 벌을 받아 마땅하다는 것이다. 그러나 하나님께서 그들을 제하여 버리신다면 양들을 다시 모으기 위해 누구를 임명해야 할 것인가? 예레미야는 그 질문에 두 가지 대답을 했다. 첫째는 하나님 자신이 흩어졌던 백성 가운데서 남은 자들을 모으셔서 데리고 오실 것이다. 즉, 그분이 이스라엘을 다시 모으는 데 책임지실 것이다(참조, 31:10; 미 2:12; 5:4; 7:14). 둘째는 하나님께서 자신이 원하는 방식대로 백성을 보살피는 새로운 목자를 백성 위에 세우실 것이라고 대답했다.

23:5~6 다윗 혈통의 가지는 여호야긴을 거치면서 끊어졌다. 그러나 하나님은 다윗 가문의 또 다른 사람을 들어서 의로운 가지가 될 왕으로 세우겠다고 약속하셨다. 예수 그리스도가 이 예언을 성취하신 것이다. 그분은 왕으로서 현명하게 통치할 것이고 의롭고 바르게 행할 것이다(22장 25절의 여호야긴에 대한 하나님의 저주와는 대조적이다). 그리스도는 그의 초림 때 이스라엘의 메시아로서 자신을 나타내실 것이나, 재림 때에는 이 예언의 완전한 성취가 있을 것이며 그 시기는 천년통치 바로 직전에 있을 것이다. 그때에 남왕국(유다)과 북왕국(이스라엘)은 다시 억압으로부터 해방되어(참조, 롬 11:26) 한 국가로 통합될 것이며 안전하게 살아갈 것이다(참조, 겔 37:15~28).

앞으로 오실 왕의 이름은 "여호와 우리의 공의"(야훼 치드케누[צִדְקֵנוּ

ה)라고 일컬음을 받을 것이다. 시드기야('여호와는 나의 의로움'이라는 뜻)와는 달리, 앞으로 오실 왕은 이스라엘의 의로운 하나님으로서 그 이름에 걸맞은 삶을 사실 것이다.

23:7~8 예레미야가 유다와 이스라엘의 미래의 회복에 대해 이미 언급했기 때문에(6절) 이제 다른 설명을 이어 간다. 예레미야는 이스라엘의 회복이 너무 극적이어서 백성은 하나님께서 이전에 애굽으로부터 그들을 인도해 내신 때를 잊어버릴 것이라고 말한다. 첫 출애굽 사건은 그들의 땅으로 다시 모이게 하시는 새로운 출애굽 사건과 대비되며 곧 기억 속에서 희미해질 것이다(참조, 16:14~15).

b. 거짓 예언자들에 대한 비난(23:9~40)

예레미야는 하나님의 공격 대상을 왕들에서 예언자들로 옮겼다. 거짓 예언자들은 예레미야가 유다의 파멸을 선언한 것에 대해 반박하면서(참조, 6:13~14; 8:10~11; 14:14~16; 28:1~4, 10~11; 29:8~9, 20~23, 31~32) 오히려 백성에게 평화를 약속한 것이다.

(1) 거짓 예언자들의 특성(23:9~15)
23:9~12 하나님의 거룩한 말씀을 생각할 때 예레미야의 마음은 무너져 내리고 육체는 쇠잔해진 것 같았다. 예언자는 하나님의 대변인이며 자신의 삶과 메시지는 그를 보내신 분을 반영하고 있는 것이다. 거짓 예언자들은 하나님의 이름을 망령되게 했는데, 그들의 메시지가 하나님으로부터 왔으며 그분이 그들에게 예언하도록 허락해 주셨다고 주장했기 때문이다

(참조, 28:2, 15~16). 하나님께서 육체와 영적인 간음 행위를 한 유다 사람에게 가뭄의 저주를 통해서 자신의 분노를 보여 주심으로(신 28:23~24) 땅이 갈라지고 시들게 되었다(참조, 14:1~6, 22). 그러나 거짓 예언자들은 유다가 하나님과 맺었던 언약을 상기시키는 것이 아니라 계속해서 백성을 악의 길로 끌고 갔다. 그들은 하나님이 백성의 죄 때문에 가뭄을 내리신 것이 아니라고 주장했다.

유다의 모든 영적인 지도자들(예언자와 제사장)의 근본적인 잘못은 무신론에 있다. '신을 모독한다'(하네프[חָנֵף])라는 히브리 단어는 지도자들이 하나님을 믿지 않은 것을 의미한다기보다는, 반대로 그들이 너무 종교적이었음을 암시하고 있다. 그 의미를 '더럽혀진 것' 혹은 '신성이 모독된 것'으로 이해해야 할 것이다. 예레미야는 일찍이 그 땅이 더럽혀졌음을 묘사하기 위해서 이 단어를 사용했다(참조, 3:1~2, 9). 거짓 지도자들은 하나님의 거룩한 속성을 경시했기 때문에 그분의 성전까지도 사악한 것으로 더럽혔던 것이다. 이러한 그들의 죄 때문에 하나님께서 그들에게 재앙을 내리기로 맹세하셨던 것이다.

23:13~15 예레미야는 사마리아의 예언자들과 예루살렘 예언자들을 비교하고 있다(13, 14절). 사마리아의 예언자들은 바알에 의지해 예언함으로써 민족을 잘못된 길로 이끌어 갔다(참조, 왕상 18:16~40; 왕하 10:18~29; 17:16). 그들의 사악함 때문에 하나님은 북왕국을 멸망시키신 것이다.

유다의 예언자들도 같은 길을 따라갔다. 그들은 계속해서 간음을 행하고 행악자들을 도와주었다. 그들과 예루살렘 백성의 행위가 너무 가증스러워서 하나님 앞에서 볼 때 마치 소돔과 고모라 같은 상태였다. 하나님께서 택하신 가능한 대안은 그들을 심판하는 것뿐이었다. 그래서 하나님께서는 거짓 예언자들에게 쓴 음식(라아나[לַעֲנָה : 쓴 쑥]. 참조 9:15; 애 3:15, 19)과 독약을 먹게 하실 것이다.

(2) 거짓 예언자들의 메시지(23:16~40)

23:16~22 거짓 예언자들의 메시지는 그들이 지어낸 것들이다. 그들의 환상은 하나님의 입에서 나온 것이 아니라 그들의 생각에서 나온 것이었다(참조, 26절). 거짓 예언자들은 백성에게 평화를 선포하고(참조, 6:14; 8:11) 해가 없을 것이라고 선언했지만, 사실은 하나님께서 그러한 말씀을 주신 것이 아니었다. 하나님의 메시지는 회오리 바람으로 그들을 멸망시킬 것이라고 했다. 하나님의 분노는 심판이 끝나고 나서야 비로소 그칠 것이다. 그때야 백성은 하나님이 그들을 예언자로 보내지 않았다는 것을 분명하게 이해하게 될 것이다. 그들이 하나님께로부터 왔다면(참조, 18절, "회의"), 거짓 예언자들은 유다에게 그들의 사악한 행위에서 돌아서라는 하나님의 말씀을 선포했을 것이다.

23:23~32 거짓 예언자들은 하나님의 속성을 잘못 이해하고 있었다. 거짓 예언자들은 하나님을 피해 숨을 곳이 없다. 하나님은 땅과 하늘에 충만해 있는 전지하신 분으로 어떤 곳도 그분 영역이 아닌 곳이 없기 때문이다. 하나님께서는 예언자들이 하나님의 이름으로 거짓말을 하는 것을 들으셨다.

예언자들은 하나님께서 꿈으로 계시를 주신다고 주장하지만, 그들이 본 환상들은 마음의 착각이었다(참조, 16절). 이들의 꿈들은 초기 예언자들이 유다로 하여금 바알을 섬기는 일에 철저히 했던 때처럼 하나님의 이름을 잊게 했다(참조, 13절). 그들의 '꿈'은 식탁 위에 차려 놓은 짚 같았다. 짚으로는 허기를 채울 수 없다. 마찬가지로 영적인 필요를 충족시키는 자리에서 거짓 예언자들의 꿈은 무가치한 것이다. 그들의 말은 힘이 없으나, 하나님의 말씀은 불처럼 꿰뚫는 능력이 있고(참조, 20:9) 바위를 산산조각 내는 망치와 같이 힘이 있다. 어떤 것도 하나님의 말씀이 성취되는 것을 방해할 수 없다.

하나님께서는 거짓 예언자들에게 말씀을 주시지 않았기 때문에, 그들은 하나님으로부터 온 것처럼 생각되는 예언들을 도용하여 선포했다. 거짓 예언자들이 무례한 거짓말로 백성을 잘못된 길로 가게 하며 거짓으로 하나님의 권위를 주장했으므로 하나님께서는 그들을 미워하셨다.

23:33~40 예루살렘 백성은 "여호와의 엄중한 말씀이 무엇인가"라고 서로 반문하고 있다. 엄중한 말씀(마싸[מַשָּׂא : 신탁], 동사 나사[נָשָׂא]에서 유래)은 '들어올린다', '옮긴다', '집다'(참조, 슥 9:1 주해)라는 의미가 있다. 명사로는 어떤 사람이 들어올리거나 옮겨야 하는 짐이나 물건을 말한다(출 23:5; 느 13:19). 예언자들이 옮겨야 하는 '짐'은 하나님의 심중에 둔 메시지나 신탁이다(사 13:1; 14:28; 나 1:1; 합 1:1). 가끔 그 메시지는 심판의 내용을 담기도 한다(참조, 사 15:1; 17:1; 19:1; 21:1, 11, 13; 22:1; 23:1).

백성이 하나님으로부터 온 신탁을 찾았다고 말할 때, 예레미야는 그것은 아무 의미도 없다고 선언해야만 했다. 신탁은 이미 그들에게 주어졌고 하나님의 말씀은 친히 그들을 버리셨다는 것이다. 오히려 다른 신탁을 주장하는 자들에게 벌을 주실 것이라고 선포했다. 백성들은 하나님의 권위를 지나치게 악용하면서 하나님께서 그들에게 다시는 언급하지 말라고 하신 신탁의 언어를 자신들의 예언에 사용했다. 신탁의 언어의 악용은 살아 있는 하나님 말씀을 왜곡하는 원인이 됐다. 하나님의 신탁을 계속 주장하는 자들은 심판을 받게 될 것이며, 하나님은 그들을 예루살렘의 남은 자들과 함께 그의 면전에서 내던질 것이라고 맹세하셨다. 이 거짓 예언자들은 그들의 사악한 말들로 끊임없이 수치와 부끄러움의 위협에 직면하게 될 것이다.

c. 무화과 두 광주리(24장)

(1) 무화과 두 광주리의 환상

24:1~3 하나님은 여호야긴과 다른 예루살렘 지도자들이 바벨론에 의해서 포로로 끌려간 다음에 무화과 두 광주리의 환상을 예레미야에게 보여 주셨다(참조, 왕하 24:8~16). 따라서 이 예언은 BC 597년 시드기야 통치 초기 어느 때에 기록된 것이라고 볼 수 있다. 이 환상에서 예레미야는 성전 앞에 놓여 있는 두 무화과 광주리를 보았다. 그 환상은 광주리에 있는 과일들을 주 앞에 바치라는 것이었다(참조, 신 26:11). 하나의 광주리에 담겨 있는 무화과는 대단히 좋은 것이며 일찍 익은 것으로서(참조, 사 28:4; 호 9:10; 미 7:1) 마땅히 하나님께 드려야 할 것들이었다(신 14:22). 두 번째 광주리에는 먹을 수 없을 정도로 심히 썩어 좋지 않은 무화과들이 담겨 있었다. 그것들은 주께서 받으실 수 없는 것들이다(참조, 말 1:6~9).

(2) 좋은 무화과에 대한 설명

24:4~7 하나님께서는 좋은 무화과는 유다로부터 멀리 바벨론으로 옮겨간 유배자들을 암시한다고 말씀하셨다. 이것은 놀라운 말씀이다. 그

들은 포로 상태에 있는 예루살렘 백성은 하나님으로부터 이탈한 사람들로 믿었기 때문이다(겔 11:14~15). 그러나 하나님께서는 포로로 남은 자들을 지켜 주셔서 그 땅으로 다시 데려오실 것을 약속하셨다(참조, 겔 11:16~17). 또 그들에게 새로운 마음을 주셔서 하나님을 알게 하실 것을 약속하셨다(참조, 4:22). 그때에 그들은 하나님의 백성이 될 것이고(참조, 30:22 주해) 전심을 다해 그분께 돌아오게 될 것이다. 그러나 하나님께서 바벨론 포로 이후 그 땅의 소수 백성들을 회복하시더라도, 그들은 하나님께서 약속하셨던 완전한 교제의 축복을 경험하지는 못할 것이다(참조, 31:31~34; 겔 36:24~32). 이 완전한 교제의 축복은 하나님께서 이 지상에서 이스라엘을 다시 모아 그리스도께서 천년통치를 시작할 때에 완성될 것이다(마 24:29~31).

(3) 나쁜 무화과에 대한 설명

24:8~10 나쁜 무화과는 시드기야, 그리고 이스라엘과 이집트로 도망간 다른 생존자들을 암시한다(참조, 29:17~19; 43:4~7). 하나님께서는 그들이 지상에 있는 모든 왕국들로부터 미움을 받게 될 것이라고 하셨다. 그들은 어느 곳으로 가든지 조롱을 당하며 저주를 받게 될 것이다(예레미야는 여러 차례 백성이 저주를 받고 멸시를 당하고 비난을 받게 되며, 어떤 사람들은 황폐함 가운데서 공포를 느낄 것이라고 예언한다. 참조, 25:9, 18; 26:6; 29:18; 42:18; 44:8, 12, 22. 다른 나라들에 관한 예언 참조, 48:39; 49:13, 17; 51:37). 하나님께서는 심판의 도구들(칼, 기근, 재앙. 참조, 14:12; 15:2~4)을 그들이 모두 멸망할 때까지 보내실 것이다. 생존자들은 하나님의 복을 느낄 것이지만 실제로는 그들에게 저주가 임할 것이다.

d. 70년 간의 바벨론 포로 생활(25장)

예레미야의 심판에 대한 열세 가지의 메시지(2~25장)는 연대기가 아니라 주제별로 배열했다. 25장은 예레미야서의 지금까지 메시지 가운데 가장 중심적인 기능을 수행하기 때문에 마지막에 배치했다.

(1) 경고를 무시함(25:1~7)

25:1~3 예레미야의 마지막 메시지는 모든 유다 백성을 대상으로 한다. 메시지의 중요성 때문에 예언이 임한 연대를 기록하고 있다. 느부갓네살 원년인 여호야김 4년에 예레미야에게 예언이 임했다. 이 연도는 약간의 혼란을 야기하는데, 느부갓네살 통치 '원년'(느부갓네살이 왕위를 계승한 다음 해)은 BC 604년 4월 2일에 시작된 반면, 여호야김 4년은(니산월 3~4월. 예레미야는 주로 니산 날짜 계산법을 사용했다) BC 605년 4월 12일(니산월 1일)로부터 BC 604년 4월 2일(니산월 1일)까지 확대할 수 있다(음력을 사용하기 때문에 BC 604년 4월 11일은 아니다). 그래서 이 두 날짜(느부갓네살 원년과 여호야김의 4년)는 같은 연력에서 발생하지 않은 것으로 보인다.

여기에 두 가지 가능한 해결책이 제시되는데, 첫째로 '첫째'란 단어를 '시작'으로 번역하는 것이다. 이 단어(리소니[רֵאשִׁית])는 왕의 통치 원년을 서술할 때 사용하는 일반적인 단어는 아니다(참조, Jack Finegan, *Handbook of Bible Chronology*, Princeton, N.J.: Princeton University Press, 1964, p 202). 따라서 느부갓네살의 '시작하는' 해는 그의 계승년과 같다고 볼 수 있다. 결국 느부갓네살이 왕위에 오른 BC 605년 9월 7일과 그가 공식적으로 통치의 첫 만년을 시작하는 BC 604년 4월 2일 사이 어떤 시기에 예레미야에게 예언이 임했다고 볼 수 있다.

둘째로, 예레미야는 여기에 티쉬리역(9~10월)을 사용하여 여호야김의 연대를 계산한 것으로 보인다. 따라서 여호야김 4년은 BC 605년 10월 7일(티쉬리 1일)부터 BC 604년 9월 26일(음력을 사용하기 때문에 BC 604년 10월 6일이 아니다)에 걸쳐 있다. 이와 같은 경우에 BC 604년 4월 2일(느부갓네살의 첫 만년의 시작)에서 BC 604년 9월 25일(여호야김 4년차 통치의 마지막) 사이에 예레미야에게 예언이 임했을 것이다. 위의 두 가지 경우 중 하나가 본문에 쓰여진 연대에 해당될 것이다.

예레미야는 23년 동안 예언했는데(참조, 1:2), 그동안 세 명의 왕이 통치했다. 예레미야는 백성들에게 수차례에 걸쳐서 예언을 했지만 그들은 회개하라는 경고에 귀를 기울이지 않았다. 하나님께서 그들이 반응을 보일 수 있는 충분한 시간을 주셨지만 그들은 거역했다.

25:4~7 하나님께서는 유다 백성이 사악한 길과 행위로부터 돌아서도록 경고하기 위해서 다른 예언자들도 보내셨다. 그들이 예언자의 경고에 귀를 기울였다면 하나님은 그들이 은혜롭게 그 땅에서 거주하도록 하실 것이고, 아무런 해가 없도록 하셨을 것이다. 불행히도 그들은 하나님 말씀을 듣지 않고 계속해서 우상을 섬김으로써 해를 자초하게 되었다.

(2) 심판을 서술함(25:8~14)

25:8~11 유다 백성들이 하나님의 경고를 거절하자 하나님께서는 바벨론 사람들("북쪽 모든 종족". 참조, 1:14 주해)을 불러 모으셨다. 그들의 지도자 느부갓네살은 예루살렘을 파괴하라는 하나님의 명령을 행한다는 의미에서 하나님의 종으로 간주됐다. 하나님께서는 유다와 그의 동맹국

들을 완전히 진멸하기 위해서 바벨론 사람들을 사용하실 것이다. 모든 성읍들이 황폐케 되어 기쁨과 즐거움의 소리가 그칠 때야 비로소 바벨론 사람들이 파괴 행위를 그칠 것이다(참조 7:34; 16:9). 하나님께서 유다와 다른 배역한 백성을 바벨론에 유배하게 하여 70년 동안 그들을 섬기게 하실 것이다.

하나님께서 왜 바벨론에서의 유배 기간이 70년까지 지속될 것이라고 말씀하셨을까(BC 605~536년)? 유다 백성들이 본국에서 '희년'에 대한 하나님의 율법을 준수하지 못한 연수인 것으로 보인다. 하나님께서는 매 칠년마다 그 땅을 휴경하라고 명하셨다(레 25:3~5). 그때에 백성들은 들판에 씨를 뿌리지 않고 포도를 따지도 말아야 했다. 백성들이 이 명령을 따르지 않는다면 하나님은 희년을 온전히 실행하기 위해서 그들을 그 땅에서 제거하실 것이다(레 26:33~35). 역대하 기자는 예레미야가 약속한 70년의 바벨론 포로 기간은 그 땅이 희년을 향유할 수 있도록 허락한 것이라고 설명한다(대하 36:20~21). 따라서 포로기간 70년인 것은 그 땅에서 준수하지 않았던 희년의 연수에 기인한 것으로 보인다.

25:12~14 70년이 다 된 후에 하나님은 바벨론 사람들에게도 역시 벌을 내리실 것이다. 그들이 죄에 빠져 있었기 때문이다. 예레미야서에 기록된 바벨론에 대한 모든 예언대로 행하실 것이다. 하나님께서 암시하신 내용들은 50~51장에 기록되어 있다. 50~51장은 분명히 25장과 함께 같은 시대를 기록하고 있는데, 결국 하나님께서 바벨론에게 그의 행위대로 보상하실 것이라는 내용이다.

(3) 진노를 약속하심(25:15~29)

25:15~26 예레미야는 하나님께서 손에 컵을 들고 있는 환상을 봤다. 그 컵에는 하나님의 진노가 가득 들어 있었다. 예레미야의 사역은 자신이 보냄 받은 모든 열방에게 그 컵에 든 것을 마시게 하는 것이었다(참조, 애 4:21; 겔 23:31~33; 계 16:19; 18:6). 이 하나님의 "진노의 술잔"을 마시게 한 첫 번째 나라는 예루살렘과 유다 성읍들이었다.

다른 나라들도 유다에 이어서 심판이 있을 것이다(참조, 서론, "예레미야와 에스겔의 세계" 지도). 여기에는 애굽도 포함되어 있는데, 그들은 유다가 바벨론에 모반을 일으키도록 부추겼다(참조, 겔 29:6~9). 우스 땅의 위치는 약간은 불분명하지만, 북아라비아에 있는 에돔 땅 동쪽에 위치했을 것이다(참조, 욥 1:1 주해). 블레셋이 유다의 정 서쪽 지중해 해안을 점령했던 반면에, 에돔과 모압, 그리고 암몬(남쪽으로부터 북쪽에 위치한 순서대로 기록) 이 세 국가는 요단강과 사해의 건너편 유다의 정 동쪽에 위치하고 있었다. 두로와 시돈은 유다 북쪽 지중해 해안에 위치했다. 드단, 데마, 부스는 아라비아 반도 북쪽에 위치한 성들인데, 이 중에 부스 지역의 위치는 확실치 않다. 이 지역들은 사막에서 유랑했던 아라비아 왕들과 연관성이 있었다. 시므리의 정체는 불확실하지만 티그리스 강 동쪽에 위치한 엘람과 메대와 관련이 있는 것 같다. 열거된 모든 나라들은 바벨론에게 정복당했다.

이 모든 나라들은 바벨론의 손에 심판 받게 될 것이다. 그러나 이후에 세삭 왕도 심판을 받게 될 것이다. 세삭 왕은 누구이며 어떤 사람인가? 대부분의 학자들은 그 단어가 바벨론에 대한 암호문이나 '아트바쉬'(atbash)라고 믿고 있다. 아트바쉬라는 것은 알파벳 순서를 반대로 쓴 문자로서 처음부터 시작되는 알파벳 문자들을 대체해서 만든 암호였다. 예를 들면

영어로 z는 a대신에 사용되고 y는 b 대신에 사용된다. 'Abby'라는 단어를 아트바쉬로 써보면 'Zyyb'가 된다. 만일 '세삭'(알파벳 약어로 ššk)이 히브리어라면, 아트바쉬로 표기된 자음은 'bbl'이기 때문에 이것이 곧 바벨론을 뜻하는 단어임을 알 수 있다(참조, 25:1). 하나님께서 다른 열방을 심판하신 후에 바벨론도 심판하실 것이다. 바벨론의 심판에 대한 내용은 이미 앞서 언급했기에(12~14절), 예레미야가 메시지를 암호로 사용한 이유는 확실하지 않다. 그렇지만 아직까지 아트바쉬 표기법이 세삭을 설명하는 데 가장 좋은 방법이다.

25:27~29 하나님의 진노의 잔을 마시는 민족은 멸망할 것이다. 술에 취한 사람들처럼 그들은 토하고 쓰러질 것이다. 이러한 파멸은 독한 술보다 칼로 시작될 것이다. 어떤 민족은 심판을 거부하겠지만 하나님께서는 그들을 파멸의 장소에 참석하게 하실 것이다. 하나님께서 당신의 성읍에 재앙을 내리신다면 다른 민족들의 처지야 말할 필요가 있겠는가?

(4) 우주적 심판이 선언됨(25:30~38)

25:30~33 예레미야는 산문체에서 운문체로 바꿔서 열방들에 대한 하나님의 심판의 주제를 계속 예언하고 있다. 먹이를 덮치기 전에 강하게 포효하는 사자처럼(참조, 암 1:2; 3:4, 8), 하나님께서도 거룩한 하늘 보좌로부터 지상에 살고 있는 모든 사람을 향하여 소리치실 것이다. 하나님께서 모든 열방에게 심판(미슈파트[מִשְׁפָּט]. 참조, 2:9 주해)을 주시기로 작정하셨다. 그의 심판은 유다를 거쳐 모든 족속에게까지 미칠 것이다. 이 심판은 모든 열방을 삼켜 버릴 강한 폭풍으로 묘사되고 있다. 그런 다음에 살육이 도처에 퍼지게 될 것이다. 그들의 시체는 유다의 시체가 땅에 묻히지

못한 채 남아 있듯이(참조, 8:2; 14:16; 16:4~6) 땅에 눕지도 못하게 될 것이다.

25:34~38 목자들로 묘사된 많은 열방의 지도자들은 울부짖으며 재에서 뒹굴게 될 것이다(깊은 비탄이나 슬픔의 표시. 참조, 6:26; 미 1:10). 또한 그들은 자신의 생명으로 인하여 애곡할 텐데, 그들의 생명이 살육당할 때가 왔기 때문이다. 목자들로부터 '그릇'으로 예레미야의 상상이 바뀌면서 지도자들의 완전한 파멸을 묘사한다. 그들은 정교한 그릇이 마루 위에 떨어져 산산조각나는 것처럼 될 것이다. 예레미야는 이러한 서술을 완전하게 하기 위해서 목자의 형상에 대한 묘사로 다시 돌아온다. 지도자들(목자들)이 아무리 도망치더라도 도망갈 곳이 없을 것이라고 했다. 하나님이 그들의 땅(초목)을 파멸시킬 것이며, 양들 가운데 사자처럼 이리저리 찾아다닐 것이라고 했다(참조, 25:30). 열방의 모든 땅들은 황폐해질 것이다.

B. 유다와의 개인적인 충돌(26~29장)

예레미야가 자신의 메시지를 반대하는 사안을 기록하고 있지만(참조, 11:18~23; 15:10; 20:1~6), 이것이 1~25장까지 그가 주장하고자 하는 주제는 아니다. 핵심은 백성이 회개하기를 거부한다면 하나님께서 장차 그들에게 심판을 내리실 것이라는 사실을 강조하는 것에 있다. 그러나 26~29장에서 예레미야는 자신의 메시지에 대한 백성의 반응에 초점을 맞추고 있다. 이 단락에서 예레미야의 메시지는 지도자들과 백성에 의해 거부 당하고 있다.

1. 백성과의 충돌(26장)

a. 예레미야의 메시지(26:1~6)

26:1~3 예레미야는 이 메시지를 여호야김 왕의 통치 초기에 받은 것이라고 말했다. BC 609년에 그가 왕위에 올랐기 때문에 이 사건은 BC 609~608년 사이에 있었던 것 같다. 그 메시지는 7~10장에 나타난 '성전 설교'와 관련지어야 할 것이다. 앞에서 예레미야는 메시지의 '내용'에 초점을 맞추고 있는 반면에 여기서는 메시지의 '반응'에 초점을 맞추고 있다. 이 메시지의 목적은 백성들이 하나님께서 심판으로 위협하고 계신다는 것을 듣고서 사악한 길에서 각자 돌아서게 하려는 데 있다. 백성이 회개한다면 하나님께서는 당신이 계획한 재앙을 그들에게 내리지 않을 것이라고 약속하셨다(참조, 7:3~7).

26:4~6 이 메시지의 내용은 불순종에 관한 심판이다. 백성이 하나님의 율법을 지키지 않고 하나님의 종인 예언자들의 말을 듣지 않는다면(참조, 7:21~26), 하나님께서는 이 성전을 한때 실로에 서 있었던 성막처럼 황폐케 만들며(참조, 7:14) 백성은 예루살렘 성을 저주하게 될 것이라고 하셨다(참조, 24:9 주해).

b. 예레미야의 체포와 재판(26:7~15)

26:7~11 7~10장에서 예레미야는 그의 메시지에 대한 군중들의 반응을 기록하지 않았다. 성전에 있던 제사장들, 예언자들, 그리고 모든 백성이 예레미야의 말을 듣고 있다가 이야기가 끝나자마자 그를 붙잡아 죽여야 한다고 말했다. 예레미야가 당하게 된 고소의 죄명은 거짓 예언자라는 것인데, 그것은 그가 주의 이름으로 성전과 성이 황폐해져 버릴 것이라고 예언했기 때문이다. 그들은 그러한 예언은 결코 하나님으로부터 온 것이 아니라고 믿었다.

예레미야는 그가 당하게 된 고소로 법정 재판에 회부되었다. 그래서 유다의 방백들(사림[שָׂרִים], 직역하면 '왕자들'이지만 왕의 최고 높은 측근들로 추측. 참조, 36:11~12)이 새 대문의 입구에서 소송건을 들었다. 성문은 지도자들이 앉아서 재판을 진행하며 공적인 사무를 보는 곳이었다(참조, 신 21:18~19; 룻 4:1~11; 렘 39:3). 군중들은 예레미야에게 사형 판결을 내려야 한다고 주장했다. 그의 죄목은 예루살렘에 대항하는 예언을 했다는 것이다.

26:12~15 예레미야는 세 가지 이유를 들어 자신을 변호했다. 첫째로 주님께서 자신을 보내 백성에게 그 메시지를 전하라고 하셨다는 사실을 말했다. 따라서 자기는 거짓 예언자가 아니라는 것이다. 둘째로 그의 메시지는 조건적인 것이기에, 만일 백성이 그들의 길을 돌이킨다면(참조, 3:12; 7:3) 하나님께서는 재앙을 일으키지 않을 것을 약속하셨다는 것이다. 그의 메시지는 오히려 예루살렘 성에 희망을 주고 있다. 셋째로 예레미야는 그들이 자기를 죽인다면 그들은 무고한 피를 흘리게 될 것이고, 하나님께

서 보시기에 무고한 자를 살해하는 죄를 짓는 결과를 초래할 것이라고 경고했다.

c. 예레미야의 구원(26:16~24)

26:16~19 사정을 듣고 난 후에 모든 백성과 함께 방백들은 종교적인 인사들(제사장들과 거짓 예언자들)이 아닌 예레미야의 편을 들어주었다. 그들은 예레미야에게 사형을 선고하지 않았으며, 어떤 장로들은 예언자 미가의 말(미 3:12)을 인용하면서 그 판결을 지원하기도 했다. 미가도 70년 전에 예루살렘 성과 성전을 향하여 비슷한 예언을 했으나, 히스기야는 미가를 죽이는 대신 그의 말을 청종하고 주의 은혜를 구했다. 하나님께서는 히스기야의 탄원에 미가를 통해 예언하셨던 재앙을 내리지 않으셨다. 마찬가지로 유다가 히스기야의 전례를 따르지 않는다면 재앙을 받게 될 것이다.

26:20~23 예레미야는 구원받을지라도 다른 예언자들은 그렇지 못했다. 그 당시 스마야의 아들 우리야라는 예언자가 있었는데, 그의 고향이 기럇여아림이라는 것 이외에 그에 대해서는 알려진 바가 없다. 그는 예레미야와 같은 내용들을 예언했다. 그러나 여호야김은 그 이야기를 듣고 그를 죽이려고 했다. 우리야는 왕의 음모를 사전에 알고 애굽으로 도망쳤다. 왕은 사람을 보내서 우리야를 애굽에서 끌어내어 유다로 데려오게 했다. 애굽에 내려간 자들은 악볼의 아들 엘라단이 인솔 책임을 맡았다. 엘라단은 예레미야가 두루마리 책을 낭독하는 것을 들은 방백들 중의 한 사람이었고(참조, 36:11~12), 그의 아버지 악볼은 전에 요시야의 방백이었

사반의 계보

사반

요시야 시대에 율법책을 발견함
(왕하 22:3~13)

아히감

요시야가
여선지자
훌다에게
두루마리 책을
보내어
입증하게 함.
(왕하 22:12~20)
예레미야는
보호하여 죽이지
못하도록 함.
(렘 26:24)

그마랴

여호야김에게
예레미야의
두루마리 책을
불사르지 말도록
간구함.
(렘 36:12, 25)

엘라사

예레미야의
편지를 바벨
론에 억류된
포로들에게
가져감.
(렘 29:1~3)

야아사냐

성전의
우상숭배에
참여함.
(겔 8:11~12)

그다랴

느부갓네살에
의해서
유다의 총독으로
임명됨.
(렘 39:14; 40:5)

미가야

시위대장에게
예레미야의
두루마리 책을
바룩이 낭독했다
고 알려줌.
(렘 36:11~25)

다(왕하 22:12~14). 우리야는 반역죄 판결을 받고 칼로 죽임을 당했다. 그는 수치스러운 매장을 당했는데, 그의 시체는 평민의 무덤 위에 던져졌다 (참조, 왕하 23:6).

26:24 사반의 아들 아히감은 백성이 예레미야를 죽이려 하는 것으로부터 그를 보호해 주었고 도움의 손길을 베풀었다. 사반의 가족은 유다의 마지막 해에 중요한 역할을 수행했다(참조, "사반의 계보" 도표). 사반은 요시야의 서기관으로서 요시야에게 율법의 발견에 관한 보고를 했던 인물이다(왕하 22:3~13). 사반은 적어도 네 명의 아들이 있었는데, 그중에 예레미야가 분명하게 언급한 아들은 세 명으로 아히감, 그마랴, 엘라사가 그들이다. 넷째 아들, 야아사냐는 가정의 골칫덩어리와 같았다. 성전 안에 있는 우상숭배자들 가운데 그가 포함되어 있다는 사실은 에스겔을 놀라게 했다(겔 8:11). 아히감의 아들 그다랴는 BC 586년 예루살렘이 멸망한 후에 느부갓네살에 의해서 유다의 통치자로 임명되었다.

2. 예루살렘에서 거짓 예언자들과의 충돌(27~28장)

a. 예레미야의 예언(27장)

(1) 사절들에게 주는 메시지(27:1~11)

27:1~7 27장의 사건들은 시드기야 통치 초기에 일어난 것들이다. 본문에는 난해한 문제가 있다. 대부분의 히브리어 사본에는 시드기야 대신에 여호야김의 이름(참조, KJV, NIV 난외주)으로 기록되어 있는 것이다. 그러나 이 본문은 여호야김 시대보다 시드기야 때에 쓰여졌다는 분명한 내

적인 증거가 있다. 시드기야는 3절과 12절에서 유다의 왕으로 임명되었고, 28장 1절은 27장의 내용이 그가 왕위에 있을 때 주어진 예언이라는 사실을 말해 주고 있다. 그런데 왜 대부분의 히브리어 사본에는 여호야김으로 기록이 되어 있을까? 그것은 후대에 서기관이 사본을 베껴쓸 때 일어난 실수로 보인다. 서기관이 27장 1절을 옮긴다는 것을 실수로 26장 1절을 다시 베낀 것이다. 그렇게 본다면, 70인역성경(이 성경에는 27장 1절이 빠져 있음)이 원래 사본의 본문을 간직하고 있다는 것을 알 수 있다. 만약 그렇지 않다면, 후대에 서기관이 의도적으로 27장 1절을 26장 1절과 같은 왕으로 바꾸어 썼을 수도 있을 것이다.

하나님께서 예레미야에게 명하기를 황소들을 매어 목에 채우는 것과 같은 멍에를 만들라고 하셨다. 그러고 나서 하나님은 시드기야를 만나기 위해 예루살렘에 온 사신들에게 말씀을 보냈다. 사신들은 에돔과 모압과 암몬으로부터 유다의 동쪽에서, 그리고 두로와 시돈과 페니키아 성들로부터 북쪽 지방에서까지 왔다. 이러한 대표들은 예루살렘에서 무엇을 하고 있었는가? 아마 그들은 거기서 연합해서 바벨론을 전복할 수 있는 가능성을 모의한 것 같다. 이러한 모임은 BC 593년의 5월과 8월 사이의 어느 시기에 있었다(참조, 28:1). 바벨론 역대기에는 연초가 지난 다음에 반란이 바벨론에서 발생했다고 기록되어 있다. 느부갓네살은 반란의 발생에 대처해야만 했다. 확실히 바벨론 내에 그러한 불안한 사건들 때문에 속국들이 바벨론의 지배의 멍에를 떨쳐 버릴 수 있는 기회가 생겨났다.

예레미야의 공개적인 선언으로 대표자들은 그들이 모임의 비밀을 유지할 수 있을 거라는 희망이 수포로 돌아가게 된 것을 알아챘다. 하나님의 메시지는, 그분께서 땅을 만드시고 그 위에 모든 생물을 살게 하셨기 때문에 그분께서 원하시는 모든 자들에게 그 땅을 주실 수 있다는 것이다. 그래서 모든 열방들을 정복하도록 하나님께서 선택한 자가 바로 바벨론의 왕 느부갓네살이었다. 하나님께서는 모든 열방이 심판의 때가 올 때까지 바벨론을 섬기게 될 것이라고 선언하셨다. 바로 그 일이 달성된 이후에서야 다른 열방들이 바벨론을 정복할 수 있을 것이다.

27:8~11 느부갓네살에게 하나님의 분명한 약속이 있었다는 것을 알고 있었기 때문에, 예레미야는 사절들에게 반란을 일으키지 말도록 경고했다. 즉 바벨론의 지배 아래 고개 숙이기를 거절하는 어떤 족속도 하나님께서 내리시는 칼, 기근, 그리고 재앙의 벌을 받게 될 것이라고 했다(참조, 13절; 14:12 주해). 27장에서의 세 번의 경고 중 첫째로, 예레미야는 거짓 예언자들의 말을 듣지 말도록 권고했다(참조, 14, 16절). 예레미야가 8~11절에서 이방 민족 대표들이 말하는 것을 들었기 때문에 그들이 해답을 얻곤 했던 복술가(콰삼[קָסַם]. 참조, 29:8; 신 18:10 주해)의 말을 듣지 말도록 경고했던 것이다. 이런 거짓 종교 지도자들은 거짓을 말하면서 바벨론에 반란을 일으킨다면 성공할 것이라고 약속했다. 그러나 하나님께서는 반란을 일으키는 민족들을 제하겠다고 말씀하셨다. 바벨론의 권위에 복종하는 민족들만이 자신들의 땅에 남아 있도록 허락할 것이라고 말씀하셨다.

(2) 시드기야에게 주는 메시지

27:12~15 예레미야는 같은 메시지를 시드기야에게 전했다. 메시지는 두 부분으로 구성되어 있다. 첫 부분은 시드기야에 대한 하나님의 명령으로, 그의 목이 바벨론의 멍에 아래 굽어질 것이며 속국의 왕으로 계속해서 바벨론을 섬기게 될 것이라는 예언이었다. 그가 바벨론을 섬기기를 거

절한다면 하나님께서 말씀하신 심판이 유다에 임하게 될 것이라고 위협하셨다. 메시지의 둘째 부분은 그 거짓 예언자들을 믿지 말라는 경고였다. 그들이 예고하는 승리는 거짓 예언으로서 하나님께서 그들을 보내지 않으셨다는 것이다.

(3) 제사장들과 백성들에게 주는 메시지

27:16~22 예레미야는 그의 메시지를 제사장과 백성에게 전하고 있다. 예레미야는 그들에게 거짓 예언자의 말을 듣지 말도록 경고하고 있다. 이 거짓 예언자는 바벨론으로 가져간 여호와의 성전의 기구들(참조, 왕하 24:13; 단 1:1~2)이 곧 되돌아올 것이라고 예언하고 있었다. 실제로는 여호야긴이 유배를 떠날 때 가져갔던 여호와의 성전의 기구들(왕궁에 있던 기구들과 함께)은 하나님의 심판이 끝날 때까지 바벨론에 남아 있다가 심판 이후에 다시 가져오게 되었다(참조, 왕하 25:13~17; 스 1:7~11).

b. 하나냐의 반대(28장)

(1) 예레미야와 하나냐의 논쟁(28:1~11)

28:1~4 28장은 27장 내용의 연장선 상에 있다. 예레미야가 그의 메시지를 발표한 특정 시기는 기록되어 있지 않지만(참조, 27:1), 그의 반대자가 말했던 정확한 연도와 달은 기록되어 있다. 이 때는 시드기야가 즉위한 지 4년 5개월이 된 BC 593년 8~9월이었다. 예레미야는 나중에 일어날 사건들을 내다보면서 날짜에 유념하고 있었다(참조, 17절).

예레미야의 메시지는 앗술의 아들 하나냐에 의해서 도전을 받았다. 하나냐는 에스겔에 의해서 비난을 받은 '앗술의 아들 야아사냐'와 형제일 것이다(겔 11:1~3). 하나냐는 예루살렘에서 북서쪽으로 10킬로미터 정도 떨어진 기브온에서 출생했다. 기브온은 요시야가 제사장들에게 할당해 준 성읍이다(참조, 수 21:17~18). 아마도 예레미야와 같이 하나냐도 제사장 출신 가문일 것이다.

하나냐의 메시지는 예레미야의 예언과 정확히 반대였다. 그는 하나님께서 바벨론의 억압의 멍에에서 벗어나게 해 주실 것을 약속하셨다고 주장했다. 그래서 하나냐는 유다와 열방들을 설득해서 바벨론에 굴복하는 것이 아니라 저항하도록 설득했다(참조, 27:2, 8, 11~12, 17). 그리고 그 반란은 성공할 것이라고 약속했다. 하나냐는 2년 내에 하나님께서 여호와의 성전의 모든 물건들을 유다로 다시 가져오게 될 것으로 약속하셨다고 예언했다(참조, 27:16~22). 더불어서 여호야긴과 다른 포로들까지도 같이 올 것이라고 말했다.

28:5~11 이 두 예언자는 서로 상반된 예언을 했으며 각자 서로 그 메시지가 하나님으로부터 온 것이라고 주장했다. 비록 예레미야가 여호와께서 하나냐의 예언들을 성취되게 해 주시기를 원했음에도 불구하고 하나냐의 예언은 거짓이었다. 예언자들에 대한 최종적인 시험은 그들의 예언이 성취되었느냐가 관건이었다. 예언자의 예언이 성취될 때만이 비로소 하나님께서 보내신 예언자로 인정을 받았다(참조, 신 18:20~22). 하나냐와 예레미야 둘 중 누가 거짓 예언자인가는 시간이 증명해 줄 것이었다.

백성들에게 자기 말이 옳다는 것을 증명하기 위해서 하나냐는 예레미야의 목에 채운 멍에를 풀어(참조, 27:2) 그것을 꺾어 버렸다. 이것은 하나님께서 2년 안에 느부갓네살의 멍에를 꺾어 버리실 것을 극적이며 구체적으로 보여 주는 행위이다. 예레미야는 하나냐의 공개적인 모욕에 대항하지 않고 자신의 방식을 따랐다.

(2) 하나냐에게 주는 예레미야의 메시지(28:12~17)

28:12~14 하나냐가 예레미야의 멍에를 꺾은 후에 곧 하나님의 말씀이 예레미야에게 임했다. 하나님의 메시지는 하나냐의 행동을 다가오는 심판의 가혹함을 보여 주는 예시로 사용하셨다. 하나냐는 나무로 만든 멍에를 꺾었지만, 하나님은 더 이상 깰 수 없는 쇠 멍에로 대체하셨다. 상징적인 언어인 이 쇠 멍에는 느부갓네살을 억지로 섬기도록 하기 위해서 예루살렘에 모인 모든 열방들(27:3)의 목을 조이게 될 것이다.

28:15~17 하나냐의 예언에 대답한 후에(12~14절) 예레미야는 예언자로서의 하나냐의 자격을 공격했다. 하나님께서 하나냐를 그분의 대변인으로 보내지 않으셨으나, 하나냐는 자신의 달변으로 유다 백성에게 거짓말을 믿도록 설득했던 것이다. 그래서 하나냐에 대한 심판으로서(그리고 예레미야가 진정한 하나님의 예언자라는 증거로서) 하나님께서 하나냐를 땅의 표면에서 제하여 버리겠다고 말씀하셨다. 그의 죽음은 그가 거짓 예언자라는 사실을 폭로할 것이다. 그리고 예레미야는 이 심판이 하나님께서 내리신 것임을 강조하기 위해 하나냐의 죽음이 금년에 있을 것이라고 예언했다. 그때가 5월이었는데(1절), 7개월 이내에 하나냐가 죽을 것이라는 이야기이다. 이것이 예레미야가 1절에서 정확한 달을 서술하는 데 유념한 이유였다. 하나님의 말씀은 성취되었고 예레미야의 예언이 있은 지 두 달도 채 못 된 7월에 하나냐는 죽음에 이르렀다. 하나님께서는 그의 진실한 예언자 예레미야를 옹호하셨고 거짓 예언자 하나냐를 심판하셨다.

3. 포로 중에 있는 거짓 예언자들과의 논쟁(29장)

a. 포로 상태에 있는 자들에게 주는 예레미야의 첫 편지(29:1~23)

(1) 서론

29:1~3 예레미야는 본문에서 이 편지가 예루살렘에서 포로로 잡혀간 자들에게 보낸 것이라고 기록했다. 그리고 그 유배가 왕 여호야긴과 그 왕후를 제거한 사건과 관련이 있는 것으로 이해했다(참조, 왕하 24:8~17; 렘 13:18; 22:24~27; 단 1:1~2). 이 유배 사건은 BC 597년에 일어났고, 예레미야의 편지는 그 다음에 쓰여진 것이 틀림없다.

(2) 오랜 유배 생활에 대한 선언(29: 4~14)

29:4~9 포로들에게 주신 하나님의 말씀은 그들이 바벨론에서 오랫동안 머무를 수 있는 준비를 해야 한다는 것이었다. 그들은 집을 짓고 정착할 수 있도록 해야 했다. 또한 그 기간 동안에 정원을 만들어 생활할 수 있어야 했다. 유다 백성의 삶은 평범하게 흘러갔다. 그들은 결혼해서 아들과 딸을 낳아야 했다. 그들은 바벨론이 빨리 패망하기를 바라는 것 대신 그곳의 평화와 번영을 간구하도록 권고받았다. 예레미야조차도 그들이 바벨론을 위해서 기도할 것이라고 말했다. 얼마 후에 곧 유다로 돌아온다고 예언한 예언자들과 술사들(참조, 27:9)은 거짓 예언을 했던 것이다. 그들은 하나님께서 보내신 자들이 아니었다.

29:10~14 포로들이 유다로 귀환할 시기는 70년 동안의 하나님의 심판이 끝났을 때 이루어질 것이다(참조, 25:11~12). 그때 하나님께서 그분의

은혜로운 약속을 이루어 포로들을 그들의 본토로 되돌려 보내실 것이다. 따라서 70년의 유배 생활은 하나님의 계획의 일환으로 유다 백성에게 희망과 미래를 주기 위한 것이다. 심판으로 포로된 자들이 전심으로 하나님을 찾는 데 자극을 받았다(참조, 단 9:2~3, 15~19). 그들이 하나님께로 돌아올 때 그분께서 흩으셨던 백성들을 모든 열방으로부터 다시 모아 그들의 땅으로 돌아오게 할 것이라고 하셨다. 유배의 더 큰 목적은 이스라엘이 하나님께 돌아오게 하는 데 있었던 것이다(참조, 신 30:1~10).

(3) 거짓 예언자들에 대한 경고(29:15~23)

29:15~19 유다 백성들은 예레미야의 메시지를 신뢰하지 않았는데, 바벨론에 있는 거짓 유대 예언자들의 메시지와 상반되기 때문이다. 분명히 그 거짓 예언자들은 예루살렘의 안전과 포로 중에 있는 자들의 신속한 복귀를 선포했다(참조, 28:2~4). 예레미야는 그들의 낙관적인 예견들을 무시하고 포로로 잡히지 않는 자들은 칼과 기근과 재앙을 당하게 될 것이라고 선언했다(참조, 14:12 주해). 그는 무화과 두 광주리에 대한 환상을 포로들에게 알려 주었다(참조, 24:1~2). 예루살렘에 남아 있는 자들은 마치 밖에 버려져 썩은 무화과와 같다고 했다. 백성은 하나님의 말씀의 경고를 듣지 않았기 때문에 심판을 받게 될 것이라고 했는데(참조, 24:8~9), 불행히도 포로들은 하나님의 경고의 말씀을 듣지 않았다.

29:20~23 예레미야는 바벨론에 거주한 거짓 예언자들의 지도자 급의 두 사람을 선정했다. 그들은 골라야의 아들 아합과 마아세야의 아들 시드기야였다. 그들에 관하여 알려진 바는 없지만, 그들은 백성에게 거짓 예언을 했고(21절), 이웃 부인들과 음행을 저질렀다(23절). 그들의 뻔뻔한 거

짓말과 좋지 못한 행위들로 벌을 받는 것은 마땅한 일이었다.

하나님께서는 거짓 예언자들을 심판하실 것을 선언하시고 그들을 느부갓네살에게 넘겨주셨다. 그들은 느부갓네살과 바벨론의 패망에 대한 예언을 했고(참조, 28:2), 느부갓네살은 그들의 반란에 대한 의견을 들었을 것이다. 그래서 포로들이 보는 앞에서 그들을 살해함으로써 반란 선동의 위험성을 구체적인 사례로 보여 주었다. 그들은 바벨론에서 가끔 사용되었던 처형의 한 형태인 불에 태워(콸라[קָלָה : 굽다) 죽임을 당했다(참조, 단 3:6, 11, 15, 17, 19~23). 그들을 불에 태워 죽인 사건은 나중에 포로들에 의해서 발생한 재앙의 원인이 된다. '재앙'이라는 단어는 어법상으로 발전한 것으로 보이는데, '재앙'이 '태워진'이라는 히브리어 단어와 유사하기 때문이다.

b. 포로들에게 주는 예레미야의 두 번째 편지(29:24~32)

(1) 예루살렘에 보낸 스마야의 편지의 보고

29:24~29 이야기 순서에 다소 혼란이 있어 보인다. 분명 앞에서(1~23절) 바벨론 포로들에게 보낸 첫 번째 편지를 이야기 하던 예레미야는 바벨론의 또 다른 예언자 스마야가 예루살렘에 있는 지도자들에게 쓴 편지로 화제를 전환한다. 그 편지는 예레미야를 처벌하도록 자극하는 내용이었다(25~28절). 그러나 그 편지를 읽은 예레미야는(29) 포로들에게 두 번째 편지를 썼다. 그는 거기서 스마야의 편지를 인용하며(24~28절) 거짓 예언자를 향한 하나님의 심판의 말씀을 전했다(29~32절).

스마야는 마아세야의 아들 스바냐에게 자신의 이름으로 편지를 보냈는데, 스바냐는 당시 성전을 책임 맡은 제사장으로 임명을 받은 사람이다. 스바냐는 바벨론에 거주한 거짓 예언자 시드기야의 형제일 것이다(그들의 부친인 마아세야도 같은 이름을 언급하고 있다. 참조, 21절). 스마야가 스바냐에게 권고하기를, 성전 내부 구역을 돌보는 자로서 예언자처럼 행동하는 미친 자(예레미야를 지칭함)를 나무 고랑과 쇠 고랑을 채우게 해야 한다는 것이다(참조, 20:1~3). 스마야는 스바냐가 예언자처럼 행세하는 예레미야를 처벌하지 않는 것이 못마땅했다. 그래서 그는 예레미야가 포로들에게 보낸 첫 번째 편지의 내용을 인용하면서 그것을 증거 삼아 예레미야가 징계를 받아야 한다고 했던 것이다. 그러나 스바냐는 예레미야를 공격는 대신에 스마야로부터 온 편지를 읽었다. 그때까지 스바냐는 예레미야의 예언자로서의 권위를 분명히 받아들이고 있었다. 스바냐는 나중에 시드기야를 위해서 두 번이나 예레미야와 상의를 하기도 했다(참조, 21:7; 37:3). 스바냐는 예루살렘이 함락된 후에 느부갓네살에게 잡혀 죽임을 당하게 된다(52:24~27).

(2) 스마야에 대한 비난

29:30~32 하나님의 보호 아래서 예레미야는 두 번째 메시지를 포로들에게 보냈다(참조, 1절). 이 편지는 스마야가 하나님의 예언자라고 주장한 것에 대한 하나님의 심판을 담고 있다. 하나님께서는 스마야와 그의 후손들까지 벌을 내리실 것이라고 하셨다. 게다가 스마야와 그의 가족 어느 누구도 하나님께서 백성을 위해서 베푸시겠다고 약속하신 복된 일을 보지 못할 것이라고 하셨다. 이 '복된 일'에 관해서는 30~33장에서 설명하고 있다. 스마야는 예루살렘에 있는 자들을 촉구해서 예레미야를 반대하게 함으로써 하나님께 반역하는 설교를 했다. 그러한 이유로 이러한 복된 일에 참여할 수 있는 권리를 박탈당한 것이다.

c. 이스라엘과 유다를 위한 미래의 위안(30~33장)

하나님께서 유다의 불순종을 심판으로 위협하셨다. 그러나 유다는 가던 길을 변경하기를 거부함으로써 역사의 마지막 무대가 연출되기 직전의 상황까지 치달았다. 그런데 이 슬픈 고통의 장면이 펼쳐지기 직전에 예레미야는 절망의 시대에 소망을 불어넣기 위한 예언들을 모아 놓은 '위로의 책'을 중간에 삽입했다. 이 예언들은 임박한 유다의 붕괴 너머를 바라보며 새로운 시대를 가리키고 있다. 그때는 이스라엘과 유다가 그들의 땅으로 돌아와 한 국가로 통일하고 그들의 하나님을 되찾게 될 것이다.

C. 이스라엘과 유다를 위한 미래의 위안(30~33장)

1. 이스라엘과 유다의 회복에 대한 선언(30~31장)

a. 민족의 물리적 회복(30:1~11)

(1) 민족이 회복되어 돌아옴

30:1~3 하나님께서 예레미야에게 말씀하여 위로의 약속들을 기록하도록 하셨다. 하나님의 약속들은 예루살렘이 패망한 후에 포로가 될 유다 백성에게 유용할 것이라고 말씀하셨다. 이 말씀은 하나님께서 그의 백성을 회복시키실 날들이 올 것이라는 소망을 선포한 것이다. 예레미야가 사용한 '그날'은 중요한 의미를 가지고 있는데, 두 종류의 다른 시대를 서

술하고 있기 때문이다. 예레미야가 지적한 첫 시기는 파멸의 때로 하나님께서 예루살렘을 그들의 죄 때문에 심판하실 것을 말씀하고 있다(참조, 5:18; 7:32; 9:25; 19:6). 이 시기는 유다가 바벨론에 패할 때 이뤄졌다. 반면에 예레미야가 언급한 둘째 시기는 회복의 시기를 말하는 것으로서, 하나님께서 유다와 이스라엘 민족과 새로운 관계를 가지게 될 것이며 열방을 통해 그의 말씀을 성취하실 것이다(참조, 3:16, 18; 16:14; 23:5, 7, 20; 30:3, 24; 31:27, 29, 31, 33, 38; 33:14~16; 48:12, 47; 49:2, 39; 50:4, 20; 51:47, 52). 이때는 종말론적인 전망을 가지고 있다. 그때는 하나님이 신명기 30장 1~10절에서 약속하신 회복의 축복을 성취하실 때를 말한다. 그러나 모든 예언적인 요소가 다 그런 것처럼 '축소의 원리'를 명심해야 한다. 즉, 예레미야가 이런 모든 예언들의 시간적인 차이를 연속적인 사건들로 서술하고 있지만 그 예언들은 오랜 기간에 걸쳐서 성취될 것이다. 예를 들면, 메시아의 고난과 메시아 통치에 대한 예언들은 비록 두 개의 다른 그리스도의 강림을 서술하는 것이지만 항상 함께 언급한다(참조, 사 9:6~7; 61:1~2). 같은 방법으로 예레미야는 '바벨론 포로 이후 유다의 회복'과 '미래에 있을 유다의 회복'을 같은 구절 안에서 서술하고 있다. 따라서 '다가오는 때들'에 관한 예레미야의 다양한 예언들을 해석할 때는 신중해야 한다.

하나님의 첫 약속은 이스라엘과 유다 민족이 포로에서 돌아온다는 것이다. 하나님께서 그들에게 준 땅으로 돌아오도록 하시겠다고 약속하셨다(참조, 신 30:3~5). 남북의 왕국이 되돌아온다는 이 약속은 이 부분의 서론으로서 땅을 빼앗긴 자들에게 소망을 불어넣고 있다.

(2) 민족의 불행

30:4~7 이스라엘과 유다가 그들의 땅으로 되돌아오기 전에 그 민족에게 불행의 때가 있을 것이다. 그때에는 평화의 소리 대신에 두려움과 공포의 소리가 포로들 사이에서 들려올 것이다. 예레미야는 두려워하면서 허리를 움켜잡고 있는 남자들의 고통을 해산하는 여인으로 비교한다(참조, 4:31; 6:24; 13:21; 22:23; 49:24; 50:43). 다가올 재난은 너무도 무섭기 때문에 어떤 것도 그것과 비교할 수 없을 것이다. 예레미야는 그것을 고통의 때로 특징짓고 있다. 그러나 모든 것이 끝난 것은 아니다. 하나님께서는 그의 백성을 고통 가운데서 구하실 것이기 때문이다.

예레미야가 언급하고 있는 '고통의 때'는 무엇을 말하는 것일까? 혹자는 유다가 장차 바벨론에게 멸망하는 때를 가리키거나, 아니면 이후에 바벨론이 메데바사(페르시아)에게 멸망하는 때를 말하는 것이라고 지적한다. 그러나, 이 두 기간 동안에 북왕국 이스라엘은 침입을 받지 않았다. 이미 그때는 포로 상태에 들어가 있는 시기였다(BC 722년). 그보다는 예레미야가 언급하고 있는 미래의 고통의 시기로서, 이스라엘과 유다에 남은 자들이 과거의 어떤 때에도 맛보지 못한 핍박을 경험하게 될 시기를 말하는 것으로 보인다(단 9:27; 12:1; 마 24:15~22). 그 기간은 그리스도가 선택한 자를 구원하며(롬 11:26) 그의 왕국을 세우실 때 끝날 것이다(마 24:30~31; 25:31~46; 계 19:11~21; 20:4~6).

(3) 주님의 구원(30:8~11)

30:8~9 하나님께서 유다 민족을 구원하실 때 그들의 목에 채우셨던 멍에를 꺾으실 것이다. 이 구원은 거짓 예언자들이 예언한 때가 아니라(참조, 28:2, 10~11, 14) 하나님께서 종국에("그날에") 있을 것이라고 말

씀하신 그때에 이루어질 것이다. 유다는 이방 권세자들 대신에 다시 주님을 섬기게 될 것이다. 백성은 하나님께서 그들을 위해서 세우실 그들의 왕 다윗의 권위에 순종하게 될 것이다. 많은 학자들은 이것을 다윗 계열에서 출생하신 그리스도에 관한 예언이라고 보고 있다. 그러나 예레미야의 말을 문자 그대로 이해하지 말아야 할 특별한 이유는 없다(참조, 겔 34:23~24 주해). 다윗의 이름은 미래에 통일 왕국으로 회복할 것을 언급하는 구절 어디에서든지 언급되고 있다(참조, 겔 34:23~24; 37:24~25; 호 3:5).

30:10~11 회복에 대한 하나님의 약속은 이스라엘에게 소망을 주기 위함이다. 하나님께서 먼 곳에서부터 구원해 주신다고 약속을 하셨기 때문에 두려워하거나 실망할 필요가 없었다. 어떤 나라도 하나님이 그의 백성들에게 손을 뻗어서 구원할 수 없을 만큼 먼 곳에 있지 않을 것이다. 하나님께서 백성들을 그 땅으로 되돌아오게 하실 때 그들은 예레미야 시대에는 없었던 평화와 안전을 누리게 될 것이다(참조, 8:11). 하나님께서 이스라엘과 유다를 흩어지게 했던 나라들을 완전히 파괴하실 것이다. 하나님께서 이스라엘과 유다를 훈련시키는 동안에 그들에게 말씀하시기를, 결코 그들을 완전히 멸망시키지 않을 것이라고 하셨다. 어떤 심판도 공의에 따라 이뤄질 것이다(참조, 10:24; 46:28). 그래서 하나님의 선택된 백성에 대한 형벌은 지나치게 치명적인 것은 아닐 것이다.

b. 민족의 정신적인 치유(30:12~17)

(1) 이스라엘이 죄로 상처를 입음

30:12~15 이스라엘의 상태는 심각한 정도였다. 그들의 상처는 치유할
수 없는 것처럼 보였고(참조, 6:14 주해), 아무도 그들의 쓰라림을 치유해
줄 수 없었다. 그 민족이 큰 소망을 걸었던 동맹국들도 외면했다. 심지어
하나님조차도 그 민족을 원수처럼 공격하며 벌을 내리셨는데 그들이 죄
를 지었기 때문이다.

(2) 하나님께서 이스라엘의 상처를 치유해 주실 것이다.

30:16~17 이스라엘의 상태는 소망이 없는 것 같았다. 그러나 하나님께
서 그들의 불행을 정반대의 상태로 회복해 주실 것을 약속하셨다. 이스라
엘을 파멸시켰던 자들은 도리어 하나님으로부터 멸망을 당하게 될 것이
다. 하나님께서 이스라엘의 원수들을 포로로 만들고 이스라엘을 약탈하
려는 자들을 도리어 약탈하게 할 것이다. 또한 하나님께서는 이스라엘의
영적인 건강도 회복시켜 주실 것을 약속하셨다. 쫓겨난 백성도 치유해 주
실 것이다.

c. 민족의 물질적인 축복(30:18~22)

30:18~22 하나님의 회복에는 물리적인 재건도 포함될 것이다(유다의
운명이 회복됨. 참조, 32:44; 33:11, 26; 신 30:3). 예루살렘 성은 왕의 궁전
을 포함해서 파멸된 그 위에 다시 세워질 것이다. 바벨론에 의해서 잠잠해
진 즐거운 축제의 소리(참조, 7:34; 16:19; 25:10)가 다시 그 성에서 들리게

될 것이고, 하나님께서 이스라엘 민족을 안전하게 보호하심으로 그들이 번성할 것이다(참조, 신 30:5). 민족은 안전을 보장받고, 하나님께서는 그들을 억압하려는 자들에게 벌을 내리실 것이다.

이제 이스라엘의 지도자는 어떤 이방 군주가 아니라 그들 자신의 나라에서 다시 나올 것이다(참조, 30:9). 이 통치자는 주께서 그를 예배로 부르실 때에 하나님께 가까이 다가갈 것이다. 성과 거주민들, 그리고 그들의 통치자가 하나님께로 되돌아 올 미래의 어느 때에, 마침내 이스라엘은 하나님의 백성이요 그분은 그들의 하나님이라고 선포할 수 있을 것이다. 이러한 하나님과 이스라엘의 이상적인 관계가 구약성경에 종종 언급된다(참조, 레 26:12; 신 7:6; 26:16~19; 렘 7:23; 11:4; 24:7; 31:1, 33; 겔 11:20; 14:11; 34:30; 36:28; 37:23, 27; 호 2:23; 슥 8:8; 13:9). 이스라엘은 마침내 하나님께서 항상 바라셨던 관계를 경험하게 될 것이다.

d. 악한 자에 대한 심판(30:23~31:1)

30:23~24 예레미야는 23장 19~20절에서 언급한 단어들을 약간의 변화를 가하면서 반복하고 있다. 악한 자들이 하나님의 축복을 경험하기 전에 하나님께서 심판하실 것이다. 그분의 진노는 악한 자들에게 터뜨려질 것이다. 이러한 단어들이 23장 19~20절에서는 거짓 예언자들에게 적용되지만, 예레미야는 여기서 이스라엘을 반대하는 사악한 민족들에 대한 하나님의 심판을 언급하기 위해서 사용하고 있다(참조, 30:16~20). 유다에게 퍼부으셨던 통렬한 진노는 땅 위에 있는 다른 민족들에게까지 미치고 나서야 비로소 더 이상 반복되지 않을 것이다.

31:1 이 구절은 30장 23~34절에 기록된 내용과 연결되어야 한다. 지상에 대한 하나님의 심판의 결과를 설명하고 있으며 이후에 다가올 민족의 회복에 대한 부분을 소개하고 있다. 하나님께서는 세상의 죄 때문에 세상을 다 심판할지라도 모든 이스라엘 백성은 구원하실 것이라고 약속하셨다. 유다의 족속이 아닌 모든 씨족들조차도 하나님의 백성으로서 인정을 받게 될 것이다(참조, 30:22).

e. 하나님께서 민족을 회복하심(31:2~40)

(1) 이스라엘 민족의 회복(31:2~22)

31:2~6 하나님께서 북왕국을 회복시켜 주실 것을 말씀하셨다. 칼(앗수르가 이스라엘을 파괴한 사실을 말하는 것으로 보인다)에서 살아남은 자들은 하나님께서 그들을 새로운 출애굽을 위해서 광야로 인도할 때 하나님의 은혜를 경험하게 될 것이다(참조, 16:14~15; 23:7~8; 호 2:14~15). 하나님께서 간섭하여 이스라엘 민족에게 휴식을 주실 때 그들의 오랜 포로 기간의 혼란이 드디어 종식될 것이다. 하나님께서 미래에 그 민족을 회복시키려는 동기는 그분의 끊임없는 사랑(아하바[אַהֲבָה])으로서, 그의 백성에게 자유롭게 그것을 부여해 주실 것이다(참조, 호 11:4; 14:4; 습 3:17). 더불어 그분의 자비(헤세드[חֶסֶד]. 참조, 9:24; 32:18; 애 3:32; 단 9:4) 때문이었다. 하나님께서는 아브라함과 언약을 맺고(창 15:7~21) 이스라엘 민족과도 언약을 맺으셨으며(출 19:3~8; 레 26장; 신 28:1~30:10), 그분의 언약을 신실하게 이행하실 것을 맹세하셨다. 따라서 이스라엘은 하나님의 축복의 경험을 기대할 수 있을 것이다.

예레미야는 하나님께서 이스라엘을 회복시키실 것을 암시하고 있는 세 가지 단어를 서술하고 있다. 첫째로 새로워진 기쁨의 시기가 있을 것인데, 이스라엘은 다시 소고를 들고 기쁘게 춤을 추게 될 때가 있다는 것이다. 포로 생활이 끝날 때 슬픔의 시기는 끝날 것이다(참조, 시 137:1~4; 렘 16:8~9; 25:10~11). 둘째로 백성들이 사마리아의 언덕에 포도밭을 일굴 수 있는 평화와 번영의 때가 있을 것이다. 외부의 위협에서 자유로워진 그들은 과실을 만끽할 수 있을 것이다(참조, 레 26:16; 신 28:33; 미 4:4; 슥 3:9~10). 셋째로 주께 대한 새로운 언약의 때가 있을 것이다. 에브라임 산 위에서 서 있는 파수꾼은 백성을 모아 주께 예배하기 위해서 시온으로 올라가게 할 것이다.

31:7~9 하나님께서 회복을 이루실 때 기쁨의 노래가 동반될 것이고 하나님의 구원에 대한 백성의 찬양이 따를 것이다. 주께서 이스라엘 백성을 구하실 수 없을 만큼 먼 곳은 없을 것이다. 즉 하나님께서 그의 백성을 땅 끝 사방에서부터 모으실 것이다. 또한 주께서 이스라엘을 구원하시는 데 어느 누구도 소홀히 여김을 받지 않을 것이다. 하나님께서는 소경과 절뚝발이를 잉태한 여인들과 함께 돌아오게 할 것이다. 하나님께서 이 백성을 이끌어 이스라엘이 새로운 출애굽을 하게 하실 때 그들의 모든 필요를 채워 주실 것이다. 그들을 시냇가로 인도하실 것이고(참조, 출 15:22~25; 민 20:2~13; 시 23:2) 평탄한 길로 걷게 하심으로 넘어지지 않게 할 것이다. 하나님께서 이스라엘과의 특별한 관계로 인하여 이 모든 것을 행하실 것이다. 그분은 이스라엘의 아버지이시며(신 32:6), 에브라임(이 지역에 대한 언급은 이스라엘의 북쪽에 있는 부족들을 강조하고 있다)은 그의 장자이다(참조, 출 4:22). 예레미야는 부자 관계의 묘사를 사용하여 백성에 대한 하나님의 깊은 사랑을 나타냈다(참조, 호 11:1, 8).

31:10~14 이스라엘이 다시 모일 때(양 떼처럼. 참조, 23:3; 미 2:12; 5:4; 7:14) 새로운 하나님의 물질적 축복이 따르게 될 것이다. 그 땅으로 돌아오게 될 자들은 풍성한 곡식들(참조, 31:5)과 양 떼들로 기뻐하게 될 것이다. 예레미야는 이스라엘의 물질적 부요함을, 넘치도록 솟구치고 있는 샘물로 흡족하게 적셔 있는 동산으로 비유했다(참조, 신 30:5, 9). 풍성한 축복으로 그들은 기쁨과 안락함, 즐거움을 맛보게 될 것이다(참조, 31:4, 7).

31:15~20 민족의 미래의 소망은 현재의 불행과는 대조를 이룰 것이다. 라마에서 들려 오는 슬퍼하며 애곡하는 소리를, 예레미야는 마치 라헬이 그 자녀를 위해서 울고 있는 것처럼 묘사했다. 예레미야는 이 비유에서 무엇을 말하고자 했을까? 라마는 예루살렘에서 북쪽으로 약 8킬로미터 떨어져 있는 마을이고 라헬은 요셉과 베냐민의 어머니이다. 요셉은 에브라임과 므낫세의 아버지인데, 에브라임과 므낫세는 이스라엘 북왕국의 중요한 두 부족이 되었다. 따라서 예레미야는 BC 722년에 자식들이 포로로 잡혀가는 것을 보면서 울고 있는 북왕국의 여인들을 묘사하고 있는 것이다. 또한 라마는 느부갓네살의 추방을 위한 집결지였기 때문에 예레미야는 BC 586년 유다의 패망도 볼 수 있었다(참조, 40:1). 십중팔구 이 여인들은 그들의 자식들을 이제 다시 볼 수 없기 때문에 울고 있는 것이다. 이스라엘과 유다의 여인들이 포로로 잡혀간 자식들을 위해서 울고 있을 때 하나님께서는 위로의 말씀을 해주셨다. 그래서 그들은 자식들이 고향 땅으로 돌아올 것에 대한 미래의 소망을 가지게 되었다. 하나님께서는 꼭 그들이 되돌아오게 하실 것이다.

헤롯이 아기들을 살해하는 행위(마 2:17~18)가 15절의 성취의 의미를 가지고 있을까? 예레미야는 구약성경에서 아이들의 유배는 예루살렘 북쪽 마을로부터 있었다고 지적한다. 그러나 마태는 신약성경에서 예루살렘 남쪽 어떤 마을에 있었던 어린이들의 살육을 설명하기 위해서 이 구절을 사용하고 있다. 이 문제의 해결점은 마태가 사용한 '성취되었다'라는 단어에 달려 있다. 마태는 이 단어를 구약 예언의 실질적인 성취에 대한 기록을 위해서 사용했을 뿐 아니라(참조, 마 21:4~5; 슥 9:9) 구약성경의 어떤 사건이 완전히 성취되었다는 것을 언급하기 위해서 사용했다(참조, 마 3:15; 5:17). 즉, 마태는 그의 복음서(마 2:17~18)에서 베들레헴의 어머니들의 슬픔을 설명하기 위해서 예레미야 31장 15절을 인용하여 사용한 것이다. 자식들이 포로로 잡혀가고 있는 것을 지켜보고 있던 라마의 어머니들의 고통의 모습과, 베들레헴에서 죽은 아들의 시체를 가슴에 안고 요람을 흔들면서 울부짖고 있는 어머니들 모습에서 유사점을 발견할 수 있다.

예레미야는 이 부분을 이스라엘 백성이 그들의 땅으로 되돌아올 때 고백할 회개의 외침으로 기록하면서 마무리 짓고 있다. 이스라엘이 비록 방황하고 있지만(19절) 그것에 대해서 후회하게 될 것이다. 이스라엘이 그들의 하나님께로 되돌아왔을 때 자신들이 지은 죄 때문에 수치와 부끄러움을 느끼게 될 것이다. 그런데도 하나님께서는 정도를 벗어난 그들에게 긍휼을 베풀어 고향으로 돌아오게 하실 것이다(참조, 호 2:16~23).

31:21~22 하나님께서 길 표시판과 이정표를 세워 포로들이 바벨론으로 끌려간 다음에 되돌아올 길을 기억하도록 하셨다. 이스라엘 백성은 하나님께서 약속하신 회복의 기간 동안에 그들이 원하는 대로 성읍으로 돌아올 수 있게 될 것이다. 이렇게 약속된 회복의 때가 너무 특별하기 때문에, 마치 하나님께서 지상의 새로운 것을 창조하는 것 같다고 말한다. 새로운 사건은 "여자가 남자를 둘러 싸리라"(22절)라는 문장으로 표현된 것

같다. 이 구절은 예레미야서 가운데 이해하기 가장 난해한 부분인데, 하나의 가능한 해석은 여인이 어떤 남자를 찾거나 구혼할 것이라는 해석이다. 당시의 문화에서 여인이 남자에게 구혼을 한다는 것은 정상적인 모습은 아니었다. 이 구절은 어떤 평범하지 않은 상황을 가리키고 있다고 봐야 할 것이다. 즉 여기서 여인은 이스라엘을 가리키고 있는데(21절), 그들이 과거에는 신실하지 못했지만 장차 하나님을 남편으로 찾게 될 것이며, 그분과 연합되기를 요구할 것이라는 의미이다.

(2) 유다 민족의 회복

31:23~26 하나님께서 이스라엘 민족을 회복시키실 때, 유다의 운명도 달라지게 될 것이다. 유다 땅에 살고 있는 사람들은 다시 예루살렘(하나님의 의로운 거주)과 성역(성산. 참조, 시 2:6; 43:3; 사 66:20)에 대한 복을 기원하게 될 것이다. 그 땅에 다시 주민들을 거하게 할 것이고 그들의 필요를 채워 주실 것이다.

(3) 이스라엘과 유다의 새로운 관계 설정(31:27~40)

나머지 장들은 하나님께서 이스라엘 백성과 함께 세우실 새로운 관계에 초점을 맞춘다. 예레미야는 같은 히브리 문장을 세 곳에서 소개하면서 통일성을 갖추고 있다. 각 절은 '보라, 날이 이를 것이다'(힌네 야밈 바임 [הִנֵּה יָמִים בָּאִים], 27, 31, 38절. 참조, 33:14)로 시작하고 있다. 세 번째 구절에는 '이를 것이다'라는 단어가 생략되어 있는데, 예레미야가 독자들이 그 단어를 본 구절에 삽입할 것을 의도하고 생략한 것이 분명하다. 예레미야는 이 구절을 주님께서 백성들과 세 가지 측면에서 새로운 관계를 맺었다는 사실을 소개하기 위해 사용했다.

31:27~30 하나님께서 당신의 언약의 백성에게 새로운 시작을 약속하셨다. 하나님께서 새로운 시대에 이스라엘과 유다의 자손과 가축을 번성케 하실 것이다. 예레미야는 농업과 건축의 비유법을 사용하여 하나님의 사역을 설명한다(참조, 1:10 주해). 하나님께서는 유다의 죄 때문에 백성들을 심판하셨지만 이제 그 심판을 거두실 것이다.

이스라엘 민족을 위한 하나님의 사역은 예레미야 시대에 널리 알려져 있던 속담을 무색케 할 것이다(참조, 겔 18:2~4 주해). 예레미야 시대에 심판을 받은 자들은 조상들의 죄 때문에 하나님으로부터 정당치 못한 벌을 받았다고 생각했다. "아버지가 신 포도를 먹었으므로 아들들의 이가 시다"(29절)라는 속담은 하나님께서 의롭지 못하다는 것을 암시하고 있기에 잘못된 인용이다. 하나님의 공의는 조상의 죄가 아니라 각자의 죄로 심판을 받을 것을 확증한다.

31:31~37 새로운 시작에 덧붙여서 하나님께서는 그의 백성과 새 언약을 맺으실 것을 약속하셨다. 이 새 언약은 특별히 '이스라엘의 집'(북왕국)과 '유다의 집'(남왕국)을 위한 것이다. 이 언약은 출애굽 당시 하나님께서 이스라엘의 조상들과 맺은 언약은 이미 깨졌기 때문에 그것과는 전혀 다른 종류의 것이다(참조, 11:1~8). 하나님께서 언급하신 첫 언약은 출애굽기, 레위기, 민수기, 신명기의 모세의 언약으로서, 하나님께서는 율법을 범한 자들에게 경고하는 징계나 '저주'를 두 차례 선언하셨다(레 26장; 신 28장). 마지막 심판은 이스라엘 땅으로부터의 물리적인 추방이 있을 것이다. BC 586년에 예루살렘의 멸망으로 이 마지막 '저주'가 완성되었다. 하나님께서는 백성 앞에서 거룩한 행동의 표준을 세우셨다. 그러나 백성들의 죄로 얼룩진 마음 때문에 그 표준을 지킬 수 없었다. 그들은 변화가 필

요했다.

하나님의 새 언약은 율법의 내면화를 의미하는 것으로, 하나님께서는 그의 율법을 그들의 정신과 마음에 둘 것이며 돌 위에 새기시지 않을 것이다(출 34:1). 백성이 이미 하나님을 잘 알고 있기 때문에 새삼스럽게 그들을 권면해서 주님을 알도록 할 필요가 없을 것이다(참조, 사 11:9; 합 2:14). 하나님의 새 언약은 이스라엘에게 내적 능력을 주어 하나님의 의로운 기준에 순종하게 함으로써 축복을 누리게 할 것이다. 에스겔은 믿는 자들 위에 하나님께서 부여해 주신 성령으로 이러한 변화가 생겨났다고 말했다(참조, 겔 36:24~32). 구약시대에서는 성령이 모든 믿는 자들에게 보편적으로 거주하지 않았다. 따라서 새 언약의 독특한 특징 중 하나는 모든 믿는 자들에게 성령이 임재한다는 것이다(참조, 욜 2:28~32).

새 언약의 또 다른 특징은 하나님의 죄에 대한 대비일 것이다. 이스라엘 백성의 죄는 옛 언약의 저주의 결과였다. 그러나 새 언약의 주체이신 하나님은 이스라엘의 죄악됨을 용서하시고 더 이상 그들의 죄를 기억하지 않으실 것이다. 그렇다면 거룩하신 하나님께서 어떻게 죄를 눈감아 주실 수 있을까? 하나님은 죄를 '간과하지'는 않으셨다. 그 죄값은 대속자에 의해 지불될 것이다(참조, 사 53:4~6). 다락방에서 예수님은 당신께서 피를 흘리심으로 새 언약이 시작될 것이라고 하셨다(참조, 마 26:27~28; 눅 22:20). 하나님께서는 인간이 받아야 할 벌을 대속자가 대신 지불하게 하심으로써 죄를 용서하셨다. 이것이 새 언약의 중요한 한 요소가 되었다.

새 언약으로 인한 이스라엘의 영구성을 강조하기 위해 하나님께서는 이스라엘의 존재를 하늘과 땅에 비유하셨다. 즉 하나님께서 낮에 해가 뜨게 하시고 밤에 달과 별들이 비치게 하신 것처럼(참조, 창 1:14~19), 이스라엘을 당신의 선택된 민족으로 지정하셨다. 하나님께서 이스라엘이 하나의 국가가 되지 못하도록 할 수 있는 것은, 자연 법칙들이 세상에서 사라지게 할 수 있는 능력과 같은 것으로 우화적으로 표현했다. 우주를 창조하시기 위해서 발휘하신 하나님의 능력은 이스라엘을 한 국가로 보존케 하시는 능력이었다. 역사 가운데 사람들은 부질없이 이스라엘을 파괴시키려고 했으나, 어느 누구도 성취하지 못했으며 앞으로도 절대 그러지 못할 것이다.

교회는 새 언약과 어떤 관계를 갖게 되는가? 새 언약이 오늘날 교회에서 성취되고 있는가? 최종적으로 새 언약은 이스라엘이 하나님께로 되돌아 올 천년왕국 때 완전히 성취 될 것이다. 새 언약은 모세의 언약이 그랬던 것같이(32절) 이스라엘과 맺어진 것이었다(31:31, 33). 새 언약의 주요한 요소는 이스라엘을 한 국가로 보존한다는 것이다(35~37절). 이 새 언약의 궁극적인 성취가 그리스도의 천년통치에서 이루어질지라도, 오늘의 교회는 이미 그 언약의 열매에 동참하고 있는 것이다. 새 언약은 그리스도의 죽음으로부터 시작되었고(마 26:27~28; 눅 22:20), 그리스도와 연합된 교회는 이스라엘에게 약속하신 많은 영적인 축복(참조, 롬 11:11~27; 엡 2:11~22)을 새 언약에 포함해서 나누어 가지는 것이다(고후 3:6; 히 8:6~13; 9:15; 12:22~24). 그러나 교회가 새 언약에 참여하는 것이 사실일지라도 그것이 궁극적인 하나님의 약속의 성취는 아니다. 오늘날 신자들의 새 언약의 영적인 축복(죄의 용서와 성령의 임재)을 누린다는 사실이, 영적이고 물질적인 축복은 이스라엘에 의해 실현되지 않는다는 것을 의미하는 것은 아니다. 이스라엘이 그들의 죄를 깨닫고 용서해 주시는 메시아께로 돌아올 그날이 반드시 있을 것이다(슥 12:10~13:1). 그러나 몇몇 성경학자는 다른 견해를 주장하기도 한다. 그들은 새 언약(은혜의 언약)을 하나님께서 천년왕국 때 이스라엘에 적용하실 것으로 해석하며 오늘날의 교회는 그 언약의 은혜에 참여하고 있다고 말한다. 이 두 견해 모두 새 언약은 그리스도의 피를 통해 가능하다는 사실을 드러내고 있다.

31:38~40 하나님과 백성들 간의 새로운 관계의 세 번째 특징은, 하나님께서 백성들을 위해 '새 성'을 지을 것이라는 사실이다. 하나님과 백성의 관계를 상징하는 예루살렘 성은 바벨론에 의해 파괴되었다. 그러나 그 사건이 발생하기도 전에 하나님께서 성을 새로 지을 것이라고 약속하셨다. 하나넬의 망대는 성의 북동쪽 끝(참조, 느 3:1; 12:39; 슥 14:10)에 있고, 모퉁이 문은 아마도 성 북서쪽 끝에 위치했을 것이다(참조, 왕하 14:13; 대하 26:9; 슥 14:10). 따라서 앞으로 북쪽 벽이 복구될 것이다. 가렙 산과 고아의 위치는 알려져 있지 않지만 38절에서 북방 경계를 언급하고 40절에서 남방과 동방 경계를 언급하기 때문에, 가렙과 고아는 성의 서쪽 지역을 자세히 서술하고자 언급한 지명일 것이다. 가렙은 오늘날 시온 산으로 불리운 티로페온 골짜기의 서쪽 언덕일 것이다. 남서쪽과 남쪽의 경계는 시체와 재들이 펼쳐져 있는 골짜기일 것이다. 이곳이 바로 힌놈의 골짜기이다(참조, 7:30~34; 19:1~6). 동쪽 경계는 밭에서 기드론 시내까지였다. 그 경계는 그 성의 남동쪽 끝 위에 새워져 있는 마문 모퉁이까지다. 따라서 그 지역은 기드론 골짜기와 힌놈의 골짜기가 합쳐지는 곳이다.

하나님께서는 이 새 성의 두 가지 특성을 서술하셨다. 첫째로 그곳은 여호와의 거룩한 곳이 될 것이며(참조, 슥 14:20~21), 성과 그곳의 거주민들은 그들 가운데 거하실 하나님과 구별될 것이라고 하셨다(겔 48:35). 둘째로 그 성은 더 이상 뿌리가 뽑히거나 전복되지 않을 것이며, 전쟁으로 인한 파괴가 다시는 없을 것이라고 하셨다. 이 구절은 바벨론 포로 생활이 끝난 이후에 성취되지 않았다. 후기 포로시대 이후에도 거룩함이 예루살렘과 유다의 백성들의 주요한 특성이 아니었다는 분명한 증거가 있다(참조, 말 1:6~14). 그 성은 AD 70년 로마에 의해서 다시 파괴되었던 것이다. 이 약속들(31:31~40)은 미래 천년왕국에서 성취될 것을 기다리는 것이다.

2. 이스라엘과 유다의 회복을 설명함(32장)

a. 설명(32:1~12)

(1) 환경(32:1~5)

32:1~2 예레미야는 예언이 주어진 당대의 상황을 설명했다. 그만큼 메시지가 중요했기 때문이다. 때는 시드기야 10년, 곧 바벨론의 느부갓네살 통치 18년 째 되는 해였다. 시드기야 10년은 유다의 티쉬리역을 사용했을 때 BC 587년 10월 17일에 끝났다. 반면에 느부갓네살 18년은 바벨론 니산월로 BC 587년 4월 23일에 시작했다. 따라서 이 예언은 BC 587년 4월 23일과 10월 17일 사이 어떤 시기에 임했다고 볼 수 있다. 그때 바벨론은 예루살렘을 포위하고 있었고 포위 기간은 BC 588년 1월 15일부터 586년 7월 18일까지였으며, 예레미야는 체포되어서 궁중에 있는 시위대 뜰에 갇혀 있었다.

32:3~5 예레미야는 시드기야를 반역했다는 이유로 감금되었다. 예레미야는 느부갓네살이 예루살렘을 함락하고 유다 왕을 체포할 것이라고 예언했다. 예레미야는 시드기야가 느부갓네살에게 넘겨져 바벨론으로 보내

질 것이며, 바벨론에 대항하는 어떤 노력도 성공하지 못할 것이라고 예언했다. 그러나 그런 예언들은 바벨론의 공격에 저항하는 사람들에게 관심받지 못했다.

(2) 땅의 매매(32:6~12)

32:6~9 이러한 암울한 시기에 하나님께서 예레미야를 급하게 찾아오셨다. 그리고 예레미야의 숙부 살룸의 아들 하나멜이 예레미야를 찾아와 아나돗에 있는 자신의 밭을 사라고 요구할 것이라고 말씀하셨다. 하나멜은 모세의 율법을 따르고 있었는데, 모세의 율법에 의하면 어떤 친척이 어쩔 수 없이 팔아야 할 재산을 다른 친척이 그 값을 지불하면, 재산을 판 사람은 가족을 떠나지 않아도 되었다(레 25:25~28; 룻 4:1~6). 그런 이유로 하나멜은 예레미야에게 자신의 밭을 사는 것이 그의 권리이자 의무라고 말한 것이다. 하나멜은 성이 포위되고서 음식을 마련할 돈이 필요해 밭을 팔기로 한 것 같다. 아나돗 골짜기는 이미 바벨론 수중에 들어갔기 때문에 숙부의 밭을 구입한다는 것은 어리석은 짓이었다. 적의 수중으로 넘어간 땅을 누가 살 것인가? 그래서 하나님께서는 예레미야에게 사전에 하나멜이 올 것이라고 말씀하신 것이다. 그 말씀 가운데서 예레미야는 하나님의 손길을 인식하게 되었다.

하나멜이 찾아왔을 때 예레미야는 그 밭을 은 17세겔(약 7온스. 참조, NIV 난외주)에 구입했다. 일반적으로 이것은 밭 값으로는 싼 것이었다(참조, 창 23:12~16). 밭의 넓이는 알려지지 않았는데, 당시에는 그렇게 중요한 사안은 아니었다.

32:10~12 그 당시의 법적인 관행을 따라서 예레미야는 하나멜에게 돈

을 지불하기 전에 증서에 서명을 하고 인봉하여 증거로 삼았다. 판매증서를 두 부로 만들어 하나는 봉인하여 실이나 가는 밧줄에 묶은 다음 예레미야의 도장을 찍어 토기에 담아 줄에 매달아 놓았다. 나머지 하나는 인봉하지 않은 채 남겨 두어 나중에 검증할 수 있도록 했다. 예레미야는 이 두 증서를 자기의 서기관이며 친구인(참조, 36:4, 8, 26) 바룩에게 넘겨주었다.

b. 해설(32:13~15)

32:13~15 예레미야가 바룩에게 지시하여 문서들을 가져다 토기 속에 보관하라고 했다. 그 문서들은 오랫동안 보관을 해야만 했는데, 백성이 포로 생활에서 돌아와 그들의 땅의 권리를 주장할 때까지는 오랜 세월이 걸리기 때문이다. 예레미야가 땅을 사고 그 증서를 보관하는 목적은, 장차 그 땅에 있는 이스라엘 백성이 집과 밭, 포도원을 사게 될 것을 보여 주기 위함이다.

c. 예레미야의 기도(32:16~25)

(1) 하나님의 위대하심을 찬양함(32:16~23)

32:16~19 예레미야는 그 어떤 것으로도 비교할 수 없는 위대하고 위엄 있는 하나님의 특성에 초점을 맞추어 기도를 드렸다. 하나님께서 하늘과 땅을 창조하신 사실은 그 어떤 것도 그분에게 어려운 것이 없다는 것을 증명한다(참조, 27절). 그분은 전능하신 분이고 사랑과 정의의 하나님이시다. 많은 사람들에게 사랑(헤세드[חֶסֶד]). 참조, 9:24; 31:3)을 보여 주셨

지만, 반면에 죄를 벌하시는 분이기도 하다(참조, 출 20:5; 34:7; 민 14:18; 신 5:9~10). 어떤 것도 그분의 눈을 피할 수 없기 때문에 각자는 자기의 행함에 따라 공정하게 보상을 받게 될 것이다.

32:20~23 하나님의 특성은 이스라엘의 역사를 통해 나타나셨다. 출애 굽기에서부터(참조, 신 4:34; 26:8; 29:3; 34:11) 하나님의 이적과 기사가 이스라엘에게 계속적으로 나타났는데, 하나님께서는 이스라엘을 애굽으로부터 인도하셔서 그들에게 약속한 땅을 주심으로 신실한 사랑을 드러내셨다. 그러나 불행히도 이스라엘이 그 땅을 소유하게 되었을 때 그들은 하나님의 율법에 순종하고 따르기를 거부했다. 그래서 하나님과의 언약을 위반하게 되었고 하나님께서 그분의 권능과 공의를 나타내시어 저주의(적의 침입과 포로 생활을 포함한) 재앙을 그들에게 내리셨던 것이다(참조, 레 26:14~39; 신 28:15~68).

(2) 하나님의 약속에 놀라워함

32:24~25 하나님의 전능하신 특성과 행위들을 상기시킨 다음, 예레미야는 하나님의 사역들에 대한 계속된 놀라움을 나타냈다. 17~23절에서는, 예레미야가 하나님의 능력이 그의 백성을 회복시킬 수 있는지를 의심하고 있는 것처럼 보인다. 아마도 24~25절에서의 예레미야는, 하나님께서 그의 백성을 돌아오게 '하실 수 있는지'를 의심한 것이 아니라, 하나님께서 앞으로 '어떻게' 그것을 성취하실지에 대한 그의 아연한 심정을 표현했을 것이다.

바벨론의 포위망이 예루살렘을 중심으로 형성되었고, 성의 운명은 결정된 상태였다. 예루살렘은 바벨론 사람들에게 넘겨질 것이다(칼, 기근,

재앙. 참조, 36절; 14:12 주해). 그런데 하나님께서 그의 예언자들을 통해서 말씀하신 모든 것이 그대로 이뤄졌다. 바벨론 군대가 예루살렘을 돌무더기로 만들려고 하고 있을 때 하나님께서 예레미야에게 명하여 이미 바벨론의 수중에 들어간 밭을 사라고 하셨던 것이다(6~12절). 예레미야는 왜 하나님께서 언약을 맺으신 유다의 회복이 현재의 유다의 재앙과 연관되어 있는지를 당시에는 이해하지 못했다.

d. 주님의 대답(32:26~44)

(1) 예루살렘은 파괴될 것이다(32:26~35)

32:26~29 하나님께서 첫 번째로 자신의 특성을 상기시키면서 예레미야에게 응답하셨다. 예레미야가 언급한 바와 같이, 하나님께서는 능치 못한 일이 없으시다(참조, 17절). 예레미야는 비록 어떻게 성취될 것인지 잘 이해가 되지 않더라도 하나님 말씀을 신뢰했다. 느부갓네살은 정말로 예루살렘을 파괴했다. 그는 예루살렘에 불을 질러 태웠는데(참조, 21:10; 34:2, 22; 37:8, 10; 38:18, 23) 유다 백성이 우상을 섬겼기 때문이었다(참조, 19:13).

32:30~35 어린이들부터 모든 이스라엘과 유다 사람들은 죄로 물들어 있었다. 그들은 사악한 행동으로 하나님을 진노하시게 만들었다. 영적으로 유다 백성들은 하나님으로부터 등을 돌려 하나님 말씀을 듣기를 거절하며 규율에 응하기를 거부했다. 하나님의 성전은 가증스러운 우상으로 더럽혀졌으며(참조, 7:30; 겔 8:3~16), 힌놈의 골짜기는 그들의 아들과 딸들을 몰렉에게 제물로 바치는 도살장이 되었다(참조, 7:31~32; 19:5~6 주

해). 하나님께서는 예루살렘을 그들의 죄 때문에 파괴할 것이라고 하셨다.

(2) 예루살렘은 복구될 것이다(32:36~44)

32:36~41 예루살렘은 칼과 기근, 재앙으로 바벨론에게 넘어갔으나(참조, 24절; 14:12 주해), 그 재앙으로 하나님의 언약의 백성이 완전히 패망하지는 않을 것이다. 하나님께서는 절망 가운데서도 소망을 주셨다. 첫째로 유다 백성을 다시 모으실 것을 약속하셨다(참조, 겔 37:1~14). 하나님께서는 유배당한 모든 땅으로부터 그의 백성을 다시 모으실 것이며, 그들을 이스라엘 땅으로 되돌아오게 하여 안전하게 살아가게 하실 것이다(참조, 31:1~17). 둘째로 영원한 언약을 약속하셨다(참조, 31:31~34; 겔 36:24~32). 유다 백성이 그들의 땅으로 되돌아올 뿐만 아니라, 그들의 하나님도 다시 찾게 될 것이다. 유다는 그분의 백성이 되고, 그분은 유다의 하나님이 될 것이다(참조, 30:22 주해). 백성들은 한마음으로 주를 섬김으로써 하나님과 영원한 언약을 맺게 될 것이다. 이 '영원한 언약'은 '새 언약'과는 다른 용어로서(참조, 31:31~34 주해), 시간적인 기간을 강조하기 위해서 '영원한'이라고 불렀던 것이다. 그때 하나님께서는 그의 백성에게 선을 행하는 것을 멈추지 않을 것이며, 그들도 하나님으로부터 다시는 돌아서지 않을 것이다.

32:42~44 하나님께서 당신의 말씀을 지켜 이스라엘이 그들의 죄로 인하여 큰 재앙을 받게 하셨던 것(신 28:15~68)처럼, 그들에게 약속하신 번영을 신실하게 베풀어 주실 것이다(신 30:1~10). 따라서 밭을 구입한 예레미야의 행위는(32:1~15) 상징적인 행위였다. 하나님께서 이스라엘 백성의 재산을 복구해 주실 것이기 때문에, 밭은 이스라엘의 땅 어디서나 다시

은을 주고 매매가 이루어질 것을 보여 주는 것이다(참조, 30:18; 33:11, 26; 신 30:3).

3. 이스라엘과 유다의 복구가 재확인됨(33장)

33장은 '위로의 책'으로 결론 맺고 있다. 이 장은 구조적으로, 그리고 연대기적으로 32장과 연결된다. 예레미야 33장 1~13절은 축복에 대한 하나님의 약속을 계속 언급하면서 예루살렘에 닥쳐오는 파멸과 미래의 복구를 재확인하고 있다. 그런 후 하나님께서 다윗과 레위 제사장들과 했던 언약들을 재확인시켜 주셨다(14~26절).

a. 다가오는 심판과 미래의 복구(33:1~13)

(1) 심판(33:1~5)

33:1~3 33장은 예레미야가 아직 시위대 뜰에 갇혀 있기 때문에 32장의 메시지의 흐름을 따르고 있다(참조, 32:1~2). 하나님께서는 다시 한 번 예레미야에게 그의 능력과 특성을 강조하시면서 자신을 확인시키시고 있다. 그분은 땅을 창조하신 하나님이시다(참조, 32:17). 하나님께서는 주 (여호와)라는 표현이 자신의 이름이라는 것을 예레미야에게 계시하시면서 백성을 위해서 신실하게 언약을 지킬 것을 강조하셨다(참조, 32:18; 출 3:13~15). 예레미야는 어떻게 하나님께서 파멸된 운명에 놓여 있는 한 민족을 복구하실 것인지를 이해하지 못했다(참조, 32:24~25). 그래서 하나님께서는 그 예언자를 이해시키기 위해서 그를 부르셨다. 하나님께서는 크고 신비한 것을 그에게 지시함으로써 해답을 주시겠다고 약속하셨다.

'신비한'(נִבְצָרוֹת)이란 단어는 어떤 것을 지키거나 인봉한 것으로서 그것에 접근할 수 없는 것을 의미한다. 따라서 그 단어는 단단하게 방비된 성을 묘사할 때 사용하곤 했다(참조, 민 13:28; 신 3:5; 28:52; 겔 21:20). 미래에 대한 하나님의 계획은 일반적인 사람들에게는 접근하기가 어려운 것이다. 오직 하나님만이 미래의 비밀을 열어 놓으실 수 있는데, 바로 그 지식을 예레미야에게 알려 주셨던 것이다. 하나님께서 이스라엘의 미래에 대해서 보통의 예언자들이 알지도, 이해할 수도 없는 것들을 예레미야에게 보여 주셨다.

33:4~5 첫 계시는 임박한 예루살렘의 멸망에 초점을 맞추고 있다. 바벨론의 공성진이 예루살렘 외곽의 방어진을 뚫고 통과했을 때, 이 포위망에 대항하기 위해 왕궁과 함께 예루살렘의 집들을 허물어 나무와 돌로 성벽을 쌓았다. 이러한 열성적인 노력의 의도는 바벨론의 군사들(칼)이 벽을 허물고 성 안으로 침입해서 들어오지 못하게 하기 위함이다.

하나님께서는 예루살렘의 방어를 위한 이스라엘의 허약한 노력은 소용없을 것이라고 말씀하신다. 부분적으로 파손된 집들은 바벨론 사람들에 의해 살해당한 시체들로 채워질 것이며, 하나님께서는 이러한 파멸로부터 그 성을 구하시지 않고 그 성으로부터 얼굴을 돌리실 것이라고 하셨다(참조, 18:17; 겔 4:1~3). 예루살렘은 자체의 사악함으로 파괴될 것이다.

(2) 회복(33:6~13)

33:6~9 하나님의 심판과 축복에 대한 모순적인 예언들을 이해하기 위한 비결은, 심판은 단지 일시적일 것이라는 사실을 깨닫는 것이다. 심판이 있은 지 얼마 후, 하나님께서 그 성과 백성에게 건강과 치유함을 주실 것

이다. 하나님께서는 예레미야에게 축복의 세 가지 요소들을 말씀하셨다. 첫째로 땅이 회복될 것이다(참조, 31:8~11; 32:37). 즉 하나님께서 유다와 이스라엘을 포로 상태에서 되돌아오게 하실 것이라고 하셨다. 둘째로는 그들이 주께로 되돌아온다는 것이다(참조, 31:31~34; 32:38~40). 그래서 하나님은 백성을 그들의 모든 죄로부터 청결케 하실 것이며 그들의 거역을 용서해 주실 것이다. 셋째로 열방들 가운데서 그들을 특별히 영광스러운 위치로 회복시킬 것이라고 하셨다(참조, 31:10~14). 즉, 예루살렘은 세계 열방 앞에서 하나님께 명성, 기쁨, 찬양 그리고 영예를 가져다 주게 될 것이다. 열방들은 두려워 떨며 하나님께서 그의 백성에게 베풀어 주실 풍요한 번영과 평화(참조, 6절)에 놀랄 것이다.

33:10~13 하나님께서 이스라엘의 현재 심판과 미래의 축복 사이의 대조점을 설명하시면서 앞으로 일어날 두 종류의 변화를 묘사하고 있다. 하나님께서는 비슷한 어구(10, 12절)인 "여호와께서(참조, 12절, "만군의 여호와께서") 이와 같이 말씀하시니라"로 시작하면서 강조하셨다. 각각의 묘사에는 예레미야 당시의 상황과 비슷한 점들을 발견할 수가 있다(참조, 10, 12절). 예루살렘은 사람도 집들도 없이 황폐한 상태였다(참조, 32:43). 아직 포위 상태에 있다 하더라도 예루살렘의 멸망이 분명하기 때문에 하나님께서는 이미 멸망한 것처럼 묘사하셨다. 이 시점에서 다시 두 묘사구가 바뀐다. 10~11절에서 하나님께서 예루살렘과 유다에 되돌아올 기쁨과 즐거움을 설명하였으며, 12~13절에서 다시 유다에 가져올 평화와 번영을 설명했다.

바벨론에 의해 파괴된 후에 황폐한 예루살렘 거리들(참조, 애 1:1~4)은 다시 기쁨과 즐거움의 소리로 가득 차게 될 것이다. 이 기쁨의 소리는 결혼식의 신랑과 신부의 목소리로 상징될 것이며(참조, 7:34; 16:9; 25:10) 예배자들이 주의 전에 감사의 제물을 드리는 목소리로 나타날 것이다(참조, 시 100:1~2, 4). 예레미야에 의해서 기록된 예배자들이 불렀던 노래들은 몇 개의 시편의 문구들과 유사하다(참조, 시 100:4~5; 106:1; 107:1; 136:1~3). 이 기쁨은 하나님께서 유다의 재산을 회복하실 때 찾아올 것이다(참조, 30:18; 32:44; 33:26; 신 30:3).

바벨론에 의해 파괴되었던 유다의 성읍들도 평화와 번영을 경험하게 될 것이다. 하나님은 다시 양무리에게 안전한 초목을 제공해 주실 것이다. 이 평화는 예루살렘을 기준으로 동쪽으로는 유다의 성읍까지, 서쪽으로 평지 성읍들까지, 남쪽으로 네겝까지, 그리고 북쪽으로 베냐민의 영토까지 미치게 될 것이다(참조, 17:26).

그 땅 각처에서는, 마치 목자들이 빠진 양 떼가 있는지 확인하기 위해서 일일이 세어 보는 것처럼, 많은 양 떼가 계수하는 자의 보호 아래서 돌아다니게 될 것이다. 예레미야는 양치기와 양을 비유적 의미로 사용하면서 이스라엘 지도자들과 그의 백성을 언급했다. 그는 이미 지도자들을 목자로 비유했고(참조, 3:15 주해) 복구된 민족을 다시 모아진 양 떼로 비유했었다(참조, 23:3; 31:10). 또한 상징적인 단어를 사용하여 다윗으로부터 나온 의로운 가지에 대한 메시지를 소개하고 있다(23:1~6). 그 메시지가 바로 14~26절까지의 주제이다.

b. 다윗과 레위 제사장들과의 언약(33:14~26)

(1) 언약(33:14~18)

33:14~16 이 장의 두 번째 부분은 '때가 차고 있다'라는 말로 소개되고

있다. 예레미야는 이 어구를 본서에서 열여섯 번이나 사용하고 있다. 이 어구는 유다와 주위 열방들에게 파멸의 위기가 다가오고 있다는 것을 알리는 부정적인 의미로 일곱 번 사용되었다(참조, 7:32; 9:25; 19:6; 48:12; 49:2; 51:47, 52). 그런데 나머지 아홉 번은 이스라엘의 미래에 다가올 축복의 때를 말할 때 사용한다. 그중 첫째는 민족이 포로 상태에서 원래 상태로 복구될 때(16:14~15; 23:7~8; 30:3), 둘째는 다윗의 의의 가지가 통일된 국가를 통치할 때(23:5~6; 33:14~15), 셋째는 민족이 그 땅에서 평화와 번영을 누릴 때(31:27~28; 33:14, 16), 넷째는 죄를 정결케 하는 새 언약이 효과를 나타낼 때(31:31~34), 다섯째는 예루살렘 성이 파괴되지 않을 성전으로 다시 세워질 그때(31:38~40)를 말하고 있다. 이런 약속들은 이스라엘이 오랜 역사를 통해서 경험하고 있는 고난의 역사를 초월한 것이다. 그런데 이 약속의 성취는 메시아의 왕국이 세워질 천년왕국에 가서야 이루어질 것이다. 이 때가 바로 하나님께서 이스라엘과 유다와 맺었던 은혜로운 약속을 성취하실 때일 것이다.

이러한 성취의 첫 번째 형태로 왕정의 회복이 있을 것이다(참조, 23:5). 다윗 가문에서 나올 의로운 가지는 국가를 지배하는 왕으로서 통치하게 될 것이다. 이것은 다윗의 후손이며 왕권을 약속 받으신 예수 그리스도에 관한 예언이다(참조, 눅 1:31~33).

이 약속의 성취에 대한 두 번째 측면은 하나님께서 거주하시는 곳인 예루살렘의 회복이 있을 것이라는 사실이다. 바벨론에 의해서 멸망하게 될 그 성(33:4~5)은 미래의 어느 때 안전하게 재건될 것이다. 이 구절이 23장 6절에서도 나타나고 있지만, 예레미야는 여기서 중요한 변화를 가져옴으로써 새로운 의미를 부여하고 있다. 23장 6절에서 예레미야는 "여호와 우리의 공의"이신 메시아의 사역을 통해서 이스라엘과 유다의 안전을 묘사하고 있다. 그러나 예레미야는 '이스라엘'을 '예루살렘'으로 바꾸며, 대명사 '그'를 '그것'(라[חָהּ : 그녀에게])으로 바꾸어서, 주님은 우리의 공의라는 표제를 메시아에게 적용시킨 것이 아니라 예루살렘 성에 적용시켰다. 주께서 거하실 그 성을 주님 그 자신과 같은 개념으로 봤기 때문이다(참조, 겔 48:35).

하나님께서 다윗 왕의 가계(15절)와 종교적인 요소들을 회복시키셨다는 것을 예레미야가 언급하는 것에는 중요한 의미가 있다. 두 가지 요소는 하나님의 언약의 공동체로서 이스라엘의 생존의 원동력이 되기 때문이다.

33:17~18 두 요소의 중요성을 강조하기 위해서 하나님께서는 그의 언약을 다윗의 가문과 레위 제사장들을 언급하면서 다시 되풀이하신다. 하나님께서 언급하신 첫 언약은 다윗과 맺은 언약이다(참조, 삼하 7:8~16; 대상 17:4~14). 하나님께서 다윗 가문에서 한 사람이 나와 이스라엘의 왕위에 오르게 될 것이라고 약속하셨다. 몇몇 학자들은 이 약속이 옳지 않다고 주장했는데, 왕위가 BC 586년에 예루살렘이 함락될 때 끝나기 때문이라는 것이다. 그러나 하나님께서는 붕괴되지 않은 왕정을 약속하신 것이 아니라, 나라가 다시 건설될 때 그 왕위에 앉아 있을 수 있는 자격 있는 자로서 끊기지 않을 다윗의 후손을 약속하셨던 것이다. 즉, 다윗의 계통은 의로운 가지가 그의 왕권을 선포할 때까지 끊기지 않을 것이다(참조, 눅 1:31~33). 예수님은 그의 법적인 가문인 요셉과 그의 육체적인 혈통인 마리아를 통해서 다윗의 계보가 소급되는 분이다. 즉 마태와 누가의 계보는 하나님께서 그 약속을 성취하신 사실을 보여 주고 있다(마 1:1~16; 눅 3:23~31).

두 번째 언약은 레위인들로 구성된 제사장들과 하셨다. 하나님께서 그들과 맺은 언약의 내용은 레위인들이 그분께 반드시 번제, 소제, 희생제물을 드리는 자들이 된다는 것이다. 다시는 희생제물이 끊기지 않을 것이라고 약속하셨다. 그런데 그 희생제물은 BC 586년에 잠시 끝이 났다가 BC 537년에 다시 회복한다(참조, 스 3:1~6). 여기에서의 약속은 레위 제사장직이 소멸되지 않을 것이라는 점이다. 그리고 하나님께서는 비느하스와 했던 약속을 다시 언급하셨다(민 25:12~13). 다시 말해 왕정도 제사장직도 폐지되지 않을 것이라는 것이다.

(2) 확인(33:19~26)

하나님께서 두 번의 확언을 주심으로 그의 언약의 약속들을 지키실 것을 약속하셨다. 모든 확언을 같은 어구로 시작했으며("여호와의 말씀이 예레미야에게 임하니라". 19, 23절), 이 약속의 영속성을 설명하기 위해서 하나님께서 언급하신 '주야의 언약'이라는 어구를 여기에 사용하고 있다 (20, 25절. 참조, 31:35~37).

33:19~22 만일 낮과 밤에 했던 하나님의 언약을 깰 수 있는 사람이 있다면 그는 다윗과 맺은 하나님의 언약도, 제사장들인 레위인들과 맺었던 언약도 깰 수가 있을 것이다. 즉, 이런 무리들과 맺었던 하나님의 언약은 우주의 자연 질서와 같이 불변한 것이다. 그것은 사람들이 죽는 것으로 단순히 폐지될 수 없을 것이다. '언약'(베리트[בְּרִית])이란 단어는 개인이나 당사자들 사이를 특별한 관계성이나 행동의 과정으로 묶는 데 동의하거나 협정하는 것을 말한다. 하나님께서 다윗의 왕가(삼하 7:8~16)와 비느하스의 제사장직 가문(민 25:12~13)을 보존하실 것을 약속하셨으며 그의

맹세를 깨뜨리지 않으실 것이라고 하셨다. 정말로 하나님께서는 그 후손들이 뭇별과 모래같이 셀 수 없을 정도로 번성케 함으로써 양 가문을 축복하실 것을 약속하셨다.

33:23~26 하나님의 두 번째 확언이(참조, 19~22절) 외부의 의심과 비난으로 인하여 예레미야에게 임했다. 문제를 제기한 무리들은 이스라엘 사람인지, 혹은 이스라엘의 이방 이웃들로 의심이 가는 자들인지 분명치 않다. 그들이 누구든지간에, '이 무리들'은 하나님께서 두 왕국들(미슈파후트[מִשְׁפָּחוֹת : 혈족들, 종족들])을 물리치셨기 때문에 더 이상 그들을 한 국가로 여기시지 않을 것이라고 말씀하셨다. 그들은 이스라엘과 유다의 죄 때문에 하나님께 하신 모든 언약의 약속들이 자신들에게는 이행되지 못할 것이라고 생각했다. 그래서 하나님께서 더 이상 그 약속들을 이루실 의무가 없다는 것이다.

하나님께서는 이 논의에 답하시면서 당신의 언약을 이행하실 것을 재확인하셨다. 아브라함과 다윗과 맺었던 언약은 백성의 순종으로 조건이 성립되는 것이 아니라 하나님의 주권에 의해 결정되는 것이다. 언약은 밤과 낮, 즉 자연 질서에 대한 하나님의 언약과 같이 확실하며 하늘과 땅의 고정된 자연법칙과 같이 변하지 않는다는 것이다. 이러한 자연법칙이 제 기능을 수행하지 못할 때에만 하나님께서 야곱과 다윗의 후손들이 대를 잇지 못하게 하실 것이다. 이스라엘을 선택하신 뒤 족장들에게 주신 하나님의 언약을 마음에 새기게 하기 위해서 아브라함, 이삭, 야곱을 언급하셨다(참조, 창 15:7~21; 17:1~8; 26:1~6; 28:10~15). 하나님께서는 그의 약속을 분명하게 하셨고, 그 민족의 재산을 복구시키고(참조, 30:18; 32:44; 33:11; 신 30:3) 긍휼을 베푸실 것이다. 미래에 이스라엘이 한 국가로서 회복될 것인가 하는 점은 순전히 하나님의 주권에 달려 있는 것이다. 하나님께서 족장들, 다윗, 그리고 레위인들과 일련의 언약을 맺으셨는데, 궁극적으로 그들과의 약속을 그들의 민족에게 성취할 수 있도록 계획하셨던 것이다.

D. 유다의 현재의 재앙(34~45장)

유다의 미래에 대한 희망을 묘사한 다음에(30~33장), 예레미야는 그들을 향한 현재의 심판을 다시 언급하고 있다. 그가 예언했던 왕국의 붕괴(2~29장)를 언급하지 않고 건너뛰어서, 34~36장에서는 26~29장에서 시작된 거역의 주제를 계속 다루고 있다. 유다 백성이 하나님의 경고의 말씀을 거역함으로써 심판을 받은 내용이다. 37~45장은 예루살렘의 패망과 그 이후 바벨론 통치까지 발생했던 사건들을 연대순으로 정리하고 있다.

1. 멸망 이전(34~36장)

a. 일치되지 못한 백성(34장)

(1) 시드기야에게 경고함(34:1~7)
34:1~3 느부갓네살과 그의 군대가 예루살렘과 싸우고 있을 때 하나님께서 예레미야를 통해서 시드기야에게 메시지를 주셨다. 이 메시지에는

바벨론을 상대로 반란을 일으켜서 성공할 수 없음을 말해 주고 있다. 하나님께서는 이미 예루살렘 성을 바벨론 사람들에게 넘겨주어 불태우도록 결정하셨으며(참조, 22절; 32:29; 37:8, 10; 38:18, 23), 시드기야가 도망간다 하더라도 결코 피하지 못할 것이라고 하셨다. 오히려 느부갓네살에게 붙잡혀 그의 반란에 대한 심판을 그로부터 직접 받게 될 것이다. 시드기야는 반란죄로 포로가 되어 바벨론으로 잡혀간다. 지금까지 예언했던 예레미야의 예언 모두가 다 성취된 것이다(참조, 39:4~7; 52:7~11).

34:4~5 하나님께서 그러한 심판 중에 평화의 약속을 주셨다. 시드기야는 그의 반란으로 느부갓네살의 손에 죽임을 당하게 될 것이다. 하지만 하나님께서 약속하시기를 그가 칼로 죽임을 당하지 않고 오히려 평화롭게 죽을 것이며(여호야김과는 대조적. 참조, 22:18~19), 왕에 버금가는 장례식을 치르게 될 것이라고 하셨다. 백성은 그에게 분향하면서 슬퍼할 것이다. 이 분향은 화장을 말하는 것이 아니다. 이스라엘과 유다는 죽은 자들을 화장하지 않고 땅에 묻었기 때문이다. 오히려 죽은 왕을 애도하기 위해서 큰 화톳불을 피우는 습관을 말하고 있는 것이다(참조, 대하 16:14; 21:19).

34:6~7 예레미야는 시드기야에게 메시지를 전했다. 바벨론 군사들이 무자비하게 계속 예루살렘과 유다에 남아 있는 두 성 라기스와 아세가를 공격했다는 내용이었다. 다른 모든 유다 성들은 이미 파괴된 상태였다. 유다의 지독한 상태에 대한 묘사를 라기스 성의 폐허 가운데서 발견된 토판에 새겨진 비극적인 서신에서 발견할 수 있다. 그 서신은 라기스와 아세가 두 성에서 피우는 봉화를 충분히 볼 수 있는 곳에 위치한 기지

로부터 라기스 성의 지휘관에게 보낸 것이었다. 서신의 내용으로 보아 아세가 성이 막 파괴된 상태 같다. 한 장교가 '그리고 나의 주께서 보내 주신 모든 지시에 따라서 우리가 라기스 성에서 피운 봉화불을 지켜보고 있다는 것을 주께서 알게 해주시기를 바랍니다. 그런데 아세가 성의 봉화불은 볼 수가 없습니다'라고 기록했기 때문이다(Lachish Letter No. 4; James B. Pritchard, ed., *Ancient Near Eastern Texts Relating to the Old Testament*. 3rd ed. Princeton. N.J.: Princeton University Press, 1969, p. 322).

(2) 백성에게 경고함(34:8~22)

34:8~11 예레미야는 당시 행해졌던 많은 사회적인 죄악의 내막을 공개하고 있다. 그러한 행악 중의 하나는 같은 유다 백성이 동료 유다 사람을 노예로 삼는 행위이다. 이것은 하나님의 율법을 범한 행위였다(참조, 출 21:2~11; 레 25:39~55; 신 15:12~18). 바벨론이 예루살렘을 포위하는 동안 하나님의 긍휼을 얻기 위한 필사적인 노력의 일환으로 왕이 노예를 자유케 하는 선포, 즉 일종의 해방 선언을 했다. 하나님의 법에 따라서 히브리 노예들을 자유케 해주었던 것이다.

그러나 노예들의 해방은 잠시였고 노예를 해방시켰던 자들의 마음이 변하여 다시금 그들을 노예로 삼았다. 이렇게 만든 원인이 무엇이었을까? 예레미야는 이 장의 마지막 부분(21~22절)에서 이 수수께끼를 푸는 열쇠를 제공하고 있다. 백성이 언약을 맺고 노예들을 자유케 한 후에 바벨론 군대는 애굽 군대의 공격을 퇴치하기 위해서 어쩔 수 없이 예루살렘의 포위를 풀었다(참조, 37:4~13). 유다 백성은 애굽 군대의 승리를 소망했는데, 애굽 군대가 바벨론 군대를 유다에서 물러가게 해 줄 것이라고 믿었기 때문이다. 그러나 엄청난 파괴가 있은 다음에 성읍들을 재건하기 위해서 다시 노예들이 필요했다. 백성들은 그들의 생활이 정상으로 되돌아왔을 때에도 계속 노예를 부리면서 하나님께 대한 약속을 저버렸던 것이다.

34:12～16 하나님께서는 유다 백성이 언약을 이행하는 데 일관성이 없음을 비난하시면서 그들의 조상들이 애굽에서 노예 해방을 받을 때 맺었던 언약을 상기시키셨다. 율법에 의하면 매 7년마다 모든 히브리 노예들을 자유롭게 해야 한다고 명시되어 있다. 어떤 이스라엘 사람도 강제로 다시 영구히 묶어둘 수 없었다. 불행히도 백성들은 하나님의 말씀을 듣지 않았다. 그러다가 바벨론의 공격으로 마침내 회개하고 노예들을 해방시킴으로써 옳은 일을 행하게 되었다. 백성이 하나님과의 약속을 폐기했을 때는 하나님의 성전 앞에서 맺었던 언약을 이행하지 않음으로써 하나님의 이름(그분의 명예)을 모독했던 것이다.

34:17～20 하나님의 처벌은 유다 백성의 죄에 상응해서 내려졌다. 그들이 불법적으로 삼은 노예를 해방시켜 주지 않음으로써 그분과의 언약을 파기시켰기 때문이다. 오히려 하나님께서 그들에게 자유를 주어 칼, 기근, 재앙으로 죽게 하셨다(참조, 14:12 주해).

언약을 맺을 때(참조, 34:15) 그 약속을 이행하겠다는 표시로 송아지를 잡아 둘로 갈라놓은 다음에 그 사이로 걸어가는 의식이 있었다. 두 쪽으로 갈라놓은 제물 사이로 걸어가는 것은 그 언약을 어길 시 그들에게 같은 종류의 심판이 임할 것을 상징하는 것이다. 즉, 그들이 언약을 어기면 송아지처럼 조각조각 난도질을 당하게 된다는 것이다. 하나님께서 아브라함과 중대한 계약을 맺을 때에 아브라함은 조각난 동물 사이를 지나가지 않았다. 오로지 하나님께서만 그리하셨는데, 즉 타오르는 불꽃으로 그분 자신의 분명한 언약을 나타내 보이셨다(창 15:4~18, 특히 17절). 아브라함과의 언약은 인간의 순종 여부가 아니라 하나님 자신에게 달려 있었다.

하나님께서는 백성들이 송아지를 살육했던 것처럼 언약을 깬 자들에게도 그와 같이 처리하시겠다고 약속하셨다. 언약에 동의한 모든 사람들은 그들의 원수들에게 넘겨질 것이다. 송아지의 갈라놓은 부분들처럼, 그들의 죽은 시체는 땅에 두어 새와 짐승의 먹이가 될 것이다(참조, 7:33; 15:3; 16:4; 19:7).

34:21~22 시드기야와 그의 방백들은 신성한 지도력을 가졌어야 했음에도 불구하고 백성들과 마찬가지로 동요했다. 그 결과 바벨론 사람들이 예루살렘에서 물러간다 할지라도 하나님께서 명하시어 다시 돌아오게 하시고, 예루살렘을 포위하여 마침내 바벨론 군대들이 그 성을 장악하고 불태우게 할 것이다(참조, 2절). 다른 성들도 황폐케 되어 실질적으로 모든 성읍들은 쓸모없게 버려질 것이라고 하셨다.

b. 일관된 레갑 족속(35장)

(1) 레갑 족속의 신뢰성(35:1~11)

35:1~5 이 예언들은 여호야김의 통치기간에 임했는데(BC 609~598년), 최소한 34장의 예언들보다 초기에 있었으며 11년 동안에 걸쳐서(20년일 수도 있다) 형성된 것들이다. 예레미야는 레갑 족속의 신앙을 유다의 불신앙과 대조해서 서술하고 있다. 레갑 족속은 이스라엘의 바알 숭배를 근절시킬 때 예후를 도와준(왕하 10:15~27) "레갑의 아들 우리 선조 요

나답"(혹은 예후나답. 6절)의 후손인 유목민들이었다. 그들은 모세의 장인 이드로의 후손(삿 1:16)이었던 겐 족속과 관련이 있는 것 같다(대상 2:54~55). 분명히 요나답은 유목 생활을 주장하며 정착된 생활을 거절했고, 그러한 생활 태도는 그의 씨족들의 규범이 되었다(삿 1:16; 삼상 15:6). 느부갓네살이 BC 598년에 유다를 위협할 때 이들 유목민들에게 강제로 예루살렘에 이주하도록 지시했다(11절).

예레미야는 야아사냐를 포함해서 레갑 족속을 성전 안에 있는 방들 중 한 곳으로 초대했다. 이 방들은 성전 뜰 주위로 둘러서 만들어진 것으로 모임, 창고, 제사장들의 거주용으로 사용되었다(왕상 6:5; 대상 28:12; 대하 31:11; 느 13:7~9). 예레미야가 들어갔던 특별한 방은 익다랴의 아들 하난의 아들들이 사용하고 있는 방이었다. 익다랴에 관해서는 그가 하나님의 사람이었다는 것 외에는 알려진 것이 없다. 그런데 이 '하나님의 사람'이라는 용어는 보통 예언자들에게 사용되었다(참조, 왕상 12:22; 왕하 1:9~13; 4:21~22). 그 방은 방백들 옆방으로 높은 지위를 갖고 문을 지키는 살룸의 아들 마아세야의 방 위에 위치해 있었다. 마아세야는 성전을 지키는 세 명의 문지기들 중에 한 사람이었다. 이 문지기는 상당히 높은 지위였던 것이 분명한데, 바벨론 사람들이 그들을 대제사장들에 버금가는 재판을 맡고 있었기 때문이다(참조, 왕하 25:18~21; 렘 52:24~27). 이렇게 당당한 무리들이 사용하는 방 안으로 예레미야가 볼품없이 유랑하는 레갑 족속들을 데리고 들어갔다. 그는 레갑 족속들 앞에 사발 가득 찬 포도주와 술잔을 주고 마시라고 하였다.

35:6~11 레갑 족속은 포도주 마시기를 거절했다. 선조 요나답이 그것을 금했기 때문이다. 요나답은 그의 후손들이 포두주를 마시는 것을 영원

히 금하는 생활 양식을 체득하게 했다. 또한 그들은 집 짓는 것이나 씨를 뿌리고 혹은 포도원을 가꾸는 것도 허락하지 않았다. 농업 생활을 위해서 정착하는 것이 허용되지 않은 것이다. 그들은 유랑민들처럼 천막 속에서 단순한 생활을 영위해야 했다.

요나답의 후손들은 요나답이 명한 모든 것을 준행했다. 그들은 포도주를 결코 마시지도 않고, 살기 위한 집을 짓지도 않았으며, 포도밭이나 밭, 혹은 농작물을 절대 재배하지 않았다. 그들은 느부갓네살이 그 땅을 침입하면서 예루살렘으로 와서 살게 되었다.

(2) 레갑 족속의 모범(35:12~17)

35:12~16 예레미야는 레갑 족속이 포도주를 거절할 것을 알면서도 왜 그들을 성전으로 데려와 그들 앞에 포도주를 내놓았을까? 그것은 유다에게 하나의 교훈을 주기 위함이었다. 레갑 족속은 초지일관 그들의 선조의 명령에 순종했다. 그들은 계속해서 하나님께 순종하지 않았던 유다 백성과 뚜렷한 대조를 보여 준다.

35:17 레갑 족속은 유다의 죄를 상기시키는 역할을 수행했다. 하나님께서 맹세하시기를 유다에게 모든 재앙을 내릴 것이라고 하셨다. 이 '재앙'은 언약의 저주(참조, 레 26:14~39; 신 28:15~68)이거나, 더 가중한 의미로서 예레미야가 예언한 유다와 예루살렘의 파멸을 뜻할 수도 있다(참조, 4:20; 6:19; 11:11~12; 17:18). 유다는 그들이 하나님 말씀을 청종하지 않고 하나님의 요구에 응답하지 않았기 때문에 징계를 받게 될 것이다.

(3) 레갑 족속의 보상

35:18~19 신실치 못한 유다와는 대조적으로 레갑 족속은 시종일관 그들의 선조 요나답의 명령을 준행했다. 그래서 하나님께서 그들의 신실함에 보상을 주기로 약속하셨으며 그들 중 어느 한 사람도 그분을 섬기지 않는 사람이 없을 것이라 확언하셨다. '나를 섬긴다'(오메드 레파나이 [עֹמֵד לְפָנַי])라는 어구는 '나 앞에 서다'라는 의미를 가지고 있다. 이것은 예언자들로서 주를 섬기는 자들(왕상 17:1; 렘 15:19)이나 솔로몬을 섬겼던 방백들(왕상 10:8), 성전의 제사장들(신 4:10; 10:8; 대하 29:11)에 사용된 용어였다. 하나님께서 레갑 족속들에게 언약 공동체에서 자기를 섬기는 특권을 부여하셨기에, 이 용어에 대한 새삼스러운 설명은 필요 없을 것이다. 더불어 성막과 성전에서 주 앞에 서 있던 이스라엘 백성을 서술할 때도 같은 어구가 사용되었다(참조, 레 9:5; 신 4:10; 렘 7:10). 하나님께서 레갑 족속의 가문은 항상 주를 예배할 수 있는 후손들을 가지게 될 것이라는 약속을 하셨다. 그 약속은 특별한 사역의 장소라기보다는 계속될 가문을 가리키고 있다.

c. 여호야김의 두루마리 책 소각(36장)

(1) 두루마리 책의 기록(36:1~7)

36:1~3 이 사건들은 여호야김 왕 4년(BC 605~604년. 참조, 25:1)으로부터 시작된다. 하나님께서 예레미야에게 명하여 요시야 통치 때(BC 627년. 참조, 1:2; 25:3) 그에게 말씀하시기 시작한 때부터 이스라엘과 유다와 다른 열방들에 관한 모든 예언들을 두루마리 책에 기록하라고 명하셨다. 이것은 예레미야의 예언들이 편집되었다는 것을 공식적으로 처음 언급하는

것인데, 그것에 대해서는 이전에 이미 언급한 바 있다(25:13. 참조, 서론, "예레미야 예언의 연대" 도표). 적어도 두 번의 추가적인 편집이 본서에 언급되었다(참조, 36:32; 51:64).

이러한 내용을 기록한 목적 중의 하나는 백성 앞에서 큰 소리로 예언을 낭독하기 위함이다. 그래서 하나님께서는 백성이 자신들을 위협해 오는 모든 재앙들을 듣고 사악한 길에서 돌이키기를 원하셨다. 백성이 회개한다면 하나님께서 그들의 사악함을 용서해 주시기로 약속하셨다.

36:4~7 예레미야는 그의 서기관 바룩을 불러(참조, 32:12~16; 36:26) 모든 예언을 받아쓰게 했다. 예레미야가 그의 모든 예언들을 기억하고 있었는지, 혹은 그가 전에 기록된 두루마리 책을 보고 읽어 주었는지는 알 수 없다. 두 견해 중 어떤 경우든지 간에 하나님의 감독 아래 허락된 것이 틀림없다(참조. 요 14:25~26). 예레미야는 초기의 특별한 설교(참조, 7:1~15; 26:1~19)로 인하여 성전에 갇히거나 제한된 상태에 있었던 것 같다. 이런 제한된 상태 때문에 예레미야는 바룩이 그를 대신해서 금식일에 여호와의 성전으로 가게 했다. BC 586년 예루살렘의 패망 이전에는 금식일이 뚜렷하게 지정되어 있지 않으나, 비상시기를 맞이하게 되면서 금식일이 선포되었다(참조, 36:9; 대하 20:3; 욜 1:14; 2:15). 예루살렘 패망 이후에 가서야 비로소 금식일이 제도적으로 규정되었다(슥 7:3, 5; 8:19). 예레미야가 소망하는 것은 바룩이 두루마리 책을 백성에게 낭독할 때 그들이 자신의 죄를 회개하는 것이었다.

(2) 두루마리 책의 낭독(36:8~19)

36:8~10 국가의 비상시기가 발생하기 전에 지도자들에게 금식을 촉구

했던 시기가 지나갔다. 두루마리 책은 여호야김 4년에 쓰여졌으나(1절), 5년 9월까지 낭독되지 않았다. 적어도 9개월의 차이가 나는 것 같으나 히브리 날짜 계수 방법을 감안한다면 훨씬 더 짧은 기간일 수도 있다. 예레미야가 유다 왕들의 연대를 측정하는 데 티쉬리역(9~10월)을 적용했다(참조, 25:1 주해)는 사실을 감안한다면, 여호야김의 4년은 BC 605년 10월 7일(티쉬리 1일)에서 BC 604년 9월 25일(음력이기 때문에 10월 6일이 아니다)로 바꿔야 하며, 그의 5년은 BC 604년 9월 26일에서 BC 603년 10월 14일(윤달을 포함해서)로 변경해야 할 것이다. 특별한 달이 주어졌을 때는 항상 니산월(3~4월)로 계산했다. 따라서 니산월의 9월은 티쉬리역으로 시작한 '5년'에 해당된다. 여호야김 5년 9월은 BC 604년 11월 24일로부터 여호야김 4년의 말기에서 꼭 3개월 째 되는 날인 BC 604년 12월 23일로 변경된다(이러한 연대 문제에 대한 더 자세한 논의에 대한 참조, Edwin R. Thiele, *The Mysterious Numbers of the Hebrew Kings*, Rev. ed. Grand Rapids: Zondervan Publishing House, 1983와 Richard A. Parker and Waldo H. Dubberstein, *Babylonian Chronology*: BC 626~AD 75. Providence, R.I.: Brown University Press, 1956). 그 날짜는 중요한 의미를 가지고 있다. 바벨론 연대기에 의하면 당시에 느부갓네살이 정복한 팔레스타인에 있는 여러 나라들로부터 '많은 공물'을 모았다고 기록하고 있기 때문이다. 그와 같은 달에 금식이 요청되었는데, 그때 느부갓네살은 아쉬켈론 성을 정복하여 약탈을 감행했다(참조, Donald J. Wiseman, *Chronicles of Chaldean Kings(BC 626~556) in the British Museum*. London: Trustees of the British Museum, 1956, p.69). 따라서 금식은 바벨론의 가혹한 손에서부터 구원을 간구하기 위해서 필요했다.

바룩은 성전의 윗뜰 안에 새 문 어귀에 자리잡고 있던 사반의 아들 그마랴(참조, 26:24, "사반의 계보" 도표)의 방으로 들어갔다. 그의 형제 아히감과 같이 그마랴도 예레미야의 메시지를 받아들이고 바룩이 성전 뜰에 모인 백성에게 낭독할 수 있도록 그의 방을 사용하도록 허락했다.

36:11~19 그마랴는 바룩이 두루마리 책을 낭독할 때에 그의 방에 남지 않았고 그마랴의 아들 미가야가 바룩의 모든 말을 들었다. 미가야는 왕궁에 올라가 두루마리 책의 내용을 방백들에게 보고했다. 거기에는 서기관 엘리사마(참조, 21절)와 스마야의 아들 들라야(참조, 25절)와 악볼의 아들 엘라단(참조, 25절)을 포함해서 모든 방백들이 있었다. 악볼은 요시야 왕 때(왕하 22:12~14) 율법을 발견하는 데 한 몫을 담당했으나, 그의 아들 엘라단은 아버지와 같은 성향의 사람은 아니었다. 그가 열왕기하 24장 8절에 언급된 엘라단과 같은 자라면 여호야김 왕의 장인일 것이다. 엘라단이 여호야김에게 예레미야의 두루마리 책을 소각하지 말도록 촉구했지만(25절) 원정대를 이끌고 애굽으로 내려가 예언자 우리야가 사형을 받게 했다(참조, 26:20~23). 또한 그마랴, 하나냐의 아들 시드기야도 다른 방백들과 함께 두루마리 책을 낭독하는 자리에 참석했다.

미가야가 그의 보고를 마쳤을 때 방백들은 여후디를 바룩에게 보내 그들에게 올 것을 지시했다. 그들은 바룩이 방으로 들어온 후에 그에게 앉아서 두루마리 책을 낭독하도록 명했다. 바룩이 낭독할 때에 방백들은 두려워하며 서로 쳐다보면서 그 모든 말들을 여호야김 왕에게 보고를 해야 한다고 생각했다. 그리고 바룩에게 그 두루마리 책이 어떻게 기록되었는지를 물었다. 바룩은 예레미야가 하나님의 말씀들을 받아썼고, 자신은 그것들을 두루마리 책 위에다 적었다고 설명했다.

모임이 끝나기 전에 거기에 참석한 자들은 바룩에게 경고하여 그와 예레미야 둘 다 숨어서 아무도 그들이 어디 있는지를 알지 못하도록 하라고 했다. 예언자 우리야에 대한 여호야김의 우선적인 반응(예언자를 살해한 행위)은 이같은 충고가 지혜로운 것임을 보여 준다(참조, 26:20~23).

(3) 두루마리 책 소각(36:20~26)

36:20~22 바룩의 두루마리 책이 엘리사마의 방에 놓여졌고 방백들은 왕에게 가서 그 사건을 보고했다. 여후디를 보내 두루마리 책을 찾아와서 방백들이 보는 앞에서 왕에게 낭독하게 했다. 예레미야는 사건들이 9월에 일어났다는 것을 재차 강조했는데, 이 사실이 이야기를 설명하는 데 도움을 주기 때문이었다. 그 이야기는 BC 604년 11월 24일과 12월 23일 사이에 일어난 사건에 관한 내용이다. 그 해 겨울 예루살렘의 날씨는 매우 추웠다. 여호야김은 그 겨울에 궁전에 앉아 남쪽을 향해 겨울 태양을 쬐고 활활 타오르는 화로 불로 따스함을 만끽하고 있었을 것이다.

36:23~26 두루마리 책에 쓴 글은 수직으로 연결되어 있었다. 여후디가 3, 4편을 낭독할 때에 여호야김은 읽는 것을 멈추게 하고 서기관의 칼로 그것을 잘라 찢어 화로에 던져 완전히 소각될 때까지 태웠다. 선했던 자신의 아버지 요시야(참조, 왕하 22:11~13)와는 대조적으로 하나님의 심판의 말씀에 두려움도 보이지 않고, 참회나 회개를 표현하는 분명한 행동의 일환으로 그와 그 신하들은 옷을 찢지도 않았다. 오히려 여호야김은 바룩과 예레미야를 체포하도록 명령한 것이다. 그러나 그들은 주님께서 숨겨 주셨으며 왕의 하인들은 그들을 찾지 못했다.

(4) 두루마리 책을 다시 씀(36:27~32)

36:27~31 사람이 두루마리 책을 태울 수는 있지만 하나님의 말씀을 파괴할 수는 없다. 여호야김이 첫 두루마리 책을 태운 이후에 하나님께서는 예레미야에게 명하여 첫 두루마리 책에 있는 모든 말씀을 다른 두루마리 책에다 쓰도록 하셨다. 예레미야는 여호야김에 관한 첨가된 말씀을 포함시켰다. 그가 두루마리 책을 태우고 바벨론 왕에 대한 하나님의 경고를 믿지 않았기 때문에 하나님께서는 그를 심판하기로 작정하셨다. 첫째로, 그의 어떤 후손도 영구히 다윗의 왕위에 앉지 못할 것이라고 하셨다. 비록 그의 아들 여호야긴이 그를 이어 왕위에 올랐지만(참조, 왕하 24:8~17) 왕위에 오른 지 꼭 3개월 만에 느부갓네살에 의해서 폐위를 당했다. 그 후 여호야김의 어떤 후손도 왕위에 오르지 못했다(참조, 22:24~30 주해). 둘째로 여호야김은 온전히 묻히지 못하고(참조, 22:18~19) 그의 시체는 성에 던져져 땅 위에 노출될 것이라는 것이다. 셋째로 여호야김의 자녀와 측근들은 그들의 죄악으로 인하여 벌을 받게 될 것이라고 하셨다. 하나님께서는 그들이 말씀을 청종치 않았기 때문에 예고했던 각종 재앙을 그들에게 내릴 것이라고 하셨다.

36:32 예레미야는 하나님의 명령에 순종해 다른 두루마리 책을 구했다. 그가 명하여 바룩이 원래 두루마리 책에 기록된 모든 말들을 새 두루마리 책에 썼다. 그런 다음 예레미야가 여호야김에 대한 심판을 포함해서 36장과 대부분 유사한 내용과 비슷한 단어들을 첨가했다.

2. 멸망의 시기(37~39장)

37~39장의 사건들은 연대순으로 정리되어 있다. 그 사건들은 예레미야의 생활과 사역이 예루살렘이 최종적으로 포위되어 함락하는 기간 동안 일어난 것으로 서술하고 있다.

a. 시드기야에 대한 예레미야의 메시지(37:1~10)

37:1~2 이 단락에서의 여러 사건들은 유다의 마지막 왕으로 느부갓네살에 의해서 분봉왕이 된 시드기야에 초점을 맞추고 있다(참조, 왕하 24:15~17). 이러한 어두운 시기에 유다는 강하고 신앙심이 깊은 지도자를 필요로 했다. 불행하게도 시드기야는 지도자로서의 그 어떤 것도 소유하지 못했다. 왕으로부터 일반 백성들까지 예레미야의 경고의 말에 주의를 기울일 때는 이미 늦은 때였다.

37:3~10 그러나 시드기야는 예레미야에게 사절을 보내어 예루살렘을 위해서 주님께 기도하도록 요청했다. 예레미야는 아직 옥에 갇히지 않은 상태이다. 애굽의 군대가 진군했으며 바벨론 군대는 예루살렘의 포위를 포기한 때였다. 시드기야는 예레미야의 기도가 하나님을 설득하여 애굽인들의 승리를 허락하여 팔레스타인에서 바벨론 군대를 몰아낼 것으로 기대했을 것이다(참조, 21장 1~7절에 비슷한 요구가 있음).

그러나 하나님의 응답은 시드기야가 요구하는 것과 상응하지 않았다. 유다를 돕기 위해서 진군해 온 애굽 군대는 바벨론 군대에게 진압되어서 어쩔 수 없이 자기 땅으로 돌아가게 될 것이며, 그런 후에 바벨론 군대는 다시 돌아와 예루살렘을 공격하여 그 곳을 포위하여 불을 지를 것이라고 하셨다(참조, 21:10; 32:29; 34:2, 22; 37:10; 38:18, 23). 바벨론 군대의 철수를 바랐던 자들은 스스로를 속이고 있었다. 심지어 부상당한 병사들이 느부갓네살의 군대에 소속되었다 할지라도, 하나님께서는 그들까지도 예루살렘에 불을 지를 것이라고 말씀하셨다(참조, 37:8).

b. 예레미야의 구속(37:11~38:28)

(1) 예레미야의 체포와 토굴 옥에 갇힘

37:11~16 바벨론 군대가 애굽 군대와 싸우기 위해 철군하였을 때 상대적으로 유다에는 평온의 기간이 주어졌다. 예레미야는 이 소강 상태를 이용해서 성을 떠나 베냐민 영토로 여행했다(참조, 1:1). 이 여행의 목적은 가족에게 속해 있는 어떤 재산에 대한 자기 몫을 얻기 위함이었다. '그가 몫을 얻는다'(할라크[חלק : 분깃])라는 말은 '나눈다', '함께한다', '분배한다'로도 번역할 수 있다. 예레미야는 아나돗에 가서 어떤 땅을 구하거나 땅을 나누어 다른 사람들에게 팔려는 개인적인 일을 보았다. 아마 이 땅의 거래는 32장에서 그가 구입한 것과는 상관이 없는 것 같다. 32장에서 땅을 구입한 시기에 예레미야는 이미 체포되었고 시위대 뜰에 갇혀있는 상태였다(참조, 32:2). 그런데 그가 아나돗을 향해 출발했을 때는(37장) 아직 체포되지 않았던 상태였다(참조, 37:4, 21; 38:13, 28). 따라서 37장의 사건들은 32장의 사건들 전에 일어났다고 볼 수 있다.

예레미야가 막 떠나려 할 때 시위대장이 그를 붙잡았다. 이리야가 그를 체포해서 원수들에게 도망간다는 죄목으로 고발했다. 예레미야는 그 혐의를 부인했으나 시위대장이 듣지 않고 오히려 예레미야를 때리고 옥에 가두라고 명령했던 방백들에게 끌고 갔다. 감옥은 서기관 요나단의 집 토굴로 된 지하실이다('저수 웅덩이의 집 안에', '천정이 둥근 방안에'). 이것은 큰 지하실 저수 웅덩이를 감옥으로 개조시킨 것으로 보인다. 예레미야는 거기서 오랫동안 갇힌 채 지내게 되었다.

(2) 시드기야와의 첫 만남과 시위대 뜰로 옮겨진 예레미야(37:17~21)

37:17~20 바벨론 군대가 예루살렘으로 돌아와 다시 그 성을 포위했다. 시드기야가 비밀리에 예레미야에게 사람을 보내 그를 왕궁으로 데리고 오게 했다. 예레미야와 백성이 관계가 좋지 않았기 때문에(참조, 26:10~11; 37:11~15; 38:4) 시드기야는 비밀리에 그를 만나 주님으로부터 말씀이 계셨는지를 물었다. 그러나 주님이 주신 말씀은 예레미야가 옥에 갇혔다고 달라진 것이 아니었다. 즉, 하나님의 말씀은 예루살렘이 패망할 것이며 시드기야는 바벨론 왕에게 인수될 것이라는 내용이었다(참조, 21:3~7).

예레미야는 시드기야를 만날 수 있는 기회를 이용하여 그의 무죄함을 주장하면서 그가 무슨 죄를 지었는지 알고 싶어했다. 다른 예언자들은 바벨론 군대가 공격하지 않을 것이라고 거짓 예언을 했다. 예레미야는 시드기야에게 탄원하기를 감금된 그곳으로 다시 그를 보내지 말라고 했다. 아마 그때 그는 60대로서 어두운 지하실에 있을 자신의 건강을 걱정했을 것이다. 예레미야는 다시 그 곳으로 가게 된다면 거기서 죽을 것 같은 느낌을 가졌던 것 같다.

37:21 예레미야의 요구를 받아들여 시드기야는 그를 지하실 저수 웅덩이에서 왕궁의 시위대 뜰로 옮기도록 했다(참조, 32:2). 여기서 시드기야

는 예레미야를 그의 원수들로부터 미약하게나마 좀 더 잘 보호해줄 수 있었다(참조, 38:4~10). 시드기야는 예레미야에게 빵을 매일 마련해 주어서 그가 배가 고프지 않도록 했다. 이것은 예루살렘 성이 포위를 당해 곡식 공급이 중단되어 성 내 모든 빵들이 사라질 때까지 계속되었다(참조, 52:6).

(3) 지하실에 감금된 예레미야(38:1~6)

38:1~3 시위대 뜰로 옮긴 뒤로(37:21) 예레미야는 약간의 자유가 생겨 백성을 만날 수 있었다(참조, 32:1~2, 6). 그는 이 때를 이용해서 들어야 할 자들에게 하나님의 메시지를 전하는 기회로 삼았다. 그런데 그의 메시지를 네 명의 고위 방백들이 엿듣게 되었다. 그들은 맛단의 아들 스바댜(다른 곳에서는 언급되지 않음), 바스훌의 아들 그다랴(예레미야를 때린 바스훌의 아들인 것으로 추정, 20:1~3), 셀레먀의 아들 유갈(시드기야의 보냄을 받아 바벨론 포위 제거에 대한 문의를 했다. 37:3), 말기야의 아들 바스훌(시드기야의 보냄을 받아 바벨론의 예루살렘에 대한 최초의 공격에 관해서 문의를 했다. 21:1~2)로, 이 높은 지위에 있는 네 명의 방백들이 예레미야가 여러 백성에게 말하는 것을 듣게 되었다. 예레미야의 메시지는 2~3절에 요약되어 있다. 이 메시지는 전에 예레미야가 전했던 것과 같다(21:3~10). 예루살렘에 남아 있던 자들은 칼, 기근, 재앙으로 죽을 것이며(참조, 14:12 주해), 바벨론으로 탈주한 자들만이 살아남을 것이라고 했다. 결국 예루살렘의 유일한 소망은 항복하는 것뿐이라는 말씀이다. 바벨론의 포위에 대항한다는 생각은 무모한 것으로, 하나님께서 말씀하시기를 그 성은 그곳을 점령한 느부갓네살에게 넘겨질 것이라고 하셨기 때문이다.

38:4~6 방백들은 시드기야에게 가서 무례한 예언을 한 예레미야를 죽이라고 간청했다. 그의 반역적인 말들에 군인들과 모든 백성이 실망하고 있다는 것이다. 방백들은 이러한 왜곡된 민족적 논리를 들어 예레미야가 백성들의 파멸을 바라고 있다고 믿었다. 사실 예레미야는 그와 정반대가 되는 상황을 원했다(2절). 시드기야의 무기력함이 이러한 방백의 반응에서 명백해졌다. 그가 처음에 예레미야를 보호하는 데 동의했다 할지라도 (37:18~21), 이제 예레미야의 생명을 취하려는 자들에게 넘겨주고 있는 것이다. 시드기야의 어설픈 변명은 왕이 그들의 간청에 반대할 수 없다는 것이었다. 시드기야는 강력하게 독립적인 결정을 내릴 수 없는 정치적 꼭두각시에 불과했다. 그는 느부갓네살이나 바벨론에 항거해 반란을 촉구했던 그 성의 방백들의 조정을 받았고, 어떤 것을 결정하는 데 있어서 그들의 영향을 받았다(27:12~15; 38:5, 19, 24~28).

방백들은 예레미야를 데리고 가 시위대 뜰에 있는 말기야의 구덩이에 넣었다. 이 구덩이는 바위를 파서 만든 크고 움푹한 것으로 회반죽으로 덮여 있었다. 이곳은 겨울에 빗물을 받아 모아 가문 여름에 사용하기 위해서 만들어진 것이다(참조, 2:13). 이 웅덩이는 상당히 깊기 때문에 그들은 밧줄로 예레미야를 달아 내렸다. 아마 가뭄의 연속으로(참조, 14:1~4) 그 웅덩이에 물이 없었던 것 같다. 바닥에는 비가 내릴 때 함께 더러운 먼지들이 모여 형성된 진흙만 남아 있었다. 예레미야가 진흙 속에 빠지게 되어 정말 그의 생명이 위태롭게 되었다. 물이나 진흙이 깊었더라면 그는 분명히 빠졌거나 질식하여 오래 가지 않아 허기져서 죽었을 것이다. 마찬가지로 백성들 개개인도 예레미야에게 돌을 던져 곧장 죽이거나 의식을 잃어 진흙탕 속에 빠져 죽기를 바랐던 것 같다(참조, 애 3:52~54 주해).

(4) 웅덩이에서 구해진 예레미야(38:7~13)

38:7~9 예레미야의 많은 거주민들은 그가 죽기를 원했다. 그를 위해 중재해 주면서 돌보아 준 유일한 방백은 에벳멜렉(왕의 신하)으로, 윗쪽 애굽 지역(현재 남부 이집트, 수단, 그리고 북에티오피아) 출신인 구스인이었다. 그는 방백으로(사리스[ס׳רׁס : 내시]. 참조, 단 1:7 주해) 왕궁에서 봉사하고 있었다. 왕궁에서의 그의 정확한 위치는 서술되지 않았지만 아마도 왕의 측근인 것 같다.

에벳멜렉은 베냐민 문(참조, 20:2; 37:13)에 앉아 방백들의 공적인 사무를 지휘하거나, 예루살렘 포위에 대한 방어를 보강하는 일을 맡았다. 그는 다른 방백들이 사악한 행동으로 예레미야가 굶어서 죽도록 구덩이에다 던져 넣었다는 사실을 왕에게 전했다. 확실히 시드기야는 예레미야를 죽이기 위한 방백들의 특별한 계획을 몰랐거나 그들이 그렇게까지 할 것이라고는 생각하지 않은 것 같다. 그러나 이제 예레미야의 죽음이 임박했다는 사실을 알게 되었다.

38:10~13 시드기야가 에벳멜렉에게 그 문에서 근무하고 있는 병력 30명을 데리고 가서 죽기 일보 직전에 있는 예레미야를 구덩이에서 끌어 올리라고 명령했다. 예레미야를 진흙에서 끌어내며 구출의 시도를 반대하는 방백들을 경계하는 데 30명의 병사가 필요했다. 에벳멜렉이 그 병사들을 이끌고 구덩이 입구로 통하는 곳에 위치한 왕궁의 곳간 밑 방으로 들어갔다. 헝겊과 낡은 옷으로 만든 줄을 예레미야에게 내려 그의 겨드랑이에 줄을 대게 했다. 그리고 예레미야를 줄로 잡아당겨 웅덩이에서 나오게 했다. 예레미야는 다시 시위대 뜰에 갇히게 되었다(참조, 37:21).

(5) 시드기야와 두 번째 만난 예레미야(38:14~28)

38:14~16 시드기야는 예레미야에게 다시 사람을 보내 비밀리에 성전 셋째 문에서 만났다. 다른 곳에서는 언급되지 않은 이 문은 왕궁과 성전을 연결하는 비밀 문이라고 할 수 있다. 시드기야는 예레미야에게 질문하면서 그에게 어떤 것도 숨기지 말라고 당부했다. 그러나 예레미야는 두 가지 이유를 들어 난색을 표명했다. 첫째, 만일 왕이 듣기를 원치 않는 메시지를 전했을 때 왕이 자신을 죽이지 않을 것이라는 보장이 없다는 것이다. 둘째, 예레미야가 주는 어떤 충고는 왕이 듣고 싶어 하지 않을 것이기 때문에 쓸모없게 될 것이라는 점이다. 시드기야는 첫째 조건에 대해서는 대답을 했지만 두 번째 조건에는 대답을 하지 않았다. 그는 예레미야를 죽이거나 그의 생명을 노리는 방백들에게 넘겨주지 않을 것을 약속했다. 그러나 왕은 예레미야의 메시지가 주는 충고를 따르겠다고 약속하지는 않았다.

38:17~23 예레미야의 메시지는 전과 다름이 없었다(참조, 21:1~10; 37:17; 38:1~3). 만일 시드기야가 바벨론에게 항복을 한다면 그의 생명은 구제될 것이며, 예루살렘 성도 불에 타지 않고 그의 가족도 살아남을 수 있을 것이다. 그러나 그가 항복을 하지 않는다면 예루살렘은 바벨론 군대에 넘겨져 불에 탈 것이며(참조, 21:10; 32:29; 34:2, 22; 37:8, 10; 38:23), 시드기야는 그들의 손아귀에서 벗어나지 못할 것이다.

시드기야는 오히려 두려움 때문에 예레미야의 충고에 귀를 기울이지 않았다. 그는 바벨론으로 넘어간 유다 사람들을 두려워했는데, 바벨론 사람들이 그를 반대하고 있던 유다 사람들에게 넘겨줄 것이라고 생각했기 때문이다. 기회가 주어진다면 그들은 과거에 지독한 행위를 저질렀던 그를 가혹하게 학대할 것이다. 그러자 예레미야는 시드기야에게 그런 일은 일어나지 않을 것이라고 안심시켰다. 만일 그가 예레미야의 말을 따라서 주께 순종한다면 그의 생명은 구제될 것이라고 했다. 그러나 만일 두려움 때문에 그가 항복하기를 거절한다면 그가 모면하려던 조소와 굴욕을 겪게 될 것이라고 했다. 왕궁에 남아 있던 그의 여자들(후궁들)은 바벨론의 방백들에게 끌려가면서 시드기야를 비웃을 것이며, 그들의 탄식 내용은 왕을 바르게 지도하지 못했던 측근자들을 신실한 친구로 믿어 기만당한 자신에 관한 내용이 될 것이다. 시드기야의 발이 바벨론의 웅덩이 진흙에 빠질 때(참조, 38:6) 그는 주위를 둘러보면서 여기까지 그를 데리고 왔던 친구들이 자기를 버렸다는 사실을 발견하게 될 것이다. 그가 바벨론에게 항복을 하지 않는다면 부인들과 자식들이 끌려가는 것을 보게 될 것이다(참조, 39:6). 그리고 그 자신은 체포될 것이고 예루살렘 성은 불타게 될 것이다(참조, 38:18).

38:24~28 시드기야는 예레미야의 충고를 따르지 않았다. 그러한 대담한 조치는 힘없는 왕의 능력을 초월한 것이었다. 오히려 예레미야에게 그들이 나눈 대화를 누구에게도 알리지 말라고 경고했다. 말이 새어 나가면 방백들이 예레미야를 죽이려 할 것이라고 했다. 왕궁의 간첩들이 도처에 있었기 때문에 시드기야는 예레미야가 그들에게서 질문을 받을 때 필요한 변명을 알려 주었다. 만일 방백들이 예레미야에게 왕에게 무슨 말을 했으며 왕은 그에게 무슨 말을 했는지 물으면, 그들에게 자기가 시드기야에게 탄원해서 다시 요나단의 집 지하실로 보내지 말라고 부탁했다고 말하라는 것이었다(참조, 37:15). 예레미야는 정말 시드기야와 첫 번째로 만났을 때 그런 요구를 했었다(37:20).

시드기야의 경고는 방백들이 그들의 만남에 관해서 듣고 예레미야에게 와서 질문을 했기 때문에 적절한 것이 되었다. 예레미야는 시드기야가 그에게 말해 준 그대로 전했다. 어느 누구도 그 대화를 들은 사람이 없기 때문에 그들은 예레미야의 이야기를 사실 그대로 받아들였다. 그리고 예레미야는 시위대 뜰에 정치범으로 갇혀(참조, 38:13) 예루살렘이 느부갓네살에 의해 점령당할 때까지 계속 거기에 갇히게 되었다.

c. 예루살렘의 파멸(39장)

(1) 유다 사람들의 운명(39:1~10)

39:1~4 예레미야의 파멸의 선언들이 예루살렘 백성에게 무시당했다. 하나님께서 예언한 그대로 예루살렘에 파멸을 내리셨을 때 예레미야의 주장이 정당했다는 것이 입증되었다. 예레미야는 예루살렘이 앞으로 어떻게 될지 자세한 설명을 해주었다. 마지막 충돌이 시드기야 통치 9년 10월에 시작되었다. 이 사건이 너무 엄청난 것이기에 그 달과 시기를 구약성경에 세 번이나 기록하고 있다(참조, 왕하 25:1; 렘 52:4; 겔 24:1~2). 포위는 BC 588년 1월 15일에 시작되어 시드기야 11년 4월 9일까지 지속되었다. 연대 계산을 위해 서구식 계산 방법을 사용하면, 포위는 약 19달(9년의 마지막 3개월 + 10년의 12개월 + 11년의 첫 4개월) 동안 지속된 것으로 보인다. 그러나 연대 계산을 위해 히브리인들의 방법을 사용하면 포위 기간은 좀 더 길어진다. 히브리 왕들의 통치 연수는 티쉬리역(9~10월)으로 계산되는 반면에 한해의 달 수는 니산월(3~4월)로 계산하기 때문이다(참조, 36:9 주해). 시드기야의 11년은 BC 587년 10월 18일에서 BC 586년 10월 6일까지의 기간이었다. 니산월의 4월은 시드기야 11년 7월 10일의 시작과

일치한다. 그 달 9일은 BC 586년 7월 18일이었다. 따라서 포위를 당한 총 기간은 BC 588년 1월 15일부터 BC 586년 7월 18일까지 30개월 이상 이 된다.

30개월 동안의 포위가 있은 다음 바벨론 사람들은 예루살렘 성벽을 부수고, 바벨론의 방백들이 성 안으로 들어가 중문에 앉았다. 중문은 아마 그 성을 두 지역으로 나누는 중앙(혹은 티로페온) 골짜기에 있는 성의 북쪽(바벨론 사람들이 벽을 부쉈던 곳)에 자리잡았던 것 같다. 그들은 그 성을 관리하기 위해서 자리를 잡고 앉아 체포된 자들을 재판했던 것이다(참조, 38:7 주해; 겔 11:1).

이 방백들 중 네르갈사레셀(네리글리사르라고도 불렀다)이라는 사람이 있었는데, 그는 느부갓네살의 양자로 느부갓네살의 아들 에윌므로닥이 죽은 다음 BC 560년에 바벨론의 왕위에 올랐다(참조, 52:31. 다니엘 서론, "신바벨론 제국의 왕들"도표). 다른 방백들은 정확한 이름과 숫자가 분명히 기재되지 않았으나, 삼갈네부와 내시장 살스김이 포함되어 있었다(참조, NIV 난외주).

시드기야와 그의 병사들은 그 성이 함락되는 것을 보았다. 바벨론 사람들이 성을 통해 남쪽으로 이동해서 그들을 체포하는 것은 시간문제였다. 도망가려는 필사적인 노력으로 그들은 계획을 세워 실로암(참조, 느3:15) 근처 남쪽에 위치한 왕의 동산을 경유해서 성을 빠져나왔다. 양 벽 사이의 문을 통과한 후에 얼마 안되는 하찮은 병사들은 힌놈과 기드론 골짜기가 만나는 험준한 협곡에 도달했다. 올리브 산을 올라가면서 아라바로 가서 요단강을 건너 그들의 동맹국 암몬(참조, 겔 21:18~23 주해)의 수도 라바(현재의 요르단 암만)로 도망가려고 했던 것 같다.

39:5～7 바벨론 사람들은 그렇게 오랫동안의 승리를 기다렸기에 그들의 먹이를 도망가게 놔둘 리가 없었다. 시드기야와 그의 병사들을 추적하면서 바벨론 사람들은 요단강 바로 앞에 있는 넓은 여리고 평원에서 그들을 지키고 있었다. 시드기야는 체포되어 하맛 땅 리블라에 있는 군 사령부의 느부갓네살에게로 끌려갔다. 느부갓네살은 시드기야에게 바벨론에 대한 반란죄를 적용, 재판의 판결을 내렸다. 시드기야는 바벨론 사람들이 그가 보는 앞에서 그의 아들들을 살육하고 유다의 모든 귀인들을 죽이는 것을 지켜봐야만 했다. 그리고 느부갓네살은 시드기야의 마음에 영원히 공포의 광경을 간직할 수 있게끔 그의 눈을 뽑아 버렸다. 그러고는 사슬로 묶어 굴욕적으로 바벨론으로 끌고갔다. 시드기야는 주의 경고를 무시했기에 그가 두려워했던 부끄러움을 당하게 된 것이다(참조, 38:17～23).

39:8～10 예루살렘도 역시 예레미야가 예언했던 불명예스런 운명을 겪게 되었다. 바벨론인들은 장엄한 왕궁과 백성의 가옥들을 불로 태워 버렸다(참조, 21:10; 22:6～7; 32:29; 34:2, 22; 37:8～10; 38:18, 23). 병사들은 예루살렘 성벽을 부수었고, 성은 무방비 상태였다(참조, 애 2:8～9; 느 1:3). 제국의 시위대장 느부사라단(살육자들의 대장. 참조, 창 37:36; 단 2:14)은 이 전에 패배시켰던(그에게 넘어온) 자들과 함께 그 성에 아직 살아 있는 자들(참조, 13:19; 15:2; 겔 5:8～12)을 포로로 잡아 데리고 갔다. 성실함, 안정, 그리고 생산력을 보장하기 위해서 바벨론은 몹시 가난한 아무것도 소유하지 못했던 사람들을 남겨 두어 그들에게 포도밭과 다른 많은 밭을 주었다. 의심 없이 느부사라단은 남겨진 사람들이 바벨론인들에게 새로운 번영을 제공해 준 것에 대해서 감사할 것이라고 믿었다. 그리고 더 이상 모반을 일으키지 않을 것이라고 생각했다. 그 대신 바벨론은

땅의 소득에 대해서 세금의 형식으로 수입을 취했던 것이다.

(2) 예레미야의 운명(39:11~18)

39:11~14 느부갓네살은 분명히 예레미야에 대해 들었다. 편지를 통해서 예언자가 바벨론에 보냈든지(참조, 29장), 아니면 바벨론인들에게 항복했던 자들의 증언을 통해서든지(21:8~9; 38:1~3) 듣게 되었을 것이다. 느부갓네살은 느부사라단에게 명령하여 그의 병사들을 보내 예레미야를 데려와 보살펴 주라고 했다. 그들은 예레미야를 해치지 않았고 그가 원하는 것은 무엇이든지 하도록 놔두었다. 예레미야는 시위대 뜰에서 풀려나(참조, 38:28) 사반의 손자 아히감의 아들 그다랴에게 인도되었다(참조, 26:24, "사반의 계보" 도표). 그다랴는 그 땅에 남아 있는 자들의 총독으로 임명됐다(40:7). 어떤 사람들은 여기에 묘사된 예레미야의 선처에 대한 설명은 40장 1절의 사슬에 매여 있는 상태의 설명과 모순이 된다고 생각했다. 그러나 그 설명은 쉽게 조화를 이룬다. 즉, 예레미야는 예루살렘의 다른 생존자들과 함께 거기서 약 8킬로미터 떨어진 라마로 끌려갔는데, 그곳은 바벨론으로 가는 중간에 위치해 있었다(참조, 31:15). 거기서 그는 하나님의 예언자로 밝혀져 풀려났다(40:4~5).

39:15~18 예레미야가 예루살렘 성이 파멸되기를 기다리는 동안에 하나님께서는 그에게 구스인 에벳멜렉을 위해서 메시지를 주셨다(참조, 38:7~13). 예루살렘에 대한 하나님의 말씀은 에벳멜렉의 목전에서 성취될 것이라고 하셨다. 그리고 하나님께서는 예루살렘이 패망할 때 에벳멜렉은 구원을 받아 다른 방백들처럼 사형이 집행되지 않을 것이라고 약속하셨다(참조, 39:6; 52:10, 24~27). 그리고 그는 예레미야를 도와 하나님

을 신실하게 믿는 것이 입증되었기 때문에 죽음을 피할 수 있을 것이라고
말씀하셨다.

3. 멸망 그 이후(40~45장)

예루살렘의 함락은 유다에게 잊을 수 없는 교훈을 주었다고 생각하
는 사람이 있을 것이다. 그러나 성의 함락 이후에 일어난 사건들의 기록을
통해서 예레미야는 그 땅에 남아 있는 자들의 기본적인 특성은 변한 것이
없다는 사실을 입증했다. 그들은 여전히 하나님을 신뢰하는 것을 거절하
며 바벨론에게 복종하는 것을 거부했다(참조. 겔 33:23~29).

a. 팔레스타인에 남아 있는 자들에 대한 예레미야의 사역(40~42장)

(1) 그다랴의 통치권(40:1~12)
40:1~6 예레미야는 다른 포로들과 함께 묶여서 끌려갔던 라마에서 풀
려났다. 느부사라단이 예레미야를 풀어줄 때 예레미야의 예언들을 알고
있었다. 틀림없이 도망 온 자들이나 포로로 잡혀 온 자들 중에 어떤 이들
이 예레미야의 메시지에 관해서 이야기를 한 것으로 보인다. 느부사라단
은 하나님께서 예루살렘에 예언했던 대로 백성들이 그에게 죄를 지었기
때문에 재앙을 내리셨는지를 예레미야에게 물어보았다. 그리고 느부사라
단은 예레미야를 사슬에서 풀어 주었는데, 유다의 바벨론을 향한 혁명에
그가 가담하지 않았다는 사실을 알았기 때문이다.

예레미야는 가기 원하는 곳이면 자유롭게 어디든지 갈 수 있었다. 그
가 다른 포로들과 함께 바벨론에 갈 때 느부사라단은 그를 잘 보살펴 줄

것을 약속했다(참조, 39:12). 만일 유다에 남기를 원한다면 예레미야가 거주하기를 원하는 곳 어디든지 정착할 수 있었다. 그러나 느부사라단이 그다랴에게 가서 같이 살기를 제안했다. 물론 총독 그다랴는 예레미야가 같이 거주한다면 보호와 물질적인 공급을 제공할 수 있다고 했다. 예레미야가 라마를 떠나 약 5킬로미터 떨어진 미스바(예루살렘의 파멸 이후에 유다의 행정적인 중심지가 되었다)에 도착했을 때 느부사라단은 그에게 친절을 베풀며 식량과 선물을 주었다.

40:7~12 여러 차례의 전쟁으로 흩어져 살아남은 유다의 군인들은 주요 군대들이 항복한 이후에도 이따금씩 들밭에 배치된 상태였다. 예루살렘, 라키쉬, 아즈카에 배치되었던 유다의 주 부대는 붕괴되었으나, 아직까지도 장교단과 병사들은 여러 지방에 흩어져 있었다. 그 병사들이 그다랴가 새 총독이 되었다는 소식을 듣고 미스바로 갔다. 그중에 언급된 두 지도자(8절)는 특별히 주의를 기울일 필요가 있다. 첫 번째 언급한 사람은 느다냐의 아들 이스마엘이었다(참조, 14~15절). 그는 다윗 왕가 혈통(참조, 41:1)으로 시드기야의 방백으로 있었다. 두 번째는 가레아의 두 아들 중 하나인 요하난이었다(참조, 40:13~16). 그 밖에 요하난에 관해서 알려진 바는 아무것도 없다.

8절에 언급된 장성들은 흩어져 살아남은 군인들이 무기를 버리고 항복한다면 어떻게 될 것인지를 알기 원했다. 그다랴는 그들이 항복한다면 어떠한 해도 없을 것이라고 확언했다. 그리고 그 땅에 정착해 바벨론을 섬기라고 권면했다. 그다랴는 그들이 포도, 여름 과일, 기름 등을 수확하는 데 전념할 수 있도록 바벨론인들 앞에서 그들의 대표자로서의 책임을 질 것이라고 약속하였다. 그래서 그들은 자신들이 얻은 성읍들에서 자유롭게 살 수 있게 되었다.

흩어졌던 유다 저항군들이 성읍으로 돌아왔다는 사실에 덧붙여서, 총독인 그다랴의 약속의 말이 모압, 암몬, 에돔과 그 밖의 지역에 있는 유다인들에게까지 전해졌다. 그래서 모든 피난민들이 다시 정착하기 위해서 그 땅으로 돌아와 포도와 여름 과일을 추수하는 것을 도왔다(참조, 10절).

(2) 그다랴의 암살(40:13∼41:15)

40:13∼16 유다의 전망이 분명하게 보였다. 평화와 안정이 다시 회복되어 가고 있었다. 파벌 다툼도 그다랴의 통치 안에 수그러들었고 몇몇 피난민들은 다시 되돌아왔다. 그러나 그 이면에는 음모와 모반이 감돌고 있었다.

이러한 심상치 않은 문제에 대한 첫 보고가 가레아의 아들 요하난으로부터 있었다(참조, 8절). 모든 군대 장성들과 함께 그다랴에 보고하기를, 암몬 자손의 왕 바알리스가 느다냐의 아들 이스마엘(참조, 8절)을 보내 그다랴의 생명을 취하려고 했다는 것이다. 암몬의 왕이 왜 이스마엘과 공모해서 그다랴를 죽이려 했을까? 거기에 대한 해답을 얻기 위해서는 유다와 암몬과의 관계를 이해해야 할 것이다. 두 나라는 바벨론의 속국으로 BC 593년에 국가간 비밀회담을 가져 바벨론에 대한 반란을 연합해서 수행할 만한지에 대한 전망을 타진했다(참조, 27:1∼11). 그러나 그 모임에서 분명한 행동이 나오지 못했다. 그러다가 BC 588년에 애굽의 왕 호브라가 유다, 암몬, 두로를 설득하여 바벨론에 혁명을 일으키도록 했다. 이에 대해 느부갓네살은 어느 나라를 먼저 공격해야 할 것인가를 결정해야 했다. 하나님께서는 암몬보다 유다를 먼저 공격하라고 직접 느부갓네살에게 말씀하셨다(참조, 겔 21:18~23). 유다와 암몬은 예루살렘이 함락을 당할 때에 여전히 동맹국이었고, 시드기야는 암몬을 향해서 도망치다가 체포된 것으로 추측된다(39:4~5). 그러나 동맹국으로서의 연합에도 불구하고 유다와 암몬은 서로를 감싸 주지 못했다. 게다가 그들의 연합 자체가 정략결혼으로 이뤄졌다. 암몬은 예루살렘의 함락을 기뻐했는데, 느부갓네살이 그의 군대로 예루살렘을 공격하게 한다면 동시에 암몬을 공격할 수가 없다는 것을 알았기 때문이다(참조, 49:1~6 주해; 겔 25:1~7). 따라서 바벨론에 대한 그다랴의 맹세는 암몬에게 불안한 상태를 야기시켰던 것이다. 유다가 바벨론에 복종을 하고 느부갓네살이 두로의 포위를 끝낸다면(참조, 겔 29:17~18) 그는 이제 암몬을 공격할 것이다. 그러나 아직 안정되지 못한 유다로 인하여 느부갓네살은 그곳의 질서 유지를 위해서 많은 군대로 임무를 감당하도록 했다. 이것이 암몬의 생존에 위협을 가져오게 되었고 암몬은 그들에게 유리하게 그다랴의 친 바벨론 노선 대신에 이스마엘과 같은 반 바벨론 지도자를 택했던 것이다.

불행하게도 그다랴는 장군들의 말을 믿지 않았다. 요하난은 비밀리에 그다랴를 만나 이스마엘을 죽이라고 제안했다. 비밀리에 그렇게 하도록 계획을 해 누가 그 책임을 맡은 자였는지는 아무도 몰랐다. 요하난은 유다의 이익을 위해서 이스마엘을 제거해야 한다고 생각했다. 만일 이스마엘이 그다랴의 생명을 취하도록 허락된다면 그것은 그 땅에 있는 모든 유다 사람들이 뿔뿔이 흩어져 망하게 하는 원인이 될 수 있었다. 그다랴는 요하난에게 명하여 그런 행동을 못 하게 했다. 그다랴가 이스마엘에 대한 소문이 사실이 아니라는 것을 확신하고 있었기 때문이다. 그다랴는 존경할 만한 인물이었지만 이스마엘의 성품을 잘못 판단함으로 치명적인 실수를 범하게 되었다.

41:1~3 이스마엘이 그다랴에게 일곱 번째 달(8~9월)에 왔다. 달은 주어졌지만 해는 언급하지 않고 있다. 따라서 암살당한 정확한 연대는 알 수 없다. 이런 일련의 모든 사건들이 BC 586년에 일어났다고 보기는 어렵다. 왜냐하면 바벨론 군대가 그해 8월 17일까지 예루살렘에 아직 남아 있었기 때문이다(52:12). 그렇다면 바벨론인들이 백성을 추방하고 정부를 세워 땅을 할당하며 그들의 주요 군대들을 철수하는 데 두 달도 채 안 걸렸다는 이야기가 된다. 암살은 그 다음 어느 해에 있었다고 봐야 할 것이다. 그렇다면 과연 어느 해에 일어났을까? 한 가지 제안은 BC 583~582년 사이에 있었던 잘 알려져 있지 않은 어떤 유배 사건에 초점을 맞춘다(참조, 52:30). 느부갓네살이 왜 그 시기에 거기를 방문하였을까? 총독의 살해 이후에 질서를 회복하려고 유다에 예기치 않던 소규모의 바벨론인 군대를 주둔시켰다는 의견이 그럴듯하다(참조, 41:2~3). 이러한 사건들이 관련이 있다면 그다랴가 암살을 당했던 '일곱 째 달'은 BC 583년 10월 4일이 된다.

이스마엘은 열 명의 사람과 함께 평화로운 만남을 위해서 그다랴에게 왔다. 그들이 함께 앉아 음식을 먹다가 이스마엘과 그 일당들이 그다랴를 덮쳤다. 또한 그들은 모든 유다 사람들(아마 그 연회에 참석한 자들)뿐 아니라 거기에 거주한 바벨론 병사들까지 모두 다 살해했다(참조, 왕하 25:25).

41:4~9 암살은 저녁에 발생한 것으로 보인다. 암살 과정이 너무나 잘 전개되었기 때문에 살해된 다음 날까지 아무도 그것에 대해서 알지 못했다. 그날에 80명의 사람들이("수염을 깎고 옷을 찢고 몸에 상처를 내고". 참조, 16:6 주해) 통곡하면서 세겜, 실로, 사마리아(북 이스라엘에 위치한 세

도시)에서 예루살렘으로 왔다. 이러한 사람들이 북 이스라엘에서 왔다는 사실은 적어도 요시야의 일련의 개혁들(참조, 왕하 23:15~20; 대하 34:33)이 지속적인 영향력을 행사하고 있었다는 사실을 암시한다. 이 사람들은 소제물과 유향을 가지고 와서 성전에 바칠 계획이었다. 성전이 비록 파괴되었다 할지라도(참조, 52:13, 17~23), 사람들은 아직도 그곳에서 예배를 드렸다. 분명히 이 순례자들은 예루살렘에 와서 일곱 번 째 달에 열리는 세 축제 중의 하나를 축하하고자 했다(참조, 레 23:23~44).

이스마엘은 밖으로 나가 울면서 그 순례자들을 맞이했다. 환영을 하는 척 한 다음에 그들을 그다랴에게로 안내했다. 분명히 총독과의 만남이 거절되지 않았기에 그들은 성 안으로 들어갈 수 있었다. 그들이 성 안으로 들어갔을 때 이스마엘과 살인자들은 80명 중 70명의 사람들을 살해하여 그 시체들을 구덩이에 던져 버렸다. 이스마엘은 왜 이런 야만적인 행동을 저질렀을까? 상세한 설명은 없지만 8절에 그가 희생자들을 약탈하고 그들의 식량을 빼앗으려 했었다는 사실을 암시해 주고 있다. 분명히 80명의 순례자들의 일행은 상당량의 음식과 돈을 가지고 있었을 것이다. 80명 중 10명은 겨우 교섭을 통해 그들의 생명을 유지할 수 있었다. 그 교섭의 내용은 밀과 보리, 기름과 꿀이 어느 한 밭에 숨겨져 있다는 것으로 설명하고 있다. 자신들을 살려 준다면 이스마엘에게 숨겨둔 장소를 가르쳐 줄 것이라고 했다. 결국 이스마엘의 탐욕으로 그들은 죽임을 당하지 않았던 것이다.

예레미야는 살육이 발생했던 장소의 역사적인 중요성을 간접적으로 설명했다(9절). 70명의 사람들과 그다랴의 시체가 던져져 있는 그 구덩이는 거의 200년 전에 아사 왕이 파 놓았던 것이다. 그곳은 유다 왕 아사가 이스라엘 왕 바아사의 진격을 막기 위한 곳이었다(참조, 왕상 15:16~22).

한때 생명을 지켜 주었던 그 구덩이는 지금은 죽은 자들로 가득 채워져 있다.

41:10~15 이스마엘은 미스바에서 살고 있는 상류 계급에 소속된 자들만을 살해했다(2절). 그리고 거기서 살고 있던 나머지 모든 사람들을 포로로 붙잡았다. 거기에는 왕의 딸들과 그다랴에 소속된 모든 자들도 포함되어 있었다. 말할 것도 없이 예레미야도 그 포로들 가운데 포함돼 있었다 (참조, 40:6). 그들은 미스바를 떠나 이스마엘의 동맹국인 암몬으로 갔다 (40:14).

그 살해 사건은 완전히 은폐될 수가 없었다. 어떤 사람이 우연히 그 광경을 목격했거나 그 단체에서 도망나온 사람이 그 사실을 다른 군대 장군에게 보고하게 되었다. 가레아의 아들 요하난과 그와 함께 있는 군대 장군들이 이스마엘의 모든 악행을 듣고 사람들을 동원하여 그와 싸우기 위해서 길을 떠났다. 군인 무리는 기브온의 큰 물가에서 천천히 가고 있는 포로들을 만났다(삼하 2:12~16). 포로들은 그들의 구원병을 발견하고 기뻐했으며, 놀라고 혼란스러운 가운데 이스마엘에게서 떠나 요하난 쪽으로 건너왔다. 싸움 중에 이스마엘은 포로들 중 여덟 명의 사람들과 함께 도망쳐 암몬 자손에게로 갔다. 결국 이스마엘과 함께 있었던 열 명 중 두 명은 잡혔거나 살해되었던 것이다(참조, 1절).

(3) 요하난의 지도력(41:16~42:22)

41:16~18 요하난은 이스마엘로부터 구조 받은 생존자들을 모두 데리고 떠났다. 그들은 군인, 여자, 아이, 그리고 내시들이었다. 요하난은 그들을 데리고 미스바로 되돌아오지 않고 가던 길을 계속해서 갔다. 휴식을

위해서 첫 번째 머무른 곳이 기브온에서 약 21킬로미터 떨어진 베들레헴 근처에 있는 게룻김함이라는 곳이다. 그들은 바벨론인들을 피하기 위해서 애굽으로 가는 중이었다. 바벨론인들이 그다랴의 죽음에 대한 보복을 할 것을 두려워했기 때문이었다.

42:1~6 계속해서 무작정 가기 전에, 요하난과 호사야의 아들 여사냐(43장 2절에서 아사랴로 불린다)를 포함한 모든 군대 장군들과 사람들은 그들이 가는 길의 하나님의 인도하심을 묻기로 결정했다. 그래서 예레미야에게 요청하여 하나님께 그들을 위한 기도를 드리도록 했다. 그들은 하나님께서 자신들이 어디에 가서 무엇을 해야 할지를 말씀해 주기를 원했다. 그들은 이미 이스라엘을 도망치기로 작정했으나 목적지는 불분명한 상태였다(42장 14절과 43장 7절에서 그들이 애굽으로 갈 계획을 이미 세웠다는 것을 암시한다).

예레미야는 사람들을 위하여 기도하는 것에 동의하고 하나님께서 말씀해 주신 모든 것을 그들에게 전하겠다고 약속했다. 사람들은 하나님이 명하신 것이 좋든 좋지 않든 그것에 따라서 행동하겠다고 약속했다. 하나님께서 불복종한 민족을 파멸시키는 것을 목격한 다음부터 그들은 주께 복종해야 한다는 사실을 유념하고 있었다.

42:7~12 예레미야는 백성을 위해서 기도했고, 10일 후에 하나님께서 그의 요구에 응답해 주셨다. 예레미야는 사람들을 불러 모아 그들에게 하나님의 말씀을 전해 주었다. 그들이 그 땅에 거한다면 하나님께서 그들을 세우시기로 약속하셨으니, 바벨론인들을 두려워할 필요가 없을 것이라고 했다. 하나님께서 그들을 어떠한 해로부터도 구원해 주실 것이기 때문이

다. 진심으로 하나님께서는 맹세하시기를, 느부갓네살이 긍휼(라함[רֶחֶם: 친절한 관심을 보인다])을 베풀 것이라고 했다(이 단어는 바벨론 사람들의 특성으로는 어울리지 않는다. 참조, 6:23, 21:7). 사람들이 바벨론인들에게 복종한다면 하나님께서 느부갓네살을 통해 그들의 땅을 되돌려 줄 것이라고 약속하셨다.

42:13~18 신명기 28장에 서술된 축복과 저주처럼, 예레미야는 순종함으로 얻는 축복들을 열거한 다음에 불순종함에 따르는 심판들을 열거했다. 만일 사람들이 그 땅에 거주하기를 거절함으로 하나님께 불순종하여 살기 위해서 애굽으로 내려간다면, 그들은 스스로의 맹세를 저버리는 대가로 하나님의 심판을 경험하게 될 것이다(5~6절). 애굽으로 내려가려는 그들의 욕망은 쉽게 이해할 수 있다. 그곳에서 위급한 공격을 알리는 나팔소리를 더 이상 듣고 싶지 않거나, 더 이상 전쟁을 경험하고 싶지 않았기 때문일 것이다(참조, 4:5, 19~21; 6:1). 또한 애굽에서는 예루살렘이 포위를 당한 이후에 경험했던 배고픔을 더 이상 경험하지 않을 것이다(참조, 애 1:11; 5:6, 9). 그러나 예레미야는 만일 하나님의 말씀에 불순종하여 애굽에서 정착하기로 한다면 그들은 칼, 기근, 재앙으로 죽게 될 것이라고 경고했다(참조, 14:12; 42:22). 그들이 피하기를 원했던 모든 위험들이 그들에게 임할 것이다. 아무도 그 재앙을 피할 수 없을 것이며 이스라엘 땅을 떠난 사람들은 다시는 그 땅을 볼 수 없게 될 것이다.

42:19~22 예레미야는 그의 메시지를 결론지으면서 애굽으로 내려가지 말라는 하나님의 명령을 되풀이 한다. 그러나 그들은 하나님께서 말씀하신 모든 것을 행하기로 맹세했지만, 정작 말씀이 임하자 순종하기를 거절

했다. 하나님은 그들의 마음을 아셨다. 예레미야에게 기도를 요청한 것이 치명적인 실수였다고 하셨다. 예레미야는 그들이 애굽으로 내려간다면 그들은 칼, 기근, 재앙으로 죽게 될 것이 분명하다고 계속해서 경고했다(참조, 17절).

b. 애굽에 남아 있는 자들에 대한 예레미야의 사역(43~44장)

(1) 애굽으로 도망간 남은 자들(43:1~7)

43:1~3 예레미야가 사람들의 요청에 대한 하나님의 응답을 그들에게 전하기를 마칠 때에 아사랴(42장 1절에는 여사냐로 불렸다)와 요하난, 그리고 교만한 모든 자들이 그의 신실함에 도전했다. 그들은 예레미야가 하나님께서 애굽으로 내려가지 말라고 하신 것은 거짓말이라고 말했으며, 바룩이 예레미야를 충동질하여 이전의 모반자들을 바벨론 사람들에게 넘겨 그들을 죽게 하거나 포로로 잡혀가게 하려는 음모를 꾸몄다고 비난했다. 그들이 왜 바룩을 지정했는지는 분명치 않다. 그들은 바룩이 예레미야의 친구이자 서기관으로 있었기 때문에 그가 예레미야의 대답에 책임을 질 것이라고 여겨서 그렇게 한 것으로 보인다.

43:4~7 그들은 미스바로 되돌아오지 않고 게롯김함에서 남쪽으로 이동했다(41:17). 그다랴에게로 돌아왔던 군대 장군들과 병사들이 합세함으로(40:7~10) 이 무리는 각 열방에서 유다로 돌아온 남은 자들(41:11~12)과 그다랴를 의지하고 있던 남자, 여자, 그리고 아이들, 또 왕의 딸들을 포함하고 있었다. 지도자들은 예레미야와 바룩 역시 그들과 함께 가도록 강요했다. 그들은 애굽으로 가 북쪽 낮은 경계에 위치한 요새 성인 다바네

스에 정착했다(참조, 서론, "예레미야와 에스겔의 세계" 지도).

(2) 느부갓네살이 본 환상에 대한 예언

43:8~13 유다 사람들이 지켜볼 때에 예레미야는 상징적 행위를 하면서 그들의 주의를 환기시키려 했다(참조, 13:1~11). 그는 큰 돌을 모은 다음에 바로의 궁전 입구, 큰 뜰을 덮고 있는 벽돌 아래 진흙으로 그것들을 묻었다. 그 당시 바로의 주요 거주지는 애굽의 위쪽(남쪽)에 위치한 엘레판티네였다. 예레미야가 언급한 '궁전'은 그가 다바네스 성에 왔을 때 바로의 주거지로 사용되었던 정부 건물일 것이다.

그 돌들의 목적은 하나님께서 느부갓네살을 애굽에 데려와서 그가 왕위를 세웠던 그곳을 지적하기 위함이다. 바벨론 왕이 애굽을 공략하러 왔을 때 예레미야가 지적한 그곳 위에 화려한 장막을 쳤다. 이러한 유배자들을 쫓고 있는 죽음, 포로, 칼의 유령들(참조, 42:13~17)은 그들을 따라 애굽으로 들어올 것이다. 그리고 느부갓네살은 애굽의 성전들을 불태워 거기의 신상들을 노획해 목자가 그의 몸에 옷을 두르는 것같이 자기 몸에 두르고 애굽을 떠날 것이다. 태양성전(벧세메스[בֵּית שֶׁמֶשׁ : 헬리오폴리스 성을 말한 것으로 보인다)에 애굽의 신상들이 집중되어 있었다(참조, 서론, "예레미야와 에스겔의 세계" 지도). 오벨리스크와 성전들로 꾸며진 이 성은 파괴될 것이다.

느부갓네살이 언제 애굽을 공격했을까? 발견된 바벨론인 역대기에는 BC 594년까지만 기록되어 있기 때문에 그 연도를 알 수 있는 성경 이외의 자료가 일반적으로는 부족하다. 그러나 단편으로 전해져 오는 한 문서에서 BC 568~567년에 느부갓네살이 애굽을 침입한 사실을 암시하는 것을 발견했다. 이것은 에스겔 29장 19절에 느부갓네살의 애굽 침입에 대한 예언과 잘 맞아떨어지고 있다. BC 571년 4월 26일에 주어진 그 예언은 침략이 장차 미래에 있을 것을 지적했다. 따라서 애굽에 대한 느부갓네살의 공격은 BC 571년과 567년 사이에 일어났을 것이다.

(3) 하나님의 심판의 경고(44장)

44:1~10 예레미야가 애굽에 있는 중에 하나님의 말씀이 그에게 두 번째로 임했다(참조, 43:8). 이번에 주신 말씀은 애굽에 와 있는 모든 유다 사람들에 관한 것이었다. 그것은 믹돌, 다바네스와 바드로스 같은 북쪽에 있는 성들을 포함한 애굽 아래 쪽에 있는 자들에게 적용될 뿐 아니라 북쪽 애굽에 있는 자들까지 포함되었다. 예레미야는 양 극단의 지역을 열거하면서 그 지역들 모두가 포함되어 있다는 것을 '메리즘'(상극법. 극과 극의 상반된 요소를 모든 언급함으로써 전체를 말하는 기법)으로 알려진 언어 상징으로 표현하고 있다. 따라서 이 메시지는 애굽 전역에 있는 모든 유다 사람을 향한 것이다.

하나님께서 유다 사람들에게 예루살렘과 온 유다의 성읍에 내린 재앙을 상기시켰다. 유다의 파멸은 그들이 저지른 악행에 대한 하나님의 심판을 무언으로 증명해 주었다. 하나님께서 언급하고 있는 특별한 죄는 다름 아닌 다른 신들에게 경배를 한 것이었다. 하나님께서 여러 번 그의 종들인 예언자들을 통해서 백성에게 악으로부터 돌아오라고 경고했지만 그들은 귀를 기울이거나 주의하지 않았다. 이제 하나님의 통렬한 진노가 유다를 향해서 그들이 황폐케 되어 패망할 때까지 계속 발하게 될 것이라고 하셨다.

예레미야는 이 '역사의 교훈'을 애굽에 있는 유다 사람들에게 적용하였다. 그들은 우상의 어리석음을 깨닫는 것 대신에 애굽 땅에 있는 다른 신들에게 분향했다. 엄하신 하나님께서는 그들의 이러한 죄 때문에 그들을 심판하실 것이다. 그들은 저주와 비난의 대상(참조, 24:9 주해)이 되는 위험에 처하게 되었다. 그들과 조상들이 사악한 죄를 지어 하나님의 심판을 초래했던 사실을 그들이 망각한 것 같았다. 그들은 하나님 앞에서 겸손한 태도를 보이지도 않았고 그분의 법을 따르지도 않았다. 그들은 그렇게 빨리도 하나님의 말씀을 잊어버렸던 것이다.

44:11~14 하나님은 유다에 행하셨던 것과 똑같이 애굽에 남아 있는 자들에게도 그들의 죄로 재앙을 내리실 것이다. 그들은 칼과 기근으로 멸망할 것이다. 그 심판은 거의 모든 사람들에게 임할 것이며 애굽에 살고 있는 자들은 하나님께서 예루살렘을 무너지게 할 때 사용하셨던 같은 심판을 경험하게 될 것이다. 이런 도피자들이 설령 언젠가 고향으로 돌아가기를 소망한다 할지라도 하나님께서는 그 어느 누구도 유다 땅에 돌아갈 수 없을 것이라고 단언하셨다. 하나님의 명령을 거역하고 애굽으로 도망친 모든 자들은 하나님이 돌아오도록 허락한 몇몇 도피자들 외에는 거기서 죽게 될 것이다.

44:15~19 예레미야의 메시지를 들은 자들은 회개를 거부했다. 자기 부인들이 우상을 섬겼다는 것을 알고 있는 남자들은 과거 했던 그대로 우상 섬기는 것을 계속할 것이라고 말했다. 이러한 우상을 섬기는 행위 가운데에는, 심지어 하늘 여신에게 분향하는 행위까지 있었다(참조, 7:18 주해). 그렇게 공공연하게 이방신을 섬기는 것이 보편적이었던 것은, 백성, 조상들(아비들), 왕들, 방백들에 의해서 그렇게 행해졌기 때문이다. 진리와는 반대로 사람들은 이방신의 의식을 멈췄기 때문에 어려움이 닥쳐온

다고 불평했다. 그들은 하늘의 여신에게 제물을 바쳤기 때문에 풍성한 음식을 향유할 수 있었다고 말했다. 그들이 분향을 멈추자 아무 것도 소유하지 못했고 칼과 기근으로 죽음이 시작되었다고 말했다. 백성의 때늦은 지혜는 매우 근시안적이었다. 그들은 오히려 역사 속에서 정반대의 결과가 진실이라는 것을 기억하지 못했다(참조, 14장; 호 2:5~9; 암 4:4~12). 하나님께 대한 신앙과 복종은 축복을 가져다 주었고 하나님께 대한 불신앙은 저주를 가져다 주었다(레 26:1~45; 신 28장). 여인들은 그들의 남편들이 자기들이 섬기고 있는 우상숭배 의식에 대해서 알고(분명히 시인했다) 있다는 사실을 확신했다.

44:20~23 예레미야는 유다 백성들에게 하나님께서 전에 있었던 우상 제물에 대한 사건을 알고 계시다는 것을 상기시켜 주었다. 하나님께서 더 이상 그 죄를 참으실 수가 없어 유다를 심판하셨고 그래서 그 땅은 저주 받아 쓸모없는 황폐한 땅이 되었다는 것이었다. 축복은커녕 거짓 신들을 섬긴 유다는 그의 파멸이 분명해졌다. 주를 알지도 못하고 그를 따르지도 않았기에 남은 자들이 지켜보는 가운데서 유다에 재앙이 내려졌다.

44:24~28 백성의 행위들은 하늘의 여신께 분향과 전제로 계속 경배를 드릴 것이라는 그들의 신실한 서원을 보여 준다(17절). 그들이 우상을 추종하겠다는 결정을 한 이후에, 하나님께서는 빈정대는 말투로 그들이 거짓 여신들에게 했던 맹세를 계속하라고 말씀하셨다. 그들이 거짓 여신들에게 경배를 한다는 것은 곧 심판에 대한 하나님의 메시지를 듣는 것을 의미한다. 하나님께서 굳은 맹세를 하셨고 그분의 위대한 이름으로 확언하시기를, 애굽에 살고 있는 어떤 유다 사람도 그분의 이름을 다시 부르

거나 그분의 이름으로 맹세하는 자가 없을 것이라고 하셨다. 그분의 심판은 모든 것이 파괴될 때까지 유다를 따라다니면서 계속될 것이다. 단지 몇 사람만이 유다로 살아 돌아올 것이다. 그때 그들은 하나님의 말씀만이 변하지 않는다는 것, 즉 우상이 번영을 가져다 주었다는 저들의 주장에 직접적인 징계가 되었다는 사실을 알게 될 것이라고 하셨다(17~18절).

44:29~30 그리고 하나님께서 그의 예언의 참됨을 확인할 수 있는 표징을 주셨다. 이 표징의 성취로 애굽에 있는 우상을 섬기고 있는 유다 사람들을 향한 하나님의 진노의 위협들(참조, 27절)이 변치 않고 있다는 것이 증명될 것이다. 그 표징은 애굽의 왕 호브라가 느부갓네살에게 양도되었던 시드기야처럼 그의 원수들에게 넘겨지게 되는 사건이다. 역사가 헤로도투스에 의하면, 호브라는 BC 570년에 그의 왕위를 잃었다. 그 경위를 보면 그가 장군들 중에 아마시스라는 자를 군부 내에 일어나고 있던 반란을 진압하기 위해 보냈는데 오히려 그 군대가 아마시스와 결탁해 그를 왕으로 추대했다. 아마시스는 호브라와 싸워 이기고 그를 옥에 가두었다. 얼마 후에 아마시는 호브라를 그의 죽음을 요구하는 애굽 사람들에게 넘겨주어 교살시키게 된다(Herodotus 2. 161~163, 169).

c. 바룩에게 한 예레미야의 사역(45장)

45:1~3 이 장은 여호야김 4년(BC 605~604년)에 바룩이 예레미야가 받아쓰게 한 메시지를 두루마리 책에 기록한 후 쓰여졌다. 이것에 관한 사건은 36장 1~8절에 기록됐다. 분명히 바룩은 메시지의 내용으로 낙담하고 있었다. 그는 하나님께서 그의 고통에 슬픔을 더해 주셨다고 느꼈다.

마치 예레미야가 이전에 그랬던 것처럼(참조, 8:21~9:2; 14:17~18; 15:10, 15~18), 바룩은 슬퍼 지쳐서 평안함을 찾을 수 없었다.

45:4~5 바룩에게 준 하나님의 메시지는 심판 중에도 신앙의 감응을 일으키기 위한 것이었다. 하나님께서는 그가 지은 것을 정말로 파괴시키시고 심은 것을 뽑아버릴 것이라고 하셨다(참조, 1:10). 바룩이 실망한 것은 이러한 심판으로 그의 개인적인 큰 열망이 깨어진 것이었다. 바룩은 하나님께서 재앙을 내린다고 하셨기 때문에 스스로를 위한 위대한 가치는 찾지 말아야 했다. 하나님께서 그가 원했던 것을 주시지 않기 때문에 슬퍼해야 할 것이 아니라, 오히려 하나님께서 그를 구원해 주신 사실에 감사를 드려야 했다. 하나님께서 바룩에게 약속하시기를, 온 사방에 재앙이 있을지라도 그는 도망하여 살게 될 것이라고 하셨다. 하나님께서 바룩에게 기대했던 것은 그와 동시대 사람인 하박국과 같은 반응이었다(참조, 합 3:16~19). 의로운 자의 소망은 민족적인 심판이 내리고 있는 가운데서도 확고하게 하나님께 고정되어 있는 것이다. 예레미야가 유다에 대한 예언들 중(2~45장)에 이 장을 마지막에 둔 것은, 포로 생활 당시에 하나님께서 신앙심이 깊은 유다 사람들로부터 하박국과 같은 반응이 있기를 바라셨던 것을 강조하기 위함일 것이다.

III. 열방을 향한 예언들(46~51장)

예레미야는 열방에 대한 예언자로서 위임을 받았다(참조, 1:5; 46:1). 그는 예레미야서의 앞부분에 유다에 대한 예언들을 모았다(2~45장). 그들이 하나님의 언약 민족이며 예레미야의 예언 활동에서 가장 많은 시간을 할애했기 때문이다. 그러나 다른 민족들도 그의 예언자적인 관심을 피할 수 없었다. 만약 하나님께서 유다의 죄 때문에 언약의 백성을 심판하셨는데 그 주위 민족들의 죄가 훨씬 더 심하다면 그들이 심판을 피할 수 있기를 어떻게 바라겠는가? 46~51장에서 하나님의 심판의 시선이 유다로부터 그의 이방 이웃들에게로 옮겨졌다.

A. 애굽을 향한 예언(46장)

심판을 받아야 할 첫 번째 나라는 이전에 유다와 동맹국이었던 애굽이다. 애굽은 바벨론에 대항하는 유다의 반란을 지지해 주었지만, 막상 그 반란에서 동반자를 보호해야 할 때가 왔을 때 그 일을 감당할 만한 능력이 없음이 증명됐다(참조, 37:4~10; 겔 29:6~7).

1. 갈그미스에서 패배한 애굽(46:1~12)

46:1~6 예레미야는 애굽의 왕 느고의 군대를 지적하고 있다. 이 애굽 왕은 BC 609년에 요시야에게 죽임을 당했다(왕하 23:29). 예레미야는 애

굽 군대가 갈그미스에서 패한 후 예언을 기록했다(참조, 서론, "예레미야와 에스겔의 세계" 지도). 갈그미스는 느부갓네살이 애굽에게 대 승리를 거두었던 곳으로, 유브라데 강가에 있는 성이다. 이 갈그미스 전투는 BC 605년 여호야김 4년에 일어났다.

하나님께서 조롱 섞인 어조로 애굽의 군대를 불러 방패를 준비하게 해 바벨론 사람들과 싸우기 위해 진격하라고 하셨다. 말들에게 마구를 채워 올라타고 보병 부대는 싸울 수 있는 자세를 취하였다. 그들의 창과 무기들이 준비되었고 애굽 군대는 만반의 준비를 다 갖추었다.

그러나 싸움은 애굽 마음대로 되지 않았다. 바벨론의 빠른 공격으로 애굽 사람들은 두려워하며 용사들은 패배를 당했다. 공포에 질린 병사들은 급하게 도망쳤다. 계속되는 혼란 속에 도망을 치는 병사들은 자신들의 퇴각에 오히려 방해가 되어 빠른 자도 도망갈 수 없고 강한 자도 도망갈 수가 없었다. 바벨론은 그들을 주시하면서 파멸시켰다. 바벨론인의 역대기에도 이러한 희망 없는 혼란과 패배에 대한 사실을 확인시키고 있다. 애굽 군대는 바벨론 사람들보다 먼저 퇴각했는데, 바벨론 사람들은 그들을 주시하다가 패배시켜 단 한 사람도 자기 나라로 도망가지 못 하게 했다(Donald J. Wiseman, *Chronicle of Chaldean Kings(BC 626~556) in the British Museum*. London: Trustees of the British Museum, 1956, pp. 67~69).

46:7~12 하나님께서는 강둑에 넘쳐흘러 일렁이는 파도로 성읍을 침몰시키는 나일 강을 흉내내려는 나라가 어디인지를 물으셨다. 그 나라는 바로 애굽이다. 그 나라는 나일 강처럼 일어나 세계를 정복하려고 했다. 이처럼 애굽은 나일 강과 같은 특성을 모방하려고 했던 것이다.

말과 마부들로 구성된 애굽 군대의 물결은 마치 힘있는 강의 굽이침과 같았다. 애굽 군대는 구스인의 용병(현재의 남부 이집트, 수단, 북에티오피아)과 보병으로 방패를 가진 붓 사람(현재의 리비아)과 활들(화살을 당기는)을 가진(소아시아 서쪽 해안에서 온) 루딤 병사들로 구성되어 있었다. 에스겔은 이들을 같은 용병 단체로 불렀다(겔 30:5).

애굽이 막강한 군대를 갖추었다 할지라도 싸움의 날은 주께 속해 있었다. 하나님께서 애굽에 복수를 하심으로 그 나라를 파괴시키실 것이며, 그때서야 심판의 칼을 거두실 것이다. 하나님께서는 이 살육을 유브라데 강가 갈그미스에서 애굽인들을 멸망시켰을 때의 희생과 비교하셨다.

애굽인들이 길갈에 가서 유향을 취하여 그들의 상처를 치유하려 한다 할지라도(참조, 8:22 주해), 하나님께서 그들의 치유를 허락하지 않으심으로 그것은 헛된 일이 될 것이다. 주변의 열방들은 고뇌의 아우성과 땅에 가득찬 고통을 당하고 있는 애굽의 수치에 대해서 듣게 될 것이다. 힘 있는 용사들인 그들이 패하여 함께 넘어져 다른 사람들을 우왕좌왕하게(참조, 46:6) 만들 것이다.

2. 침입을 받고 유배된 애굽(46:13~26)

46:13~19 느부갓네살은 BC 571~567년까지 거의 애굽 땅을 침입하지 않았다(참조, 43:8~13 주해). 연대가 확실치 않은 예언이지만, 하나님께서 애굽을 공격하기 위해서 느부갓네살이 다가오고 있다고 덧붙여 자세하게 알려 주셨다. 느부갓네살의 접근에 대한 경고는 믹돌, 놉, 다바네스에 대한 경고와 일치한다. 예레미야가 44장 1절에서도 언급하고 있는 이 성들은 결국 아래쪽(북쪽) 애굽을 묘사하기 위한 것이었다. 그곳은 느부갓네살의 군대가 그들의 위치를 확보하여 방어 태세를 갖추고 만반의 준비를

한 지역이었다.

예레미야는 왜 애굽의 용사들이 쓰러졌는지 그 이유를 물었다(15절). 여기서 본문 구절에 대한 문제가 제기된다. 70인역성경에는 '아피스(Apis) 는 어디로 도망쳤는가?'라는 구절이 있다(70인역성경은 예레미야서의 장 순서를 다시 정리했다. 15절의 내용은 70인역성경의 26장 15절에서 확인 할 수 있다). 70인역성경은 '아래로 눕혔다'(니샤프[נסחף])라는 히브리어 동사를 두 개의 단어로 나누었다(니스 하프[נס חף]: 행운(아피스)이 도망갔 다]). 아피스는 애굽의 황소 신이었다. 민족의 패배는 가끔 그들이 섬기는 신의 패배로 상징되곤 했다(참조, 사 46:1~2; 50:2; 51:44). 70인역성경의 판독을 받아들인다면, 그때 예레미야는 애굽의 신 아피스가 하나님의 심 판으로부터 그들을 보호하지 못하는 무능력을 지적하고 있는 것이다. 그 러나 15절에 "너희 장사들이 쓰러짐은 어찌함이냐"라고 쓰여진 히브리어 본문 해석을 받아들이는 편이 더 나은 것으로 보인다.

예레미야는 스스로의 질문에 대답하고 있다. 하나님께서 용사들을 넘 어뜨리기 때문에 그들은 버틸 수가 없었다는 것이다. 용병 군인들이 서로 밟고 비틀거리며 애굽에서 도망가려고 하면서 그들은 고향에 있는 그들 의 민족과 땅으로 돌아가겠다고 결심을 했다. 애굽을 떠나는 것만이 압제 자들의 칼을 피할 수 있는 길이라고 생각했다. 애굽의 왕 호브라는 바벨 론인들을 꺾을 수 있다고 장담을 했지만, 패배를 당한 군사들은 그의 말 이 단지 큰소리 치는 것에 불과하다는 것을 이제서야 알게 되었다. 결국 그는 약속을 이행하지 못다. 뿐만 아니라 그는 이미 바벨론을 꺾을 기회 를 놓쳐 버렸다.

하나님께서 어떤 한 사람(느부갓네살)을 애굽에서 보내서, 산 중에 대 표격인 다볼 산처럼, 해변가의 갈멜 산처럼 모든 사람 앞에서 당당하게 높이 세울 것이라고 하셨다. 호브라가 성취할 수 없는 것을 느부갓네살은 할 것이다. 애굽 사람들은 유랑을 위한 물건들을 준비해야 했다(참조, 겔 29:9~16). 느부갓네살이 다바네스를 공격해(참조, 46:14) 애굽은 거주민들이 없는 황폐한 곳이 되었기 때문이다.

46:20~24 예레미야는 몇 가지 직유와 은유를 사용해 바벨론에게 멸망 당한 애굽을 묘사하고 있다. 우선 그는 애굽을 아름다운 암송아지에 비유했다. 이는 특히 애굽 신들의 하나인 아피스가 황소이기 때문에 인상적인 비유이다. 그러나 북쪽(바벨론)에서 온 쇠파리가 다가와 그를 물어뜯을 것이라고 했다. 두 번째로 그는 애굽 병졸들의 용병들(참조, 9, 16절)을 도살하기 위해 준비된 살찐 수송아지로 비유하고 있다. 그들은 재앙의 날이 닥치면 돌아서 도망을 가버릴 것이다. 세 번째로, 예레미야는 적을 만났을 때 도망치는 뱀의 소리에 애굽을 비유했다. 나무꾼은 나무를 쪼개기 위해 온힘을 다해 도끼질을 하지만, 뱀은 '쉬' 소리를 내며 도망칠 뿐이다. 네 번째로, 예레미야는 바벨론의 군대를 수가 너무 많아서 셀 수 없는 곤충으로 비유하고 있다. 모든 직유와 은유의 관점은 한결같이 애굽이 하나님께서 그들을 북방 민족에게 붙이셨기 때문에 부끄러움을 당하게 될 것이라는 사실을 묘사한다(참조, 12절).

46:25~26 하나님께서는 애굽의 어떤 신이나 왕들을 구원하지 않을 것이라고 하셨다. 또한 테베(혹은 '노'라고 부른다)의 아몬 신에게 벌을 내리실 것이라고 하셨다. 아몬은 윗쪽(남쪽) 애굽에 위치한 테베의 제일 신이었다. 따라서 북쪽에서 시작된 하나님의 심판(참조, 14, 19절)은 남쪽까지 확장될 것이다. 그것은 애굽의 왕과 그곳의 모든 신들, 그리고 왕에게 딸린

모든 사람들을 포함할 것이며, 그들은 느부갓네살에게 넘겨질 것이다(참조, 겔 29:17~20). 그러나 하나님께서는 애굽의 파멸은 영원한 것이 아니라, 나중에는 과거처럼 사람이 거주하게 될 것이라고 약속하셨다. 이것은 바벨론으로부터 추방된 애굽인들이 다시 돌아오는 것을 말하는 것이다(참조, 19절; 겔 29:10~16). 또한 예레미야는 애굽의 운명을 미래에 회복될 이스라엘과 연관지어(27~28절) 열방들(참조, 48:47; 49:39)의 미래에 초점을 맞추고 있다. 그것은 온전한 성취가 이루어질 그리스도의 천년왕국 때에 애굽도 그의 땅으로 다시 돌아올 것이라는 사실을 시사하는 것이다.

3. 다시 모아질 이스라엘(46:27~28)

46:27~28 유랑 생활을 하게 될 애굽과는 반대로 이스라엘은 두려워하지도 당황하지도 않았다. 오히려 하나님께서 유랑 생활에서 그의 백성을 돌아오게 하실 것을 약속하셨기 때문에 기뻐할 수 있었다. 이스라엘은 평화와 안전을 누릴 수 있는 때를 기대할 수 있었다. 비록 그들 역시 유랑 상태에 있지만 하나님께서 완전히 멸망시키지 않으실 것이다. 남은 자들이 살아남아 하나님의 복을 다시 받게 될 것이다(참조, 31:1~6).

B. 블레셋을 향한 예언(47장)

47:1 이방 열방들을 향한 예레미야의 두 번째 예언의 대상은 블레셋 사람들이다. 블레셋은 유다의 해안 쪽 광야를 점령하여 나라가 정복될 때

까지 이스라엘을 괴롭혔다(참조, 삿 3:1~4) 블레셋 사람들은 그들의 힘이 강성해질 때마다 해변 광야에서 유다의 산에 있는 성까지 확장하고자 노력했다. 이러한 노력은 삼갈(삿 3:31), 삼손(삿 13~16장), 사무엘(삼상 7:2~17), 사울(삼상 13:1~14:23; 28:1~4; 29:1~2, 11; 31:1~10), 다윗(삼하 5:17~25)에 의해서 좌절되곤 했다. 다윗이 마침내 블레셋 사람들을 점령할 수 있었고(삼하 8:1), 솔로몬 시대에는 이스라엘의 속국으로 남게 되었다. 그러나 분단 왕국 시대에는 힘의 균형이 흔들렸다. 유다는 여호사밧과 웃시야의 통치기간 때(대하 17:10~11) 블레셋을 조정할 수 있었으나, 블레셋은 여호람(대하 21:16~17)과 아하스(대하 28:16~18)가 통치하던 때에 다시 우세하게 되었다.

예레미야의 메시지는 애굽이 가사를 공격하기 전에 전해진 것 같다. 이 사건의 정확한 연대는 분명하지 않지만 느고가 북방으로 진격하여 유다를 거쳐 바벨론 사람들과 싸웠던(왕하 23:29~30) BC 609년일 것이다. 그것이 아니라면 바벨론 역대기에만 기록되어 있는 싸움에서 느고가 바벨론을 패배시킬 때인 BC 601년에 메시지가 임한 것으로 추정된다. 그러나 아스글론이 미래에 파괴될 것으로 언급되고 있는 것으로 봤을 때 BC 609년이 더 적합한 연도라고 할 수 있다. 아스글론은 BC 604년 말에 느부갓네살에 의해서 파괴되었다(참조, 36:9 주해).

47:2~7 바벨론 사람들은 북에서 올라오는 물로 묘사되고 있다. 그들은 블레셋 사람들을 쓸어버리려는 넘쳐흐르는 급류가 되려고 했다. 블레셋 사람들은 굽이치는 말굽 소리와 적들의 병거 소리가 그 땅으로 진격하면서 돌진해 올 때 고통의 소리를 낼 것이다. 백성들은 두려움에 압도되어 아비들은 다시는 자녀를 돌보기 위해서 되돌아오지 못할 것이다. 블레셋

사람들은 파멸되고 있기 때문에 그들의 동맹국들인 두로와 시돈도 그들을 도와줄 수 없을 것이다(참조, 겔 27~28장).

블레셋 사람들 중에 갑돌의 해안, 즉 크레테에 남은 자들이 있었다(참조, 암 9:7; 습 2:5). 그들은 팔레스타인의 해안으로 간 바다 사람의 무리들 중의 하나였다(참조, 서론, "예레미야와 에스겔의 세계" 지도). 팔레스타인의 다섯 도시들 가운데 두 도시 가사와 아스글론(참조, 수 13:3; 삼상 6:4, 18)을 특별히 선택해서 언급하고 있다. 가사는 애굽 사람들에 의해 공격을 당했고(참조, 47:1), 아스글론은 그후 BC 604년 11~12월에 느부갓네살에게 파괴되었다(참조, 36:9 주해). 하나님께서 블레셋 사람들은 바벨론과 애굽의 싸움 중간에 끼어 파멸할 것이라고 말씀하셨다. 그 결과 그들은 슬픔과 비탄의 표시로 삭발을 하고 자기 몸에 상처를 낼 것이다(참조, 16:6 주해) 하나님의 심판의 칼은 아스글론과 해변을 공격해 그들이 파괴될 때까지 쉬지 않을 것이라고 하셨다(참조, 겔 25:15~17).

C. 모압을 향한 예언(48장)

모압 지방은 사해 동쪽에 위치해 있었다. 그곳은 세렛 강 남쪽에 위치한 에돔과도 떨어져 있고 아르논 강 남쪽에 위치한 암몬과도 떨어져 있었다. 예레미야는 하나님께서 파괴하신 많은 모압 성들을 열거했다. 예레미야가 사용한 많은 상징들은 이사야 16장 6~12절에서 이미 언급한 것들이다.

1. 파괴된 모압 땅(48:1~10)

48:1~5 여기에 예레미야가 언급한 느보는 모세가 약속의 땅을 보고 죽은(참조, 신 32:48~50) 곳과 같은 산이 아니다. 그곳은 르우벤 지파가 거주했던 성으로 나중에 모압에 의해 정복된 곳이다(참조, 민 32:37~38). 기랴다임이라는 성 역시 르우벤 지파가 거주했으며(수 13:19) 나중에 모압에 의해서 정복된 곳이다. 하나님께서는 모압에 의해서 점령된 그 성이 이제 다시 다른 사람들에 의해서 점령될 것이라고 말씀하셨다. '미스갑'이라는 단어는 '요새'라는 말로 번역할 수 있다. 그 요새는 아직 알려져 있지 않은 성이거나 침입자들에 의해서 파괴되었던 요새인 것 같다(참조, NIV 난외주). 헤스본은 출애굽 때 아모리 사람의 왕 시혼의 도성이었다(민 21:25~30). 그곳은 갓 족속의 지경이었지만(수 13:26), 르우벤 족속에게 주어 그들이 다시 재건했던 곳이다(민 32:37; 수 13:17). '모압돌'(현재 런던 대영 박물관에 보존)은 나중에 헤스본이 갓 족속의 개인들에 의해서 점령되었다는 사실을 암시해 주고 있다. 결국에는 모압이 헤스본을 점령하게 되었다. 이렇게 여러 지명들을 나열함으로써 예레미야는 헤스본에 있는 사람들이 모압의 멸망을 꾀하게 될 것을 지적하고자 했다.

그러고 나서 예레미야는 맛멘의 성읍에 하나님의 심판이 임하여 침묵이 있을 것이라고 서술했다. 호로나임에서 부르짖는 소리(참조, 삼하 13:34)가 모압의 모든 산을 진동함으로 루힛 언덕으로 도망하여 올라갔던 자들이 통곡한다. 호로나임으로 내려가고 있는 자들은 그들이 맞이하게 될 멸망에 대한 고통의 울부짖음으로 소리치게 될 것이다.

48:6~10 모압 사람들은 다가오는 심판을 피하기 위해서 필사적으로 도

망치게 될 것이다. 그들은 마치 버려져 있는 고독한 사막의 노간주나무(떨기나무)같이 될 것이다. "노간주나무같이"(6절) 대신에 아르논 골짜기가에 있는 성 '아로엘과 같이'라는 번역도 가능하다(참조, 신 2:36). 결국 모압 백성이 버려져 쓸쓸한 성이 되거나 광야의 노간주나무가 된다는 것은 같은 의미를 지닌다고 볼 수 있다. 모압은 그의 행위와 부를 신뢰함으로 인해, 유다가 그러했던 것처럼 그 역시 포로가 되는 심판을 받게 될 것이다. 그의 민족신 그모스(참조, 왕상 11:7)조차도 그 민족을 구원할 수 없을 것이다. 그 신도 제사장들과 방백들과 함께 포로로 끌려가게 될 것이다.

하나님의 파멸의 심판은 모든 성읍들에 임할 것이다. 골짜기는 사람들이 살고 있는 모든 골짜기를 의미하거나, 특히 모압의 서쪽 지경에 위치한 요르단 골짜기를 언급하는 것 같다. 평원은 대부분의 모압 성들이 위치한 고지대에 있었다. 모압의 적들은 그곳에 소금을 뿌려 그 땅이 황폐케 될 것이라는 파멸의 표증을 보여 주려고 했다(참조, 삿 9:45). 하나님께서 모압을 멸망시키시기로 작정하여 여러 나라들을 위협하며 저주하고, 그 국가들이 자기를 섬기는 일에 태만했던 모압을 파멸시키도록 하게 하셨다. 이 파괴자들의 이름은 언급되지 않았지만, 모압은 동쪽에서 온 사막을 유랑하는 족속들에게 멸망당한다(참조, 겔 25:10).

2. 모압이 자만으로 무너짐(48:11~17)

48:11~13 모압의 초기 역사에는 상대적으로 다른 나라와 평안한 상태에 있었다. 그런데 지금 예레미야는 그 나라를 이 그릇에서 저 그릇으로 붓지 않고 그대로 찌꺼기 위에 남아 있는 술로 비유를 하고 있다. 포도주

를 담글 때, 먼저 포도를 짠 다음에 거기서 나오는 즙을 병이나 가죽부대에 담아 발효를 시키면 시간이 얼마 지난 후에 앙금이나 찌꺼기가 병 밑에 가라앉게 된다. 40일 후에 발효된 그 포도주를 조심스럽게 다른 용기에 부어 찌꺼기와 분리시킨다. 만일 그 술에 찌꺼기가 남아 있다면 너무 달고 텁텁해서 술맛을 망쳐 버리게 될 것이다. 자연의 현상이 주는 교훈은 궁극적으로 지나치게 자만했던 모압 백성을 나타내고 있다(참조, 습 1:12). 모압은 마치 다른 그릇에 붓지 않은 포도주처럼, 포로의 가혹한 실제를 느끼지 못해서 태도도 달라지지 않았다.

하나님께서 맹세하시기를, 때가 이르면(참조, 31:27 주해) 모압이 그들의 자만을 깨닫게 할 것이라고 하셨다. 그가 사람들을 보내어 더 이상 마실 포도주가 없는 것처럼 그들을 부으실 것이며, 그때에 모압은 이스라엘이 벧엘을 믿었을 때 수치를 당한 것처럼 그모스로 수치를 당하게 될 것이라고 하셨다(참조, 48:7). 북왕국의 벧엘은 두 개의 금송아지 중의 하나가 있던 곳이다(참조, 왕상 12:26~30). 이스라엘은 벧엘에 있는 거짓 신이 그의 파멸과 유배를 막아줄 수 없다는 것을 너무 늦게서야 깨달았다. 모압도 그의 거짓 신에 관해서 같은 교훈을 배우게 될 것이다.

48:14~17 모압은 싸움에 용감했던 용사들을 믿었다. 그러나 그들은 파멸을 막아줄 수도 없을 뿐 아니라 얼마 못가서 살육을 당하게 될 것이다. 모압의 재앙이 속히 임할 것이므로 하나님께서 예레미야에게 모압 주위에 있는 국가들을 불러 모압이 멸망하는 때에 와서 그들을 위로해 주라고 하셨다. 그리고 그들이 모두 모여 그의 홀(통치를 의미한다)이 깨어지는 것을 보고 탄식할 것이라고 했다.

3. 재앙을 경험한 모압의 울부짖음(48:18~28)

48:18~25 디본의 강한 성은 하나님께서 그를 향해 올라오신다는 확언을 듣고 자신을 겸허하게 다스렸어야 했다. 아로엘의 멀리 떨어져 있는 성에 살고 있는 자들(참조, 6절 주해)은 길가에 서서 도망가는 자들에게 무슨 일이 일어났는지를 묻게 될 것이다. 그리고 그들은 모압이 수치를 당하며 파괴되었다는 소식을 듣게 될 것이다. 모압의 파멸에 대한 소식으로 아로엘의 남쪽 아르논 강가에까지 통곡하는 부르짖음이 있을 것이다.

예레미야는 파괴될 요단 평원에 자리잡고 있는 성들을 열거하고 있다. 어떤 곳의 위치는 분명치 않지만, 예레미야는 일반적으로 북쪽에서부터 남쪽으로 위치한 성들을 차례대로 열거하는 것 같다. 이렇게 열한 개의 성들의 이름을 나열한 것은, 멀거나 가까운 곳에 있는 모든 모압의 성읍들이 파괴될 것이라는 사실을 보여 주기 위함이다.

예레미야는 두 가지 상징을 사용해 모압의 힘이 깨짐을 보여 주려고 했다. 첫째로 모압의 뿔이 잘릴 것이라고 말했다. 여기서 동물의 뿔은 힘의 상징이라고 볼 수 있다(참조, 삼상 2:1, 10; 시 75:4~5; 89:17, 24; 미 4:13; 슥 1:19~21). 둘째로 역시 힘의 상징인 모압의 팔이 꺾이게 될 것이라고 말했다(참조, 겔 30:20~26 주해).

48:26~28 예레미야는 모압에 임박한 운명을 어떤 사람이 술에 취해 있는 상태로 묘사했다(참조, 25:15~29). 모압이 주님을 무시했기 때문에 자신이 토해낸 것에 미끄러져 다른 사람들의 조롱을 받게 될 것이다. 한때 이스라엘을 도둑들 중에 한 명을 붙들어 모욕을 주는 것 같이 취급을 했던 모압은 이스라엘이 당했던 그 모욕을 그대로 경험하게 될 것이다. 그는

그의 성읍을 버리고 그의 생명을 찾는 침입자들을 피하기 위해서 바위들 사이에 숨게 될 것이다.

4. 모압의 교만이 끝남(48:29~39)

48:29~33 모압이 지닌 중요한 문제는 바로 교만이었다(참조, 사 16:6). 모압은 물질적 안정과 상대적인 평화의 역사로 교만이 깃들었다. 불행하게도 무례함과 자긍심으로는 멸망을 저지할 수 없었다. 하나님께서 모압에 대한 그의 관심을 모압의 주요한 도시들 중에 하나인 길헤레스를 언급하며 "길헤레스 사람을 위하여 신음하리로다"(31절)라고 표현하신 것에서 살펴볼 수 있다(참조, 사 16:7, 11). 이사야 16장 9절을 인용하면서 예레미야는 하나님께서 파괴되었던 십마의 포도나무를 위하여 야셀의 성이 우는 것을 따라서 우실 것이라고 말했다. 모압 지방은 포도나무로 널리 알려져 있었으며 예레미야가 그 이미지를 확대해서 모든 모압 전체를 포도나무로 묘사하고 있는 것이다. 그의 가지들은 사해까지 뻗쳐 있었으나, 지금 파괴자가 그의 익은 열매와 포도를 따 버렸다. 모압은 마치 포도를 포도나무 가지에서 따듯이 '수확될' 것이다. 과수원과 밭에서 느꼈던 행복을 빼앗기게 될 것이고, 포도주 틀에서 포도주가 없어지게 될 것이다. 즉 심판이 임할 때 터지는 아우성(참조, 3~5절)은 전에 들었던 즐거움의 외침이 아닐 것이다.

48:34~39 모압의 통곡하는 자들의 외침은 헤스본에서 엘르알레와 야하스에 이르는 북쪽 지방까지, 또한 소알에서 호로나임, 에글랏셀리시야, 니므림의 물에 이르는 남쪽 지방에까지 미치게 될 것이다. 결국 북쪽에서

부터 남쪽에까지 이르는 모든 땅이 황폐하게 될 것이다. 하나님께서 모압의 많은 산당에서 그들의 신들에게 분향하는 제사를 그치게 할 것이다.

하나님께서는 모압에서 슬픔의 외침이 마치 높은 음의 피리 소리 같게 하실 것이다. 모압의 부유함은 사라지고 백성은 슬피 울게 될 것이다(참조, 47:5 주해). 한때 교만했던 나라는 조소와 공포의 대상이 될 것이다. 사람들은 모압을 조롱할 것이며, 모압은 황폐한 상태에서 공포를 느끼게 될 것이다(참조, 24:9 주해).

5. 완전히 파괴된 모압(48:40~47)

48:40~44 모압의 적들은 독수리처럼 날아와 날개를 펴 그 발톱으로 그를 움켜잡을 것이다. 모압 사람들은 포로가 될 것이며 그를 지켜 주었던 용사들(참조, 14절)은 해산하는 여인같이 두려워할 것이다(참조, 49:24; 50:43). 예레미야는 40~41절의 예언들을 49장 22절에서 에돔에게 주는 메시지에 다시 반복해서 사용하고 있다.

모압이 포로가 된 것이 단지 우연한 일이었다고 생각하지 않도록 하기 위해서, 하나님께서는 파멸의 원인이 당신의 말씀을 거부했기 때문이라는 사실을 상기시켜 주셨다. 또한 그분을 거역한 어느 누구도 도망하지 못할 것이며 하나님의 공포를 피하려고 도망하는 자들은 구덩이에 빠지게 될 것이고 하셨다. 겨우 그 구덩이에서 나온 자라도 결국 올무에 걸리게 될 것이라고 하셨다(참조, 암 5:18~20). 결국 모압에 있는 모든 자들은 그러한 벌을 다 받게 될 것이라고 하나님께서 확언하셨다.

48:45~47 예레미야는 헤스본의 옛 노래를 자유롭게 인용하면서 모압

222 | 예레미야

에 대한 예언을 마무리 짓고 있다(참조, 민 21:27~29). 심판을 피하려고 도망간 자들은 자만했던 자들을 태우는 하나님의 심판의 불이 모압 전역을 휩쓸자 속수무책이었다. 이제 그 나라는 망하였고 아들과 딸들은 포로로 잡혀갔다. 역사적으로 모압 백성이 그들의 국가를 상실한 시기는 동방으로부터 아랍인들의 침략을 받은 후였다(참조, 겔 25:10). 그런데 여전히 하나님께서는 모압에게 소망을 주셨다. 어느 때가 되면 모압의 부를 회복시켜 주실 것을 약속하셨다. '어느 때'라는 표현은 그리스도의 천년통치 때에 회복이 될 것이라는 의미를 암시하는 것으로 보인다(참조, 신 4:30; 렘 49:39; 단 2:28; 10:4).

D. 암몬을 향한 예언(49:1~6)

암몬 자손들은 요단강 동쪽, 모압의 북쪽에 거주하고 있었다. 그들은 유다의 마지막 혁명 때 유다와 동맹을 맺어 바벨론에 대항하기도 했지만, 두 나라의 전체적인 역사를 살펴보면 갈등 관계에 있었다(참조, 40:14 주해).

49:1~3 네 가지 질문(처음 두 질문과 나중 두 질문이 서로 비슷하다)을 하면서 예레미야는 암몬의 주요한 문제에 초점을 맞추고 있다. 북왕국 이스라엘은 BC 722년에 포로가 됐다. 암몬은 이스라엘이 다시 그 땅으로 돌아올 후손을 가지지 못할 것이라고 추측하고 그 땅을 차지했다. 말감('그들의 왕'으로 번역될 수 있다. 참조, NIV 난외주)은 암몬의 국가 신으

로, 그 제의의 관습이 유다에서도 발견된다(참조, 32:35). 암몬은 이스라엘의 갓 족속이 소유했던 영역을 차지하고 그곳에서 살았다.

하나님께서는 원수가 암몬의 수도 랍바를 공격할 때가 올 것이라고 선언하셨다(참조, 31:27 주해). 랍바는 패망할 것이며 이스라엘은 암몬 사람들을 쫓아내고 그곳에 정착하게 될 것이다. 모압과 암몬의 경계에 위치한 헤스본은 때에 따라서 양 국가의 통치를 번갈아 가면서 받게 될 것이다(참조, 삿 11:12, 26; 렘 48:34, 45). 아이는 이스라엘에 있는 것과 동일한 성이 아니다(참조, 수 7:2). 이곳은 오늘날 그 위치가 어디인지 알 수 없는 암몬에 있는 어떤 성으로 추측된다. 랍바의 사람들은 베옷을 입고(참조, 4:8 주해) 통곡(참조, 48:37)할 것인데, 그들의 신 말감(참조, 49:1 주해)이 포로로 잡혀갈 것이기 때문이다.

49:4~6 모압과 같이 암몬의 문제도 자만으로 기인한 것이다(참조, 48:29). 암몬은 그의 골짜기의 풍성함을 자랑하고 그의 부를 신뢰했으며, 그에 대한 공격을 감행할 자가 누구인지 의심할 필요가 없을 정도로 안전하다고 생각했다(참조, 겔 21:18~22). 그러나 하나님께서 암몬의 자만심을 부숴버리시고 공포를 주실 것이다. 안전을 자랑하던 자들은 멀리 도망을 갈 것이며, 어떤 지도자라도 도망자들을 모아 다시 돌아와 그들의 땅을 차지하게 하지 못할 것이다. 하지만 하나님의 은혜로 이후에 암몬 사람이 회복될 것이라고 확언하셨다(참조, 48:47; 49:39).

E. 에돔을 향한 예언(49:7~22)

에돔 지방은 모압의 남쪽, 사해의 동쪽에 자리잡고 있었다. 그리고 유다와의 갈등의 역사를 가지고 있어 유다에 해악을 끼치기를 바라는 모든 이방 열방들을 대표한 나라였다(참조, 겔 35장; 36:5; 옵 15~16절). 예레미야가 에돔을 묘사하기 위해서 사용했던 많은 상징들은 오바댜서에서 인용한 것으로 보이는데, 오바댜서에 기록된 날짜에 대해서는 많은 논란이 제기되고 있다(참조, 요바댜 서론, "연대").

49:7~13 데만의 사람들과 지혜와의 연관성은 데만 사람 엘리바스에 대해서 언급한 욥기서만큼이나 오래된 전승에서 비롯됐다(참조, 욥 2:11). 에돔의 모든 사람들은 지혜로운 자들로 알려져 있다(참조, 옵 8절). 데만은 나중에 페트라로 불리는 세라에서 약 5킬로미터 정도 떨어진 에돔 중앙에 자리 잡고 있었다. 에돔의 남동쪽 아라비아 반도 북단에 위치한 드단이라는 성은 무역으로 유명한 곳이다(참조, 25:23; 겔 25:13). 에돔에 살고 있는 드단 사람들은 하나님께서 에돔에게 내리시려고 했던 재앙을 피하라는 경고를 받았다. 하나님은 철저한 심판을 보여 주기 위해서 두 가지의 상징을 사용하셨다. 그분의 심판은, 익은 포도를 딸 때 최소한의 몇 송이만을 남겨둔 채 포도를 몽땅 따버리는 자들보다 더 철저하게 임할 것이다(참조, 옵 5절하; 신 24:21). 또한 하나님의 심판은 밤 중에 도둑들이 원하는 대로 훔쳐가는 행위보다 더 철저하게 임할 것이다(참조, 옵 5절). 도둑은 뒤에 무엇인가를 남길지라도 하나님께서는 에서(에돔)를 완전히 발

가벗겨 놓을 것이다. 단지 힘없는 과부와 고아들만 구제하실 것이다.

  에돔은 그들의 많은 죄 때문에 심판을 받아야만 했다. 하나님께서 진노의 잔을 마실 이유가 없는 자들(멸망을 자랑스럽게 여긴 유다와는 무관한 나라들)에게까지 그것을 마시게 한다면(참조, 25:15~29), 에돔과 같이 유다와 형제애를 맺은 가까운 나라(참조, 신 23:7)가 어떻게 심판을 면제받을 수 있겠는가? 한 형제에게 저지른 죄는 극악무도한 죄였다. 유다와 무관한 나라들이 유다를 혹사함으로 벌을 받았다면, 유다와 긴밀한 관계를 가졌던 국가들은 더 큰 저주를 받아야 마땅했다(참조, 옵 10절). 하나님께서 에돔의 북쪽에 위치한 보스라 성을 폐허와 공포의 대상으로 삼을 것이라고 하셨다(참조, 24:9 주해).

49:14~18 오바댜가 초기에 국제 외교의 수단으로 사용한 용어(옵 1절)를 빌려서, 예레미야는 하나님께서 사자를 열방들 중 자기의 동맹국들에게 보내 에돔을 공격하기 위해서 모일 것을 요청하셨다고 했다. 에돔은 열방들 중에 작은 자가 될 것이고, 하나님께서 그들의 특권과 힘을 경감하심으로 경멸을 받게 될 것이다(참조, 옵 2절). 에돔은 기존의 강력한 방어 체제로 자만했으나, 이제 하나님께서 그의 높은 보금자리로부터 끌어내려(옵 4절) 거주민들은 그 환경 가운데서 공포를 맛보게 될 것이라고 하셨다(참조, 49:13; 24:9 주해). 에돔은 소돔과 고모라가 그랬던 것 같이 파괴되어서(참조, 50:40) 거기에 거주하는 사람은 아무도 없을 것이다.

49:19~22 하나님께서 사자처럼 통렬하게 올라와 에돔을 그의 땅에서 몰아내실 것이다. 이때에 하나님께 도전할 수 있는 자, 그에 대항하는 목자는 없을 것이다. '목자'라는 단어의 사용은 약탈하는 사자로부터 양을

보호하려는 목자 형상(참조, 삼상 17:34~35)과 국가의 목자였던 왕에 대한 하나님의 심판의 암시(참조, 23:1~4)와 연결되고 있다. 하나님께서는 어린 양들을 멀리 끌고 가게하며 에돔의 목초를 황폐케 하실 것이라고 맹세하셨다. 파멸의 외침 소리는 하나님의 선민을 위협했던 나라를 하나님이 처음으로 파멸시켰던 곳(출 14:21~31)인 홍해(갈대 바다)까지 들릴 것이다. 이 말씀은 약간씩 변형되어 50장 44~46절에 반복되면서 바벨론에 대한 메시지로 적용되고 있다. 하나님께서는 전에 모압에 적용한 상징을 사용하시면서(48:40~41), 심판이 독수리처럼 북쪽 에돔에 있는 보스라에 덮칠 것이라고 말씀하셨다. 에돔이 의존하고 있는 용사들의 마음은 해산의 수고를 하는 여인의 마음과 같이 두려울 것이다(참조, 48:41; 49:24; 50:43). 그들은 하나님의 파괴 행위를 멈추게 할 수 없을 것이다.

여기서 두 개의 흥미로운 특징을 주목해서 볼 필요가 있다. 하나는 애굽, 모압, 암몬(참조, 46:26; 48:47; 49:6)과는 달리, 에돔에는 미래 회복에 대한 약속이 주어지지 않았다는 것이다. 그리고 또 하나는 이 예언이 신구약 중간 시대에 나바틴 족이라고 불리운 사막의 부족들이 에돔 사람들을 그 땅에서 몰아냄으로써 성취된다는 것이다. 에돔의 백성은 강제로 유다의 남쪽으로 이주하게 되었는데 거기에서 그들은 이두메인으로 불렸다. BC 125년에 마카비족인 요한 힐카누스가 이두메인 족을 정복하여 그들에게 유대교를 받아들이도록 강요했다(*Josephus Antiquities* 13.9.1; 15.4). 따라서 에돔 사람들에게 하나의 국가로서의 모습은 사실상 끝나게 되었다.

F. 다메섹을 향한 예언(49:23~27)

49:23~27 시리아의 주요한 세 도시인 하맛, 아르밧, 다메섹(참조, 서론, "예레미야와 에스겔의 세계" 지도)가 바벨론의 진군에 대한 좋지 않은 소식으로 당황했다. 다메섹의 고통은 해산하는 여인의 고통과 같았다(참조, 4:31 주해). 느부갓네살이 다메섹을 공격함으로 다메섹의 병사들은 침묵을 지키게 되었고(죽임을 당했고) 그의 요새들은 불타 버렸다(참조, 암 1:4). 하나님께서 벤하닷의 요새를 소멸해 버리시겠다고 맹세하셨다. '벤하닷'(בֶּן־הֲדַד : 하닷 신의 아들)은 BC 9~8세기에 다메섹을 통치했던 왕조의 이름이었다(참조, 왕상 15:18, 20; 20:1~34; 왕하 6:24; 8:7; 13:3, 24; 왕상 11:23~25 주해, "열왕기상·하에 나오는 아람 왕들" 도표).

G. 게달과 하솔을 향한 예언(49:28~33)

게달은 이스마엘 후손의 유랑 민족으로(참조, 창 25:13) 아라비아 사막에서 궁술(사 21:16~17), 양 떼(사 60:7; 렘 49:28~29), 광범위한 무역(겔 27:21), 호전적 속성(시 120:5~6) 등으로 알려져 있다. '하솔의 왕국'은 갈릴리 호수 북쪽에 위치한 이스라엘에 있는 하솔의 성을 말하는 것이 아니다. 여기서 하솔의 왕국은 아직 알려지지 않은 아라비아 사막의 어떤 곳을 지칭하는 것으로 보인다. 예레미야 49장 28절하~29절까지 느부갓네살이 게달을 파멸시키는 모습을, 30~33절에서는 하솔을 파괴시키는 모습을 묘사하는 것으로 보인다.

49:28~29 하나님께서 느부갓네살을 불러 게달을 공격하게 했다. 느부 갓네살은 그들의 검은 염소 털로 만든 천막을 부수고(참조, 아 1:5) 그들의 물건과 낙타들과 함께 양 떼를 취하게 할 것이다. 그때 이 유랑자들은 사방에서 공포를 겪게 될 것이다.

49:30~33 하솔의 백성은 도망쳐서 깊은 동굴에 숨으라는 권유를 받았 다. 느부갓네살이 그들을 향해서 싸우려는 계획을 꾸미고 있었기 때문이 다. 하나님께서 게달을 향해서 행하셨던 것처럼(28절), 여기서도 느부갓네 살을 일으켜 하솔을 공격하도록 하셨다. 이 아랍 사람들은 그들이 거주 하는 곳이 멀리 떨어진 사막이기 때문에 안심했다. 그들은 공격에 대비해 성문이나 빗장 같은 것을 만들어 놓지 않았다. 그런데 느부갓네살이 그들 의 낙타와 큰 가축들을 노략질하여 가져갔다(참조, 29절). 결국 하솔의 거 주민들은 사방으로 흩어지고 그 성은 영원히(폐허의 상징인)큰 뱀의 소굴 이 될 것이라고 하셨다(참조, 9:11; 10:22; 51:37).

H. 엘람을 향한 예언(49:34~39)

49:34~39 엘람은 오늘날 이란 지역인 바벨론 동쪽에 위치해 있다(참 조, 서론, "예레미야와 에스겔의 세계" 지도). 이 예언은 BC 597년경 시드

기야 통치 초기에 주신 것이다. 하나님께서 그들의 힘의 대들보라고 일컬어지던 엘람의 화살을 꺾을 것이라고 약속하셨다. 엘람 사람들이 궁술에 능했기 때문이다(참조, 사 22:6). 그 침입자들은 사방에서 닥쳐 와서("하늘의 사방에서부터 사방 바람을") 엘람을 각지로 유배시켜서 흩어지게 할 것이다. 느부갓네살이 BC 596년경에 엘람 사람들을 패배시킨 몇 가지 증거가 있지만 그때에 이 메시지가 성취된 것은 아니다. 엘람은 후에 바벨론을 정복했던 메데바사 제국의 중심 지역이 되었다(참조, 단 8:2). 엘람의 파괴에 대한 예레미야의 진술은, 하나님께서 엘람에 그분의 왕위를 세워 그들의 파멸을 감독하실 거라고 말씀하신 종말론적 차원을 나타내는 것으로 보인다. 엘람의 파멸은 완전하게 이뤄지지 않을 것인데, 하나님께서 앞으로 언젠가 그의 운명을 회복시키실 것이기 때문이다(참조, 48:47; 49:6).

I. 바벨론을 향한 예언(50~51장)

1. 심판의 선언(50:1~10)

50:1~5 예레미야는 열방에게 바벨론의 수치를 공개적으로 선포하라고 명령을 받았다. 바벨론은 포로로 잡힐 것이며 므로닥이라고 알려진 바벨론의 최고 신 벨(참조, 51:44; 사 46:1)이(상징적으로 말해서) 수치를 당하고 공포로 가득차게 될 텐데, 이는 나라를 지킬 수 없는 벨의 무능력 때문이라는 것이다. 바벨론은 북방에서 온 나라에게 파멸을 당할 것이다(참

조, 50:9). 많은 사람들이 이것을 바벨론이 메데바사에게 멸망할 것을 언급하는 것이라고 보고 있으나, 역사적으로 몇 가지 점에서 그런 주장은 적합하지 않다. 첫째, 메데바사인들이 바벨론의 동방에서 왔지 북방에서 오지 않았다는 점이다. 둘째, 키로스가 바벨론을 점령했을 때 그들은 그 땅을 황폐케 하거나 성을 파괴하지 않았다. 거기에 아무도 살고 있지 않았기 때문이었다. 예레미야는 바벨론에 거주하는 자들이 없다는 사실을 되풀이하여 언급하고 있다(참조, 39절하~40절; 51:29, 37, 43, 62). 그 성은 변을 당하지 않고 남겨져 메데바사 제국의 통치 핵심 중의 하나로 사용되었다. 거기에서 행정관의 지위를 가졌던 다니엘이 업무를 수행하고 있었던 것이다(참조, 단 5:30; 6:1~3). 셋째, 메데바사에게 함락이 되었을 때 아무도 그 성으로부터 도망을 간 자가 없었다는 점이다. 예레미야의 예언들에 자기의 예언을 첨가했던 다니엘(참조, 단 9:1~2)은, 그 성이 함락되었을 때와 그 이후에도 거기에 남아 있었다(참조, 단 5:28, 30~31; 6:1~3). 넷째, 그 날과 그 시에 이스라엘과 유다 백성이 다시 한 국가가 되어 시온으로 돌아와 영원한 언약 가운데 하나님과 연합할 것이라는 약속(참조, 31:31; 32:40)이 BC 539년 바벨론의 멸망 이후에 성취되지 않았다는 점 등이다.

예레미야의 예언은 539년 바벨론의 멸망을 넘어 이스라엘과 유다의 운명을 바꾸어 놓을 종말론적 파멸까지를 내다본 것이다. 이 예언은 가까운 미래와 먼 장래가 혼합되어 나타나고 있는 것 같다. 즉, 바벨론의 멸망과 스룹바벨 아래서의 포로 귀환의 예언이 서술되면서 아직 미래에 있을 바벨론의 파멸과 이스라엘과 유다의 최종적인 회복이 함께 병합되어 나타나고 있다. 바벨론의 파멸은 하나님의 백성을 억압했던 이방 권세들에 대한 하나님의 심판의 절정이자, 이스라엘에게는 하나님의 약속들이 성취되는 길을 여는 사건이 될 것이다. 성경의 다른 곳에서도 이와 같이 아직 미래에 있을 이스라엘의 재건과 바벨론의 멸망을 한꺼번에 묶어 언급하고 있다(참조, 슥 5:5~11; 계 17~18장). 앞으로 재건될 바벨론 성은 그리스도께서 다시 오셔서 그의 천년통치를 세우시기 전에 있을 대환란 말기에 파멸되고 말 것이다.

50:6~10 6~7절은 4~5절에서 선언한 이스라엘과 유다의 회복에 대한 편집자의 해설이다. 이스라엘과 유다는 마치 산과 언덕 위에 방황하고 있는 잃어버린 양들과 같기 때문에 그들은 회복이 필요하게 될 것이다(참조, 23:1~2; 겔 36:5~6). 그들은 하나님께 죄를 범했기에 적들에게 파멸을 당하게 될 것이다. 그러나 북방으로부터 온 연합국의 많은 나라들(참조, 50:3 주해)이 바벨론을 공격하여 그들을 약탈하려고 하기 때문에 하나님께서 자기의 양들을 모아 바벨론으로부터 다시 도망가게 할 것이다.

2. 바벨론의 함락(50:11~16)

50:11~13 바벨론은 자만으로 유다를 파괴하는 죄를 지었다. 하나님께서는 암소처럼 까불거리면서 종마처럼 울어대며 자기의 유업을 약탈하는 것(참조, 신 4:20 주해)을 기뻐하며 즐거워하는 나라는 어떤 나라든지 심판하실 것이라고 하셨다. 또한 바벨론이 수치를 당하게 하여 그곳을 사람이 거주하지 못하는 사막으로 만들어 완전히 황폐하게 할 것이며, 한때 위대했던 성이 철저하게 파괴되어 거기를 지나가는 모든 사람들은 그 파괴된 상흔을 보고 무서워 떨며 한편으로 비웃게 될 것이라고 맹세하셨다(참조, 6:14 주해).

50:14~16 적들이 성 주위에 자리를 잡고 방어하는 자들을 향해 화살을 쏘며 싸움을 하고 있는 모습을 생생하게 묘사하고 있다. 마침내 성이 함락되자 탑들과 성벽들이 무너지고 하나님의 복수가 남아 있는 자들에게 퍼부어질 것이다. 이렇게 닥쳐올 칼로 인하여 하나님께서는 바벨론에 살고 있는 이방인들에게 그들의 땅으로 도망가라고 경고하셨다. 이 장면 역시 키로스가 BC 539년에 바벨론을 공략했을 때 성취되지 않았다.

3. 이스라엘의 회복(50:17~20)

50:17~20 남북 두 왕조 이스라엘은 마치 흩어진 양들 같다(참조, 6~7절). 북왕국은 BC 722년에 앗수르에게 정복되었고 남왕국은 BC 586년에 바벨론에 의해서 무너졌다. 그러나 하나님께서는 그 상황을 다시 회복시키겠다고 맹세하셨다. 자기의 백성을 파멸시킨 바벨론과 앗수르를 처벌하고 이스라엘을 그의 땅으로 되돌아오게 할 것이다. 장엄한 갈멜의 정상과 긴네렛 호수(갈릴리. 참조, 서론, "예레미야와 에스겔의 세계" 지도) 동편 바산의 풍요로운 평야가 다시금 이스라엘의 것이 될 뿐만 아니라, 요단 강의 서편과 동편 둑 위에 솟아 있는 에브라임과 길르앗 산이 이스라엘의 소유가 될 것이다(참조, 미 7:14, 바산과 길르앗). 이 장에서 두 차례(참조, 4절) 하나님께서는 그 날과 그 때에 당신의 백성 가운데서 영적인 새로움이 일어날 것이라고 암시하셨다. 어떤 자가 이스라엘과 유다의 범죄를 찾는다고 할지라도 찾지 못할 터인데, 하나님께서 그의 남은 자들을 용서해 주실 것이기 때문이다(참조, 31:31~34 주해).

4. 바벨론에 대한 공격(50:21~40)

50:21~28 하나님께서는 의미 있는 두 단어를 사용하시면서 유다에게 므라다임의 땅을 공격하고 브곳의 백성을 치라고 명하셨다. 므라다임은 티그리스 강과 유브라데 강이 페르시아 만으로 유입하는 바벨론 남쪽 마트 마라팀의 지역을 말한다. 그러나 므라다임의 히브리어(므라타임[מְרָתַיִם])는 '이중의 반역'이라는 의미를 가지고 있다. '브곳'이라는 말은 티그리스 강 동편 언덕 위에 있는 남바벨론의 아람 부족(페쿠두[פְּקוֹד])을 가리키고 있지만, 히브리어는 '처벌하다' 혹은 '처벌'이라는 뜻을 지니고 있다. 따라서 하나님께서 이중의 반역의 땅을 공격하여 거기에 벌을 주실 것이라고 말씀하신 것이다.

싸움의 소리는 바벨론의 파멸을 알리는 징조가 될 것이다. 다른 나라를 쳐부수기를 방망이로 치듯이 했던 바벨론이, 이제는 그 자신이 깨어지고 부서짐을 경험하게 될 것이다. 하나님께서 자신을 사냥꾼으로 말씀하시면서 그가 덫을 쳐놓아서 바벨론은 알아차리지 못한 채 그 덫에 걸릴 것이라고 말씀하셨다. 그리고 하나님 당신을 용병으로 언급하시면서 그분의 무기들을 자기에게 대항하는 자들을 치는 진노의 병기로 사용하고 있음을 보여 주실 것이다.

바벨론의 적들은 멀리서부터 와 곳간을 쳐서 부수게 될 것이다. 그 거주민들의 죽은 시체는 곡식을 쌓아둔 것처럼 쌓이게 될 것이며 그의 병사들(젊은 황소들)은 살육을 당할 것이다. 심판을 피하여 도망갔던 자들과 망명자들(참조, 8, 16절)은 시온으로 가서, 바벨론의 파멸은 그들이 하나님의 성전을 파괴한 것에 대한 보복이었다고 선언하게 될 것이다(참조, 52:13).

50:29~32 하나님께서는 활을 쏘는 자들을 모아 바벨론 주위에 진을 치게 하여 아무도 도망갈 수 없도록 하셨다. 바벨론은 그들의 오만함으로 주님을 모독했기 때문에 파괴되어야만 했다. 30절은 49장 26절과 거의 같은 메시지인데, 여기서 예레미야는 같은 메시지를 다메섹에 적용하고 있다. 하나님께서 바벨론을 자만심에 가득 찬 자라고 부르시면서 그들의 오만함을 강조하셨다(50:31~32). 그리고 그들은 교만으로 불로 소멸을 당하는 벌을 받게 될 것이라고 말씀하셨다(참조, 15:14; 애 4:11; 암 1:4, 7, 10, 12, 14; 2:2, 5).

50:33~34 포획자들이 이스라엘과 유다 백성을 지키고 있으면서 그들을 풀어놓아 주기를 거절했다. 그런데 어떻게 그들이 본래의 땅으로 돌아오게 되었을까?(4~5, 8, 19절) 바로 그들의 구속자, 전능하신 주께서 그들의 귀환으로 보증해 주셨다는 것이다. 그리고 하나님께서 그들의 자기 백성들이 있는 땅에서 평강을 허락하실 것이며, 반면 바벨론에 살고 있는 거주민들에게는 불안함(심판)을 주심으로 근원적인 문제를 해결해 주시겠다고 약속하셨다.

50:35~38 '불안'의 위협(34절)은 바벨론을 향해 하나님께서 칼을 드리우실 것이라는 약속으로 해결됐다. 칼(헤렙[חֶרֶב])이라는 단어는 다섯 번 사용되고 있고, 38절에서는 가뭄(호렙[חֹרֶב])의 선언으로 이어지고 있다. 심판의 칼은 방백, 현인, 거짓 예언자, 용사들에게 임할 것이다. 뿐만 아니라 말, 병거, 바벨론 군대의 용병으로 일한 이방인들에게도 심판의 칼이 내릴 것이다. 심지어 노략질을 당할 그 나라의 보석까지 심판의 칼의 공격을 받게 될 것이다. 그 나라의 모든 물이 말라 생산이 불가능하게 될 것이다.

50:39~40 예레미야는 바벨론의 떠들썩한 주요 도시들은 황폐한 광야가 되어 사막의 들짐승, 승냥이, 타조들이 살게 될 것이라고 말했다. 이같은 파괴가 있은 뒤에 바벨론에는 다시는 사람이 거주하지 못할 것이며(참조, 3절 주해), 그 나라의 황폐함은 마치 소돔과 고모라 성을 방불케 할 것이다(참조, 49:18). 이 예언은 아직 성취되지 않았다. 바벨론의 역사가 흐르는 동안 내내 사람이 거주하고 있었고, 현재 이라크 정부가 옛 성의 일부분을 복구하기 시작했다. 바벨론을 복구하려는 이라크의 계획이 소책자 *Archaeological Survival of Babylon Is a Patriotic, National, and International Duty*(Baghdad; State Organization of Antiquities and Heritage, 1982)에 실려있다. 바벨론의 완전한 파멸에 대한 예언은 미래에 있을 천년왕국 때에 성취될 것이다.

5. 바벨론의 고통(50:41~46)

50:41~46 하나님께서 바벨론에게 북방으로부터 올 군대를 보라고 말씀하셨다(참조, 3절). 그 막강한 바벨론을 공격하기 위해서 하나님께서는 어떤 허약한 속국의 군대를 내려 보내지는 않으실 것이다. 이 군대는 공격을 위해 활과 창으로 무장하고서 땅끝에서 올 것이다. 이렇게 침입하는 군대의 특징은 바벨론인들의 특징과는 전혀 다를 것이다(참조, 6:23). 그들은 잔인해서 자비를 베풀지도 않고, 공격으로 질주할 때 들려 오는 군중들의 소리가 파도가 몰아쳐 포효하는 소리와 같을 것이다.

다가올 군대에 대한 보고들은 바벨론 왕에게 고통으로 다가올 것이며, 그는 해산의 고통을 경험하는 여인처럼 두려워 떨 것이다(참조, 4:31 주해). 예레미야는 전에 에돔에게 적용했던 같은 심판(49:19~21)을 바벨론에게 적용(44~46절)하면서 이 부분을 종결짓고 있다. 새끼 양을 잔혹하게 일시('즉시')에 공격하는 사자처럼 하나님께서 바벨론을 공격하실 것이다(참조, 51:40). 다른 나라들도 그분의 바벨론에 대한 이러한 심판으로 두려워 떨게 될 것이다.

6. 바벨론에 대한 하나님의 보복(51:1~14)

51:1~10 하나님께서 파괴자를 충동질하여 바벨론과 렙 카마이와 싸움을 하게 할 것이다. 렙 카마이(לֵב קָמָי)는 '나의 원수들의 심장'을 의미하지만 그 표현은 바벨론어의 아트바쉬 표현법이다(참조, 25:26 주해). 즉 '나의 원수의 심장'의 자음들은 히브리어의 순서를 거꾸로 쓴 바벨론어로 읽힌다. 바벨론을 황폐케 하기 위해서 하나님께서 보낸 이방인들은 바벨론 군대를 완전히 전멸시킬 것이다.

하나님께서 바벨론을 파괴시킴으로 이스라엘과 유다는 자유케 되어 고향으로 돌아오게 될 것이다(참조, 50:33~34). 하나님께서 그의 백성을 불러 바벨론으로부터 도망하여 파멸을 면하게 할 것이다(참조, 계 18:4). 바벨론은 하나님의 심판의 금잔을 마시고 거기서부터 시작하여 온 세상이 그 잔을 마시게 될 것이다(참조, 25:15~29; 계 17:3~4; 18:6). 그래서 바벨론은 심판의 고통을 느낄 것이다. 바벨론이 갑자기 쓰러질 때 그의 동맹국들은 바벨론이 입은 상처 때문에 유향을 찾으려 할 것이나(참조, 8:22; 46:11), 찾아도 그를 치료하는 데 효과가 없게 될 것이다. 그는 치유되지 않을 것이며 그의 동맹국들은 그를 포기하고 그의 심판의 여파를 피하려고 할 것이다. 백성들은 하나님께서 자신들을 보호해 준다는 것을 알고 시온에 있는 성전에서 찬양의 노래를 부르며 하나님께서 하신 일을 회상하게 될 것이다.

51:11~14 예레미야는 거의 반복적인 방법으로 바벨론을 공격할 자세를 갖춘 적들의 준비 태세에 관해서 서술하고 있다. 그는 여기서 공격자들이 메데바사의 왕들이라는 것을 확인시켜 준다(참조, 28절). 이것은 BC 539년에 메데바사에 의해서 바벨론이 멸망할 것을 암시하거나, 혹은 더 그럴 듯한 해석으로 바벨론에 침입할 미래의 왕들 중에 한 사람이 메데바사의 통제를 받는 지역(오늘날 이란의 북쪽 지역)으로부터 올 것이라는 점을 시사한다고 볼 수 있다. 하나님께서는 그 군대를 불러서 그분의 성전을 파괴한 것에 대해 바벨론을 보복하실 것이다(참조, 50:28). 하나님께서는 침입자들이 마치 메뚜기들처럼 바벨론을 완전히 덮을 것이라고 선언(스스로 하신 맹세)하셨기 때문에 바벨론 사람들(물이 풍부한 곳 가까이 살았다. 예를 들어 유브라데 강 근처)을 파멸시킴으로 그분의 목적을 이루실 것이다(참조, 51:27). 하나님 자신이 바벨론 함락을 보증하고 계신다.

7. 바벨론에 대한 하나님의 주권(51:15~26)

51:15~19 예레미야는 실질적으로 10장 12~16절과 같은 언어들을 사용하면서(참조, 10:12~16 주해) 바벨론의 함락을 보증하는 하나님의 주권과 능력을 강조한다. 하나님의 능력과 지혜는 우주의 창조로 입증되었다. 천둥 치는 폭풍을 조종하시는 모습은 하나님의 또 다른 능력에 대한 가시적인 증명이다. 아름다운 시적 용어로 예레미야는 번개, 비를 동반한 구름과 바람이 하나님의 권위를 가시적으로 보여 준다고 서술하고 있다. 유감스럽게도 이와 대조적으로 인간이 만든 우상(참조, 2:5 주해)은 그 속에

생기를 가지고 있지 않았다. 인간들이 우상을 만들었지만 야곱의 분깃(이스라엘에 할당된 하나님. 참조, 10:16)은 선택한 백성과 그들의 유업을 포함해 모든 것들의 창조자이신 하나님이시다(참조, 신 4:20 주해).

51:20~26 하나님께서는 다른 열방들을 파괴하는 데 바벨론을 일종의 전쟁 무기로 사용하시곤 했다. 예레미야는 20~23절에서 '부순다'는 단어를 아홉 번이나 사용하면서 하나님께서 심판을 위해서 바벨론을 하나의 수단으로 사용하셨음을 나타내려고 했다('나파스[נפץ]라는 동사는 '조각조각으로 부수다'라는 의미를 지니고 있다). 그러나 이제 하나님께는 바벨론이 시온에서 행했던 잘못된 행위로 그에게 보복을 하실 것이라고 말씀하셨다. 하나님께서는 바벨론의 산을 향하여(왕국을 상징. 참조, 단 2:35, 44~45) 불이 타오르게 하실 것이다. 철저한 심판으로 인하여 백성이 다른 어떤 곳에서도 재건하는 데 필요한 모퉁이 돌이나 기초석을 찾아볼 수 없을 것이다. 그러한 파멸로 영원히 황폐한 상태로 남게 될 것이다.

8. 열방들을 불러 모아 바벨론을 치게 함(51:27~33)

51:27~33 세 번 하나님께서 열방들을 불러 모아 그들의 기를 들고 군대들과 동맹을 맺어 함께 바벨론을 치게 하셨다(참조, 50:2; 51:12). 이 부분(28절)과 이전(참조, 11절)에 언급했던 메대 족속들에 더 첨가하여서, 이 침입 군대는 아라랏, 민니와 아스그나스 왕국들이 함께 참여하게 될 것이다(참조, 서론, "예레미야와 에스겔의 세계" 지도). 아라랏은 현재 반 호수 근처 아르메니아에 위치해 있는 곳이다. 민니는 오늘날 이란의 서쪽 우르미아 호수 남쪽에 위치한 곳이며, 아스그나스는 우르미아 호수와 아라랏

근처에 위치해 있었다. 이 세 지역의 사람들은 전쟁을 좋아하는 성향을 지니고 있었다. 하나님께서 이 침입자들을 보내어 바벨론을 향한 그의 목적, 즉 그 땅을 황폐케 하여 그의 백성을 쫓아내는 것을 이루게 할 것이다(참조, 50:3 주해). 바벨론의 용사들은 저항하지 못하고 싸움을 멈추고 방어를 위한 요새(본거지)에서 퇴각을 할 것이다. 침입자들은 바벨론의 거처에 불을 놓으며 공격을 하게 될 것이다. 그리고 최종적으로 공격자들이 들어오지 못하도록 잠가 놓은 문빗장들을 부술 것이다. 전달자들이 사방에서 달려 나와 지도자들에게 성 전체가 장악되었다고 보고할 것이다.

또한 하나님께서 바벨론을 타작 마당으로 비유하셨다. 타작을 하고 까붐질을 하기 위해서 타작 마당을 고를 때면 사람들은 추수 때가 가깝다는 사실을 알게 된다. 마찬가지로 바벨론 성이 이 침입자들에 의해서 다져져서 고르게 될 때야 비로소 사람들은 하나님의 심판의 추수가 시작되었다는 것을 알게 될 것이다.

9. 바벨론을 향한 하나님의 보복(51:34~44)

51:34~35 예레미야는 바벨론을 향한 유다 사람들의 불평을 폭로하고 있다. 바벨론이 그들을 멸망케 했고 그들을 마치 빈 항아리처럼 버려두었다. 뿐만 아니라 독사와 같은 느부갓네살은 유다 전체를 삼켜 버렸다. 유다 사람들은 하나님께 부르짖어 그들에게 행했던 폭력에 대한 보복을 해주시기를 요구했다. 그들은 바벨론에 살고 있는 자들의 피(그들의 피를 흘리게 한 죄)를 원했다.

51:36~44 하나님께서 예레미야의 요구에 응답하시며 유다를 위하여

보복하실 것을 맹세하셨다. 그는 바벨론을 황폐한 무더기가 되어 아무도 살지 못하는 곳으로 만드실 것이다(참조, 50:3 주해). 그리고 바벨론은 조소를 당하게 될 것이다(참조, 24:9 주해). 바벨론 사람들은 젊은 사자처럼 포악해질 것이나 하나님께서 연회를 마련하여 그들을 취하게 할 것이다. 그들이 그분의 심판의 잔을 마시고 쓰러져 잠이 든 다음 다시는 결코 깨어나지 못할 것이다(참조, 51:57). 또 하나님께서는 바벨론인들을 도살장으로 끌려가는 어린 양들(참조, 50:45)로 비유하셨다.

세삭은 바벨론의 아트바쉬 표현법이다(참조, 1절; 25:26 주해). 바벨론은 함락되어 파괴될 것이다. 그들은 바다가 일어나 그들을 덮쳐 버린 것처럼 사라질 것이다. 또한 그 성읍들은 사막처럼 황폐하게 될 것이다(참조, 50:3 주해). '바다가 바벨론에 넘친다'거나 '성읍들이 황폐하여 마른 땅과 사막과 같이 되었다'는 표현들을 통해서, 예레미야는 바벨론이 파괴될 것이라는 사실을 강조했다. 하나님께서 신 벨(참조, 50:2)에게 벌을 내려 그가 삼켰던 부를 토해내도록 할 것이다. 바벨론이 끝장이 날 때에 포로로 남아 있는 자들을 토해낼 것이다(즉, 포로 상태에서 포로들을 해방시킬 것이다). 이것은 포로된 자들의 불평에 대한 하나님의 직접적인 대답이 될 것이다(34절).

10. 바벨론에 남아 있는 자들에 대한 경고(51:45~48)

51:45~48 하나님께서 그의 백성에게 명하여 바벨론으로부터 필사적으로 도망쳐서 그의 잔혹한 분노를 피하라고 하셨다. 백성들은 그 땅에 만연한 승리의 소문들이나 폭력의 뜬소문에 놀라지 말라는 것이었다. 그보다 하나님께서 바벨론을 확실히 심판하실 것이라는 확신을 가져야 한다

는 것이었다. 그때 하늘과 땅은 하나님의 승리로 기뻐 소리칠 것이다(참조, 계 18:20).

11. 바벨론의 멸망의 확실성(51:49~53)

51:49~50 하나님께서 바벨론이 멸망하도록 정하셨는데, 그들이 이스라엘의 많은 사람들을 죽인 것에 대한 책임 때문이다. 아브라함에 대한 하나님의 약속, 즉 그를 저주한 자들은 스스로 저주를 받을 것(창 12:2~3)이라는 언약이 이제 바벨론에 적용되고 있다. 이스라엘 사람들이 장차 바벨론의 파멸로부터 피하려 할 때 머뭇거려서는 안 될 것이다. 그 대신 그들은 주님을 기억하며 예루살렘을 생각해야 할 것이다. 바벨론의 파괴는 하나님께서 유다 사람들을 귀향케 하는 촉매 역할을 하게 될 것이다.

51:51~53 여전히 포로 상태에 있는 남은 자들이 예루살렘을 생각하면서 수치와 모욕과 부끄러움을 느끼게 될 터인데, 그것은 이방인들이 성전의 성소에 들어와 그 곳을 더럽혔다고 백성들이 생각했기 때문이다. 하나님께서 때가 되면 바벨론의 우상을 파괴시킬 것을 확언하시면서 그 포로들을 위로해 주셨다(참조, 44, 47절). 바벨론의 위치가 아무리 높고 온 힘을 쏟아 방어한다 할지라도, 하나님께서 그들을 쓸어 버릴 파괴자들(참조, 48절)을 보내실 것이라고 맹세하셨다.

12. 바벨론에 대한 하나님의 응보(51:54~58)

51:54~58 바벨론으로부터 큰 파멸의 울부짖는 소리가 들릴 것이다. 성

을 공격하는 적 병사들의 함성은 요동치는 물 같을 것이며, 그들의 포효는 다른 어떤 전쟁에서보다 크게 들릴 것이다. 이 침입자들은 바벨론의 용병들을 포획하여 그 군대의 힘을 파괴시킬 것이다(그의 활이 꺾일 것이다). 바벨론에 있는 모든 계층의 방백들은 하나님의 심판의 포도주를 억지로 마시게 되어(참조, 25:15~29; 51:7~8) 결국은 영원히 잠들어 깨어나지 못할 것이다. 바벨론이 메데바사에게 함락될 때 바벨론의 지도자들과 용병들의 완전한 파괴로 다시는 일어나지 못하게 될 것이다(참조, 단 5:29~6:2). 그러나 여전히 하나님의 미래의 성취를 기다려야 한다.

예레미야는 바벨론이 장차 함락될 것이라는 메시지를 종결지으면서 속담을 인용하여(58절; 합 2:13) 하나님의 심판에 저항하기 위한 바벨론의 시도는 무용하다는 것을 보여 주었다. 바벨론의 성벽이 무너질 것이고 문들은 불에 타기 시작할 것이라는 선언을 하나님께서 이미 하셨다(참조, 50:15; 51:30). 그분의 심판을 막기 위해서 방어벽을 튼튼히 유지하려고 일을 더 많이 하는 것은, 결국 그들이 맞게 될 최후의 때에 불 속에 휩싸여 죽게끔 더 많은 연료를 제공하는 꼴이 될 것이다.

13. 스라야의 상징적인 임무(51:59~64)

51:59 바벨론에 대한 예레미야의 신탁의 절정은 왕의 시종장인 스라야에게 메시지를 준 것이었다. 스라야가 마세야의 손자 네리야의 아들이라는 것에 주목하면서, 예레미야는 스라야가 그의 서기관 바룩의 형제(참조, 32:12)였다는 사실을 지적한다. 스라야는 시드기야 통치 4년에 시드기야와 함께 바벨론에 갔다. 시드기야는 왜 BC 594~593년에 바벨론을 여행했을까? 윌리엄 쉬어는 강력한 증거와 함께 주장하기를, 느부갓네살이

BC 594년에 그의 속국 왕들을 바벨론에 불러 모아 바로 얼마 전에 있었던 바벨론 전복의 시도 직후의 그들의 충성을 보증받고자 했다는 것이다. 쉬어는 이 회합에 관한 기록이 다니엘서 3장에 언급되었다고 본다(William H. Shea, "Daniel 3: Extra-Biblical Texts and the Convocation on the Plain of Dura," *Andrews University Seminary Studies 20*, Spring 1982:29~52). 정확한 원인이 어떤 것이든지간에, 시드기야는 바벨론을 공식적으로 방문하게 되었고 바룩의 형제 스라야를 대동하게 되었다.

51:60~64 예레미야는 그가 바벨론에 관해서 기록했던 모든 예언들을 두루마리 책에 편집하여 기록했다. 현재의 책 중에서 50~51장과 대단히 유사한 글을 써서 두루마리 책을 만들었다. 그리고 그 두루마리 책을 스라야에게 주어 바벨론에 가서 큰 소리로 낭독하도록 했다. 그곳을 파괴시키시려는 하나님의 의도를 확인한 다음에, 스라야는 그것에 돌을 묶어 유브라데 강에 던져 두루마리 책과 돌이 물 아래로 가라앉은 것처럼 바벨론도 다시는 올라오지 못할 것이라고 선언할 것이다(참조, 계 18:21).

"예레미야의 말이 이에 끝나니라"라는 마지막 문장은 예레미야서가 편집된 과정을 이해하는 데 도움을 주고 있다. 이 문장은 아마 이미 편집된 예레미야의 작품에 52장을 나중에 첨가한 사람에 의해서 덧붙여진 것 같은 인상을 준다. 52장은 나머지 책이 편집된 후 약 25년 뒤에 쓰여졌기 때문에(참조, 서론, "예레미야 예언의 연대" 도표), 나중 편집자가 이 문장을 예레미야에 의해서 편집된 책 부분과 나중에 첨가된 부분을 구분하기 위해서 삽입시킨 것 같다. 그 사람이 과연 누구였을까? 52장을 쓴 사람이 어떤 사람이든지, 그가 열왕기하를 완성할 책임을 지고 있다는 사실을 말하는 것 이외에는 누구인지 확실하게 말할 수 없다(전승에 의하면 예레미야가 열왕기상 전부와 열왕기하에서 25장을 제외한 나머지 모두를 썼다고 알려진다). 아마 예레미야 52장을 쓴 사람은 바룩이거나 52장 사건이 일어났던 것을 지켜볼 만큼 오래 살았던 바룩의 어떤 제자라고 볼 수 있다. 그 사람이 누구든간에, 성령께서 그를 인도하여 이 장을 본서의 적합한 마무리로 두게 하신 사실은 분명하다.

Ⅳ. 결론(52장)

52장은 열왕기하 24장 18절부터 25장 30절까지의 내용과 거의 일치하며 여호야긴 왕이 바벨론의 감옥에서 석방된 BC 561년 이후 어느 때에 쓰여졌다(52:31). 자료의 많은 부분이 예레미야 39장에 기록된 정보와 유사하다. 그러면 왜 이 장이 예레미야의 예언들에 첨가되었을까? 예루살렘에 대한 예레미야의 심판의 예언이 성취되었고, 포로 상태에서 유다가 해방될 것이라는 예언이 성취되기 직전임을 보여 주기 위해서 첨가했다는 해석이 가장 적절하다. 이 마지막 장은 예언자를 변호하고 아직 포로 상태에 있는 남은 자를 격려하는 데 기여하고 있다.

A. 예루살렘의 멸망(52:1~23)

1. 시드기야의 패망(52:1~11)

52:1~11 유다 마지막 왕의 역사를 다시 요약하고 있다(참조, 39:1~7). 시드기야는 21살 때 왕이 되어 11년간 통치를 했다. 그가 느부갓네살에 대항하여 반란을 일으켜 그의 통치 9년, 10월 10일에(BC 588년 1월 15일. 참조, 왕하 25:1; 렘 39:1; 겔 24:1~2) 느부갓네살은 예루살렘에 최후의 포위를 시작했다. 시드기야 11년 4월 9일(BC 586년 7월 18일)에 기근이 너무 극심해 음식이 고갈했다. 모든 저항이 사라진 그때에 바벨론 사람들이 성벽을 무너뜨렸다. 시드기야와 그의 병사들은 도망가려고 했지만 예레미

야가 예언한 대로 포로로 잡히게 되었다(참조, 38:14~23). 시드기야는 느부갓네살에게 인계되어 그의 아들이 죽임을 당하는 것을 강제로 지켜보았고, 눈을 빼내어서 결박하여 바벨론으로 데리고 가 거기서 죽을 때까지 옥에 갇혔다.

2. 성의 파괴(52:12~16)

52:12~16 예루살렘 성도 그의 왕보다 더 나을 것이 없는 대접을 받았다. 느부갓네살의 통치 19년째인 그해 5월 10일(BC 586년 8월 17일)에 그 성에서 일어났던 반란들은 진압됐고 반란자들은 목 베임을 당했으며 성은 불태워졌다. 여기서 문제가 있는데, 열왕기하 25장 8절에 느부사라단이 5월 7일에 왔다고 기록하고 있기 때문이다. 그것에는 두 가지 가능한 대답을 제공할 수 있다. 어떤 사람들은 두 날짜 중에 하나는 후에 본문을 복사하는 과정에서 서기관의 실수로 인한 결과라고 생각한다. 그러나 이를 뒷받침할 만한 본문적인 증거나 사본의 증거가 없다. 또 어떤 이들은 '7일'이란 날짜는 느부사라단이 예루살렘에 도착한 날을 지적하며 '10일'은 그가 그 성에 불을 지른 날을 가리킨다고 믿었다. 느부사라단은 예레미야가 예언한 대로 성전, 왕궁, 집들에 불을 지르게 했다(참조, 22:7). 모든 중요한 건물들이 불에 타 무너졌다. 포위에서 살아남았거나 혹은 그 성에 남아 있던 자들은 포로로 끌려갔다. 그리고 가장 비천한 사람들만 거기에 남겨 두었다.

3. 성전의 파괴(52:17~23)

52:17~23 이 구절을 이해하기 위해서는 예레미야가 거짓 예언자 하나냐와 싸운 것을 기억해야 한다(참조, 27:16~28:17). 예레미야는 성전에 남아 있는 기구들은 바벨론으로 가져가게 될 것이라고 예언했다(27:19~22). 하나냐는 이미 가져갔던 그 기구들은 다시 돌아올 것이라고 약속하면서 예레미야를 반박했다. 어떤 예언자가 옳았는가? 이 첨가된 장은 예레미야의 예언이 진실하다는 것을 입증해 주고 있다. 놋기둥, 받침들, 그 밖에 예레미야에 의해서 열거된 다른 기구들은 정말 바벨론으로 옮겨졌다. 그것이 너무 광범위하고 엄청난 일이라는 것을 보여 주기 위해 옮겨진 그 놋기둥의 길이를 설명하고 있다(21절).

B. 특정 사람들의 운명(52:24~34)

1. 성이 파괴될 때 성 안에 있던 자들의 운명(52:24~27)

52:24~27 예루살렘 성의 모든 지도자들은 바벨론 사람들에 의해서 검거됐다. 그 가운데는 요시야 왕 때의 제사장 힐기야의 손자인 대제사장 스라야(대상 6:13~15), 부제사장 스바냐(참조, 29:25~29; 37:3), 그리고 성전에서 명령을 수행할 책임을 맡은 문지기 세 사람들도 포함되어 있었다. 뿐만 아니라 포로로 잡힌 자들 가운데 군사를 거느린 지휘관, 왕의 내시 일곱 명, 국민을 징집하는 책임을 맡은 군 지휘관의 서기관과 백성 60명

(사무관들 아니면 징집병 60명)도 포함되어 있었다. 그들은 느부갓네살의 사령부가 있던 하맛 땅 리블라(9절)로 잡혀가 죽임을 당했다.

2. 포로들의 운명(52:28~30)

52:28~30 이 단락은 열왕기하 25장에는 포함되어 있지 않다. 저자가 여기에 이 단락을 첨가시킨 것은 다른 포로의 무리들이 바벨론으로 이송되었다는 사실을 알려 주기 위해서이다. 처음 두 번의 포로 이송에 대한 날짜(28~29절)는 열왕기하 24장 12~14절과 25장 8~12절에 기록된 두 번의 유배에 대한 날짜와 맞지 않는다. 이 난해한 문제에 대한 가능한 해결책은 두 가지로 볼 수 있다. 첫째, 어떤 사람은 열왕기하와 예레미야서의 유배는 같은 사건들을 언급하고 있기 때문에 조화시켜야 한다고 주장한다. 이는 열왕기하의 저자가 바벨론의 왕들의 비계승력 방법을 따르고 있다는 가정에서의 주장이다(John Bright, *A History of Israel*, 3rd ed. Philadelphia: Westminster Press, 1981, p. 326, n. 45).

둘째, 어떤 사람들은 본문에 열거된 처음 두 번의 유배는 BC 597년과 BC 586년에 느부갓네살이 그 성을 함락한 것과 관련되어 있지만, 먼저 언급된 부분에서는 소수가 유배되었고 두 번째는 많은 포로가 유배된 것으로 나타나며, 열왕기하에서는 그렇게 기술되지 않았다고 주장한다. 위 두 주장은 다음의 두 견해를 입증한다고 말할 수 있다. 첫째, 주어진 연대들은(느부갓네살 7년, 18년) 바벨론이 크게 두 번 예루살렘을 공격한 사건을 열왕기하에서 기록한 연대들보다 각각 1년씩 감하여 기록했다(느부갓네살의 연수가 열왕기하 24장 12~14절에서는 '8년째'로, 25장 8~12절에서는 '19년째'로 되어 있다). 둘째, 포로가 된 자들의 숫자가 BC 597년과

BC 586년 동안에 포로로 잡힌 숫자와 맞지 않는다는 것이다. BC 597년에 약 만 명의 백성이 잡혔는데(왕하 24:14), 예레미야 52장 28절에서는 3,023명밖에 언급하지 않는다. BC 586년에 느부갓네살은 남아 있는 천민들과 함께 백성, 그리고 왕에게 항복했던 자들을 다 사로잡았다(왕하 25:11). 예레미야 52장 29절의 832명이라는 숫자는 마지막으로 사로잡은 숫자와 일치시키에는 너무나 적은 숫자이다. 따라서 두 번째 견해에 따르면 28~29절의 두 번의 유배는 부차적인 포로 이송을 기록하고 있다고 보는 것이 타당하다. 저자의 그 사람들(30절, 세 번째 유배된 소수의 사람들)에 대한 언급은 바벨론이 유다를 완전히 파괴했다는 것을 알려 주기 위해서 기록한 것으로 보인다(Alberto R. Green, "The Chronolo-gy of the Last Days of Judah: Two Apparent Discrepancies." *Journal of Biblical Literature* 101. 1982:57~73).

예레미야에 의해서 언급되고 있는 세 번째 유배는 그다랴의 살해 이후에(참조, 41장) 느부갓네살이 그 땅으로 되돌아 온 시기와 일치하는 것 같다. 확실히 바벨론이 팔레스타인을 지배하기 위해서 행했던 위협으로 인하여 소동이 일어났다. 그래서 느부갓네살은 군대를 보내 질서를 회복하며 모반을 일으킬 만한 의심스런 인물들을 제거했을 것이다. 745명이라는 유다 사람들의 작은 숫자는 느부갓네살의 행위가 제한된 범주에서 이뤄졌음을 입증해 주고 있다. 그렇다면 본문에 언급된 세 번의 유배에 대한 날짜(티쉬리역에 근거해서)들은, 느부갓네살 7년(BC 598년), 18년(BC 587년), 23년째(BC 582년)가 된다.

3. 여호야긴의 운명(52:31~34)

52:31~34 여호야긴은 바벨론에 포로로 있는 자들 중에 첫 열매가 되었다. 여호야긴이 포로가 된 지 37년 째(BC 561~560년)에 에윌므로닥이 바벨론의 왕이 되었다. 그가 왕위를 계승하던 그 해 말, 12월 25일에 축제 행사의 한 부분으로 여호야긴을 옥에서 풀어 주었다(BC 560년 3월 21일). 여호야긴은 규칙적으로 왕의 식탁에서 식사를 하도록 허락받았다. 파괴에 대한 예레미야의 예언이 실현되었던 것처럼, 이제 미래의 축복에 대한 예언이 실현되기 시작했다. 여호야긴에게 주어진 호의는 포로들에게 하나님의 약속하신 축복과 회복이 도래할 것이라는 희망을 가져다 주었다.

참고문헌

• Bright, John. *Jeremiah: A New Translation with Introduction and Commentary*, The Anchor Bible Garden city, N.Y.: Doubleday & Co., 1965.

• Cunliffe—Jones, H. *The Book of Jeremiah: Introduction and Commentary*. New York: Macmillan Co., 1961.

• Feinberg, Charles L. *Jeremiah: A Commentary*. Grand Rapids: Zondervan Publishing House, 1982.

• Freeman, H. *Jeremiah*. London: Soncino Press, 1949.

• Harrison, R.K. *Jeremiah and Lamentations*. The Tyndale Old Testament Commentaries. Downers Grove, Ill: InterVarsity Press, 1973.

• Huey, F.B., Jr. *Jeremiah: Bible Study Commentary*, Grand Rapids: Zondervan Publishing House, 1981.

• Jensen, Irving L. *Jeremiah and Lamentations*. Everyman's Bible Commentary, Chicago: Moody Press, 1974.

• Kinsler, F. Ross. *Inductive Study of the Book of Jeremiah*. South Pasadena, Calif.: William Carey Library, 1971.

• Laetsch, Theo. *Jeremiah*. Bible Commentary. St. Louis: Concordia Publishing House, 1952.

• Orelli, C. von. *The Prophecies of Jeremiah*. Translated by J.S. Banks. Reprint. Minneapolis: Klock & Klock Christian Publishers, 1977.

• Thompson, J.A. *The book of Jeremiah*. The New International Commentary on the Old Testament. Grand Rapids: Wm. B. Eerdmans Publishing Co., 1980.

אֵיכָה יָשְׁבָה בָדָד הָעִיר רַבָּתִי עָם

וְדִמְעָתָהּ עַל לֶחֱיָהּ אֵין־לָהּ מְנַחֵם מִכָּל־אֹהֲבֶיהָ כָּל־רֵעֶיהָ בָּגְדוּ בָהּ הָיוּ לָהּ לְאֹיְבִים ס

בָּכוֹ תִבְכֶּה בַלַּיְלָה

מֵעֹנִי וּמֵרֹב עֲבֹדָה הִיא יָשְׁבָה בַגּוֹיִם לֹא מָצְאָה מָנוֹחַ כָּל־רֹדְפֶיהָ הִשִּׂיגוּהָ בֵּין הַמְּצָרִים ס

וְגָלְתָה יְהוּדָה

שׁוֹמֵמִין כֹּהֲנֶיהָ נֶאֱנָחִים בְּתוּלֹתֶיהָ נּוּגוֹת וְהִיא מַר־לָהּ ס

The Lamentations of
Jeremiah

The Bible Knowledge
Commentary

서론

예레미야애가서는 예레미야서의 슬픔에 잠긴 발문이다. 다섯 장의 애가(哀歌) 혹은 조시(弔詩)를 통해 저자는 죄로 인한 예루살렘의 운명에 탄식한다. 그러나 이 책은 공의를 주장하는 예언가가 과거를 되돌아보는 것 그 이상의 의미를 내포하고 있다. 즉 예레미야애가서는 죄로부터 비롯된 슬픔, 비통, 고뇌, 황량함, 고통을 다시금 생각나게 하는 책이다. 이것은 '먹고, 마시고, 결혼하는 것의 또 다른 일면'이라고 볼 수도 있다(Charles R. Swindoll, *The Lamentations of Jeremiah*, "Introduction"). 애가서는 예루살렘 성읍의 몰락을 슬퍼하면서, 동시에 생존자들을 향해 비난하며 그들에게 가르침과 희망을 가져다 준다.

제목

본서의 제목은 본 서의 첫 단어인 '애카'(אֵיכָה)라는 말에서 비롯된다. 이 말은 비통과 놀라움을 표시하는 "아!", "어떻게!"라는 말로 번역할 수 있다(삼하 1:19, 9:19). 랍비와 탈무드의 저자들은 이 제목을 사용하기도 하지만, '애가', '애도의 시'라는 뜻을 가진 '키노트'(קִינוֹת)라고 부

르기도 한다.

70인역성경에서는 랍비가 사용한 제목 '키노트'를 애가라는 뜻의 헬라어인 '트레노이'로 바꾸었다. 또한 불가타성경에서도 '트레니'나 '애가'라는 제목을 채택했다. 영어 성경 번역자들은 70인역성경과 불가타성경 양식을 따라서 애가서의 내용을 설명한 다음 '애가'라고 쓴다. 많은 사람들은 이것을 예레미야의 작품으로 여기는 유대 전통을 따른다. 그래서 영어 번역에서는 제목을 '예레미야애가'(KJV, ASV, NASB, RSV) 혹은 '애가'(JB, NIV)라고 한다.

기록 연대와 저자

본서에는 저자의 이름이 나타나 있지 않으나 유대 전통은 예레미야의 작품으로 인정한다. 70인역성경에서는 '이스라엘이 포로로 끌려가고 예루살렘이 무너진 후 예레미야가 앉아 이 애가를 갖고 슬피 울었으니, 그가 노래하기를'이라는 표제문을 수록하고 있다. 요나단의 탈굼성경(아람어 성경), 바벨론의 탈무드, 페쉬타역, 불가타성경 모두 예레미야의 작품으로 간주한다.

성경 자체도 예레미야 저작설을 뒷받침한다고 볼 수 있다. 예레미야서에서 사용된 몇 가지 개념이 예레미야애가서에 다시 나타나고 있기 때문이다(참조, 렘 30:14과 애 1, 2; 렘 49:12과 애 4:21). 이 두 권의 책에서 저자는 '자신의 눈에서 눈물이 넘쳐흐른다'고 말한다(1:16; 2:11; 렘 9:1, 18). 그리고 저자는 바벨론에 의한 예루살렘 몰락의 목격자로서 예루살렘이 무너진 마지막 날의 잔악함을 이 두 권에 묘사하고 있다(2:20; 4:10; 렘 19:9).

헤르만 폰 데르 하르트가 1712년에 이 사실에 도전하는 주석을 썼다. 그때까지는 일반적으로 예레미야애가서의 저자를 예레미야로 인식하고 있었다. 그러나 폰 데르 하르트에 의해 반대 의견이 제기되었고 다른 사람들도 예레미야 저작에 대한 반대에 응했다(Gleason L. Archer, Jr., *A Survey of Old Testament Introduction*, Chicago: Moody Press, 1964, pp. 365~7; Walter C. Kaiser, Jr., *A Biblical Approach to Personal Suffering*, pp. 24~30).

예레미야가 이 책의 저자라고 가정한다면, 이 책은 짧은 기간에 쓰여졌을 것이다. 예레미야는 BC 586년 예루살렘이 바벨론에 함락된 이후(참조, 1:1~11), 그리고 애굽으로 붙잡혀 가기 전 그다랴의 암살(약 BC 583~582년. 참조, 렘 43:1~7) 이후에 이 예레미야애가서를 썼을 것이기 때문이다. 생생한 묘사와 심오한 감정이 이 책에 드러난 것으로 보아 예루살렘 함락 직후인 BC 586년 말기나 BC 585년 초기에 작성했을 것으로 추정된다.

역사적 배경

BC 588년부터 BC 586년까지 바벨론의 군대가 예루살렘 성벽을 포위하고 있었다(참조, 왕하 25:1~10). 바벨론에 대한 반역에 따른 유다의 처음 흥분의 열기와 행복감은 불확실성과 공포로 바뀌었다. 유다의 동맹국인 애굽은 전쟁에서 패했으며 바벨론의 손아귀에서 유다를 구출하려는 노력도 수포로 돌아갔다. 차례로 유다의 다른 도시들이 무너졌고(참조, 렘 34:6~7), 마침내 바벨론의 약탈꾼들 앞에서 예루살렘만이 남게 되었다. 바벨론 군대에 의해 계속되는 팽팽한 포위 공격으로 도시의 구조가 무너지기 시작했다. 굶주린 어머니들은 자기 자녀를 먹기도 했다(2:20; 4:10). 사람들은 어떤 신이든지 상관하지 않고 모든 신에게 구원해 달라고 부르짖음으로써 우상숭배가 성행했다. 과대망상증에 사로잡힌 사람들은 진실을 말했다는 이유로 하나님의 예언자들을 반역자나 첩자로 몰아 함부로 죽였다.

BC 586년 7월 18일에 갑자기 오랜 기간 동안의 포위가 끝나자 성벽이 뚫리고 바벨론 군대가 도시 안으로 들어오기 시작했다(왕하 25:2~4상). 시드기야와 남아 있던 군사들이 도망치려 했으나 포로로 잡혔다(왕하 25:4하~7). 느부갓네살이 그 도시를 점령하기까지는 몇주일이 걸렸고, 점령한 후 그들은 도시의 귀중품들을 약탈하기 시작했다. BC 586년 8월 14일에 그 일이 끝나자 바벨론의 군사는 예루살렘을 파괴하기 시작했다(왕하 25:8~10. BC 586년 7월 18일과 8월 14일의 날짜 추정을 지지하는 자료로서 참조, Edwin R. Thiele, *The Mysterious Numbers of the Hebrew Kings*. Rev. ed. Grand Rapids: Zondervan Publishing House, 1983, p. 190). 바벨론 군대는 사원과 왕궁, 도시의 모든 중요한 건물들을 불태웠다. 마침내 예루살렘을 보호했던 성벽까지도 허물었다. 바벨론 군사들이 모든 것을 파괴한 후 포로들과 떠났을 때 그곳에는 불에 그을리고 깨진 벽돌 조각들만 남아 있었을 뿐이다.

예레미야는 사원이 파괴되고 도시가 불타는 것을 목격했다(참조, 렘 39:1~14; 52:12~14). 한때 위풍당당했던 수도는 잿더미로 변했고 백성은 잔인한 감독의 억센 손아귀 아래 있게 되었다. 이러한 모든 사건들이 예레미야의 마음에 생생하게 못 박혀 예레미야애가서를 짓게 되었다.

신명기 28장과의 관계

가끔 간과되긴 하지만, 이 책의 중요한 특징은 신명기 28장과의 관계성이다. 존 마틴이 언급한 대로 '예레미야애가서의 저자는 신명기 28장에 나타난 저주의 성취를 보여 주고자 한다'("The Contribution of the Book of Lamentations to Salvation History." Th. M. thesis, Dallas Theological Seminary, 1975, p. 44). 예레미야애가서와 신명기 28장을 비교한 다음의 도표는 두 성경 사이의 많은 유사점을 보여 주고 있다.

예레미야애가서에 나타나 있는 예루살렘의 모든 비통과 고난은 모세에 의해서 약 900년 전에 예언되었다. 하나님은 불순종에 대한 무서운 결과를 경고하셨다. 예레미야는 그 사실을 신중히 지적하고 있으며 하나님은 충실히 그러한 저주들을 실행하셨다. 그러나 이러한 사실이 예레미야애가서를 이스라엘을 위한 희망의 책으로 만들어 준다. 하나님은 자신이 세운 언약의 모든 것을 이행하는 데 충실하셨다. 그리하여 이스라엘은 불순종에 대한 벌을 받았던 것이다. 그러나 하나님의 언약은 여전히 시행되기 때문에 이스라엘은 소멸되지 않았다. 불순종에 대한 심판을 약속하신 하나님은 회개를 통한 회복도 약

속하셨다(참조, 신 30:1~10). 그래서 예레미야는 멸망 가운데서도 희
망을 제시할 수 있었다(3:21~32). 포로가 된 이스라엘 민족을 향한
예레미야의 메시지는 그들이 신명기 28장의 교훈을 배우고 하나님께
로 되돌아오게 하는 것이다. 예레미야애가 5장 21~22절의 기도는 낙
담한 백성의 의심에 가득 찬 부르짖음이 아니다. 오히려 그것은 신명
기 28장과 예레미야애가서의 교훈을 깨우친 포로들의 믿음의 반응인
것이다. 그들은 하나님께서 언약의 마지막 부분을 시행해 주실 것과,
포로 상태에서 나라를 회복시켜 주실 것을 애타게 부르짖고 있다.

구조와 문체

예레미야애가서에는 적어도 세 가지의 중요한 구조적, 문체적 특
색이 있다.

1. 형태

본서는 다섯 장의 애도의 시, 혹은 장례의 애가이다. 그런데 각
장은 서로 분리된 애가이다. 애가는 장례의 시나 노래로 쓴 것으로,
금방 죽은 어떤 사람을 위해 읊는 문학 형식을 뜻한다(참조, 삼하
1:17~27). 그 노래는 대개 이별한 사람의 훌륭한 성품이나, 그의 죽
음을 슬퍼하는 안타까움과 상실감 등의 감정에 역점을 둔다. 예레미
야는 예루살렘 성의 비극적 죽음과 사람들이 경험한 도시의 죽음의
결과에 탄식하고 있다. 그래서 살아남은 사람들이 경험한 슬픈 감정
과 상실감들을 전달하는 장례의 애가 형태를 사용한 것이다.

애가의 형태는 두 가지 구조적 요소에 의해 강조된다. 첫째는 다
섯 장 중에서 세 장의 첫 머리에 나오는 '아!'와 '어떻게!'(애카[אֵיכָה])

라는 단어의 반복이다(참조, 1:1, 2:1, 4:1). '제목' 부분에서 이야기한 대로 '애카'라는 말은 극도의 놀람이나 비통의 감정을 나타낸다. 애가 형태를 강조하는 두 번째 요소는 1~4장에서 빈번히 등장하는 '키나' (קִינָה : 장송곡)의 사용이다. 이러한 리듬의 형태는, 한 구절 중 뒤에 나오는 후반부가 앞에 나오는 전반부보다 한 박자 적게 나타난다. 이렇게 운율이 고르지 않은 '3+2'의 절름발이 보격 형태는 독자에게 허무함과 불완전한 느낌을 준다. 이러한 두 가지의 요소는 애가의 슬픈 기분을 더해 주며 그들의 감정적인 격렬함을 높여 주고 있다.

2. 아크로스틱(Acrostic)배열

번역을 어렵게 하는 가장 중요한 구조적 요소가 1~4장에 나타나는 아크로스틱 배열이다. 아크로스틱이란 각 줄의 첫 글자를 모아 이루어진 것이다. 그것을 차례로 배열하면 한 단어가 되거나 연결되는 몇 개의 단어가 되고, 혹은 알파벳 글자의 규칙적인 연속이 된다. 예레미야애가서의 처음 각 네 장은 아크로스틱 형태로 배열되어 있다. 예를 들어 처음 시의 1절이 알렙(א)이라는 글자로 시작하고 2절은 베트(ב)로 시작하는 것 등이다. 1, 2장과 4장은 각각 히브리어 알파벳의 22자로 시작되는 22절로 되어 있다. 3장은 이 책의 중심을 이루고 있으며, 66절로 구성되어 있다. 3장에서 처음 3절은 알렙으로 시작되며 그 다음 3절은 베트로 시작된다. 단지 5장만이(1, 2, 4장과 같이) 22절로 되어 있기는 하지만 아크로스틱으로 배열되지 않았다.

이 책에서 아크로스틱 형태의 중요성을 논하기 전에 한 가지 변화를 지적해야 한다. 그것은 2~4장에서 히브리어 글자 두 개가 바뀌어 있다는 것이다. 히브리 알파벳의 16번째와 17번째 글자의 올바른 순

예레미야애가와 신명기 비교			
예레미야애가		**신명기**	
1:3	그가 열방 가운데에 거주하면서 쉴 곳을 얻지 못함이여	28:65	그 여러 민족 중에서 네가 평안함을 얻지 못하며 네 발바닥이 쉴 곳도 얻지 못하고
1:5	그의 대적들이 머리가 되고	28:44	그는 머리가 되고 너는 꼬리가 될 것이라
1:5	어린 자녀들이 대적에게 사로잡혔도다	28:32	네 자녀를 다른 민족에게 빼앗기고
1:6	뒤쫓는 자 앞에서 힘없이 달아났도다	28:25	여호와께서 네 적군 앞에서 너를 패하게 하시리니 네가 그들을 치러 한 길로 나가서 그들 앞에서 일곱 길로 도망할 것이며
1:18	나의 처녀들과 나의 청년들이 사로잡혀 갔도다	28:41	네가 자녀를 낳을지라도 그들이 포로가 되므로 너와 함께 있지 못할 것이며
2:15	모든 지나가는 자들이 다 너를 향하여 박수치며 딸 예루살렘을 향하여 비웃고	28:37	여호와께서 너를 끌어가시는 모든 민족 중에서 네가 놀람과 속담과 비방거리가 될 것이라
2:20	여인들이 어찌 자기 열매 곧 그들이 낳은 아이들을 먹으오며	28:53	네가 적군에게 에워싸이고 맹렬한 공격을 받아 곤란을 당하므로 네 하나님 여호와께서 네게 주신 자녀 곧 네 몸의 소생의 살을 먹을 것이라
2:21	늙은이와 젊은이가 다 길바닥에 엎드러졌사오며	28:50	그 용모가 흉악한 민족이라 노인을 보살피지 아니하며 유아를 불쌍히 여기지 아니하며
4:10	자비로운 부녀들이 자기들의 손으로 자기들의 자녀들을 삶아 먹었도다	28:56 ~57	너희 중에 온유하고 연약한 부녀… 자기 품의 남편과 자기 자녀를 미운 눈으로 바라보며 자기 다리 사이에서 나온 태와 자기가 낳은 어린 자식을 남몰래 먹으리니…
5:2	우리 기업이 외인들에게, 우리의 집들도 이방인들에게 돌아갔나이다	28:30	집을 건축하였으나 거기에 거주하지 못할 것이요
5:5	우리가 기진하여 쉴 수 없나이다	28:65	그 여러 민족 중에서 네가 평안함을 얻지 못하며
5:10	굶주림의 열기로 말미암아 우리의 피부가 아궁이처럼 검으니이다	28:48	주리고 목마르고… 여호와께서 보내사 너를 치게 하실 적군을 섬기게 될 것이니

5:11	대적들이 시온에서 부녀들을, 유다 각 성읍에서 처녀들을 욕보였나이다	28:30	네가 여자와 약혼하였으나 다른 사람이 그 여자와 같이 동침할 것이요
5:12	장로들의 얼굴도 존경을 받지 못하나이다	28:50	그 용모가 흉악한 민족이라 노인을 보살피지 아니하며
5:18	시온 산이 황폐하여 여우가 그 안에서 노나이다	28:26	네 시체가 공중의 모든 새와 땅의 짐승들의 밥이 될 것이나 그것들을 쫓아줄 자가 없을 것이며

서는 '아인-페'(ע-פ)이다(참조, 시 119편). 본서 1장에는 이러한 순서로 배열되어 있다. 하지만 2~4장은 매 장마다 '페-아인'(פ-ע)의 순서로 뒤바뀌어 있다. 이런 역현상이 수년 동안 학자들을 혼란시켰다.

그러나 최근에 일어난 고고학적인 발견이 이 문제를 해결하는 데 도움을 주었다. 히브리어 초보자들이 써놓은(쓰기를 배우기 시작한 히브리 어린이들에 의해 깨어진 도자기 조각에 낙서된 알파벳) 몇 가지가 고고학자들에 의해 발견된 것이다. 이런 알파벳 표기 중에서 어떤 것은 히브리 글자의 정상적인 순서로 되어 있고, 또 다른 것들은 '페-아인'(פ-ע)의 역순으로 되어 있다. 이렇게 볼 때 분명히 두 가지의 알파벳 순서는 그 당시에 사용된 방법으로 모두 타당한 것으로 볼 수 있다. 그래서 예레미야는 히브리 알파벳의 두 가지 형태를 기꺼이 사용하고 있는 것이다.

왜 아크로스틱 형태가 사용되었는가? 한 가지 가능한 이유는 독자들에게 예레미야애가서의 단어를 기억하도록 돕기 위해서일 것이다. 요즘 대부분의 어린 학생들은 음악의 고음부 기호를 칸과 줄에 그려 넣도록 배우기 때문에 'face'와 'every good boy does fine'의 음악적 머리글자를 기억하고 있다. 이와 같이 아크로스틱 형태는 이스라엘 백성들이 애가서에 쓰여진 중요한 교훈 중 어느 것 하나라도 잊어버리지 않도록 하기 위해 고안된 기억장치일 것이다.

아크로스틱 형태를 사용한 두 번째 가능한 이유는, 죄에는 반드시 고통이 뒤따른다는 사실을 강조하려는 것이다. 알파벳은 예루살렘의 심판이 A에서부터 Z('알파와 오메가', '처음과 끝')에 이르렀다는 것을 사람들에게 언제나 생각나게 했다. 예레미야도 1~4장을 아크로스틱 형태로 배열하면서 이 두 가지 이유를 염두에 두었을 것이다. 비록 5장에 가서 그 형태가 깨어졌지만 말이다.

3. 구조적 균형

예레미야애가서는 한정된 구조적 균형을 가지고 있다. 1~2장과 4~5장은 서로 평행을 이루는 교차 대구법으로 배열되어 있다. 2장과 4장이 하나님께 중점을 둔 반면, 1장과 5장은 사람에게 중점을 두고 있다. 3장은 고뇌 중에 있는 예레미야의 반응을 표현하고 있으며 이 책의 주축을 제공한다. 그 배열은 앞에서 보여 준 대로 도식화 할 수 있다.

구조적 좌우 대칭이 이 책에서는 일정한 진행을 통해 균형을 이룬다. 처음 네 장은 아크로스틱 형태이지만 5장은 그렇지 않다. 처음 네 장에서는 퀴나나 절름발이 보격이 빈번히 사용되지만 5장은 그렇지 않다. 처음 네 장 중에서 세 장은 애카로 시작된다(3장만 아크로스틱 형태의 장 중에서 예외적인 장이다). 5장은 그렇지 않다. 여러 면에서 5장은 다른 장에서 형성한 구조를 파괴한다. 그리고 고통의 반응을 보여 준다. 이 장이 기도로 시작하고 기도로 끝나는 것은 우연이 아니

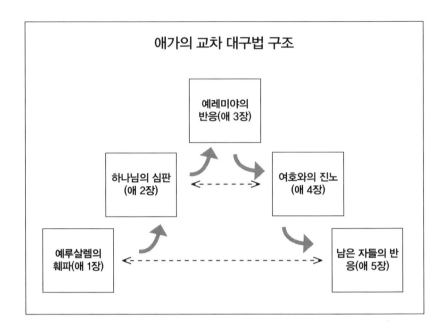

애가의 교차 대구법 구조

예레미야의
반응(애 3장)

하나님의 심판
(애 2장)

여호와의 진노
(애 4장)

예루살렘의
훼파(애 1장)

남은 자들의 반
응(애 5장)

다(5:1, "여호와여 우리가 당한 것을 기억하시고"; 5:21, "여호와여 우리를 주께로 돌이키소서"). 5장에서 예레미야는 남아 있는 백성이 하나님께 돌이킬 필요가 있다고 응답한다. 이것은 본서에 꼭 알맞은 끝맺음이라 할 수 있다. 하나님의 징벌은 백성이 회개하게 하려는 의도를 가지고 있다.

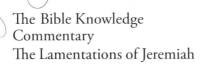

The Bible Knowledge
Commentary
The Lamentations of Jeremiah

개요

Ⅰ. 첫 번째 애가: 죄로 인한 예루살렘의 황량함(1장)

A. 예루살렘의 황량함에 대한 예레미야의 애가(1:1~11)

B. 자비를 구하는 예루살렘의 기도(1:12~22)

Ⅱ. 두 번째 애가: 예루살렘의 죄에 대한 하나님의 심판(2장)

A. 하나님의 진노(2:1~10)

B. 예레미야의 탄식(2:11~19)

C. 예루살렘의 기도(2:20~22)

Ⅲ. 세 번째 애가: 예레미야의 반응(3장)

A. 예레미야의 고뇌(3:1~18)

B. 예레미야의 희망(3:19~40)

C. 예레이야의 기도(3:41~66)

Ⅳ. 네 번째 애가: 여호와의 진노(4장)

    A. 포위 전과 후의 비교(4:1~11)

    B. 포위된 원인(4:12~20)

    C. 공의를 구함(4:21~22)

Ⅳ. 다섯 번째 애가: 남은 자들의 반응(5장)

    A. 기억하심을 바라는 남은 자들의 기도(5:1~18)

    B. 회복을 구하는 남은 자의 기도(5:19~22)

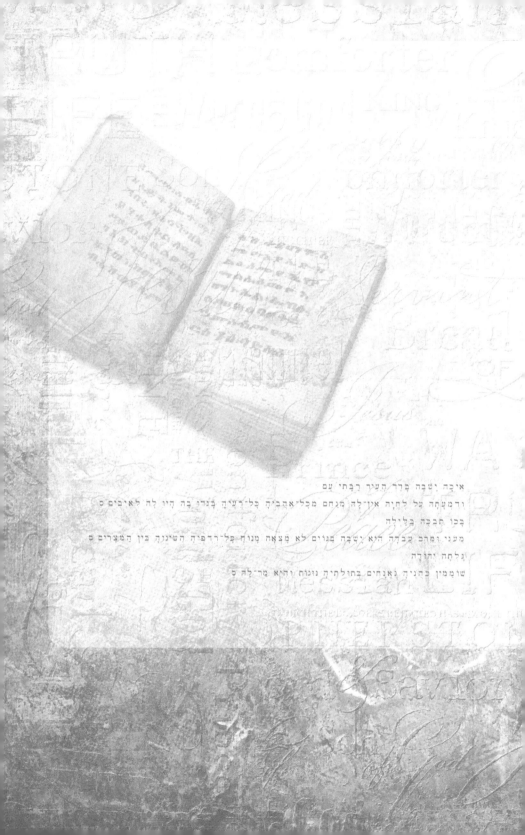

אֵיכָה יָשְׁבָה בָדָד הָעִיר רַבָּתִי עָם

וְדִמְעָתָהּ עַל לֶחֱיָהּ אֵין־לָהּ מְנַחֵם מִכָּל־אֹהֲבֶיהָ כָּל־רֵעֶיהָ בָּגְדוּ בָהּ הָיוּ לָהּ לְאֹיְבִים ס

בָּכוֹ תִבְכֶּה בַּלַּיְלָה

מֵעֹנִי וּמֵרֹב עֲבֹדָה הִיא יָשְׁבָה בַגּוֹיִם לֹא מָצְאָה מָנוֹחַ כָּל־רֹדְפֶיהָ הִשִּׂיגוּהָ בֵּין הַמְּצָרִים ס

גָּלְתָה יְהוּדָה

שׁוֹמְמִין כֹּהֲנֶיהָ נֶאֱנָחִים בְּתוּלֹתֶיהָ נּוּגוֹת וְהִיא מַר־לָהּ ס

The Lamentations of
Jeremiah
주해

The Bible Knowledge
Commentary

주해

Ⅰ. 첫 번째 애가: 죄로 인한 예루살렘의 황량함(1장)

예레미야는 첫 번째 애가에서 이 책의 주제(죄의 슬픔)를 설정한다. 1
장에서 그는 다섯 번씩이나 도움을 요청하나 아무도 응답하지 않은 것(2,
9, 16~17, 21절, '위로하는 자가 없다')에 대해 말한다. 그 도시는 하나님의
보호에서 떠나 외국 동맹국과 생명 없는 우상들을 좇았다. 그러나 지금
다른 이의 도움이 가장 필요할 때 홀로 황폐하여 무방비 상태로 내버려져
있는 것을 알았다.

예레미야는 예루살렘에 대한 두 가지 그림을 통해 그 도시의 고난을
전개시킨다. 첫 번째는 외부 관찰자가 도시를 보는 것이다(1~11절). 이것
은 바깥에서 안을 들여다보는 것이다. 두 번째 그림은 의인화된 예루살렘
이 지나가는 자를 불러 세워 자신의 상태를 관찰하는 것이다(12~22절).
이 그림은 안에서 밖을 보는 것이다.

A. 예루살렘의 황량함에 대한 예레미야의 애가(1:1~11)

예레미야는 한때 번영했던 도시가 멸망하는 장면을 바라보고서 그 도시에 대한 애가를 읊기 시작한다. 1~7절에서 그는 멸망의 범위에 대하여 생생하게 묘사하고, 8~11절에서는 멸망의 원인에 대해 설명한다.

1:1 예루살렘은 대재난으로 변화를 경험했다. 예레미야는 그 도시의 변화를 세 가지 측면에서 살펴봤다. 첫째, 인구가 많이 감소되었다. 한때 번잡했던 도시가 이제 황폐하게 변했다. 두 번째, 경제 상태가 변했다. 한때 열방 중에 위대했던 도시가 이제 과부의 상태로 낮아졌다. 과부라는 개념은 구약성경에서 주로 도움 받지 못하고 절망의 상태에 빠진 자를 말할 때 사용된다. 그리고 때로는 자신을 보호할 수 없는 이방 나그네나 고아와 비슷한 처지로 등장했다(참조, 출 22:22; 신 10:18; 24:19~21; 26:13; 27:19; 사 1:17). 예루살렘은 이제 빈궁해졌고 무방비 상태가 되었다. 셋

째, 사회적 지위가 바뀌었다. 공주가 이제 조공을 드리는 자가 되었다. 열방을 통치했던 도시가 이제 바벨론 제국을 섬기는 처지가 되었다.

1:2 예레미야는 계속해서 예루살렘을 의인화시켜 예루살렘의 멸망에 대한 자신의 반응을 묘사한다. 다른 나라들이 평화로운 단잠을 즐기는 동안 예루살렘은 자신의 슬픈 처지를 애통해 하며 '베개에 눈물을 흘리는' 자신을 본다. 사랑하던 이와 친구의 위로가 필요하지만 그를 위로해 주는 사람은 아무도 없다. 헛된 신과 동맹국들 때문에 그 진실한 애인이자 친구인 여호와로부터 버림받았다. 도움을 필요로 하는 때에 변덕스런 친구조차 찾아볼 수 없게 되었다. 그들은 예루살렘의 원수가 되어 버렸다. 고통을 덜어 주고 도움을 줄 자가 아무도 없었다.

1:3~6 이 구절에서 예레미야는 유다와 예루살렘에 임한 대재난을 확장한다. 유다는 자기 땅에 평안히 거하는 대신에 사로잡혀 갔다. 바벨론 포로기는 BC 605년부터 BC 538년까지 계속되었는데, 대부분의 사람들은 강제로 자기 집을 떠나 노예로서 이국땅에 살아야 했다. 한때 절기에 성소에서 예배드리기 위해 방문한 순례자들로 가득찼던 예루살렘의 도로와 성문이 이제는 황량해졌다. 성전은 폐허가 되었다(참조, 10절). 제사장들은 탄식했고 예배는 더 이상 계속 드리지 못하게 되었다. 하나님의 백성이 대적에게 패했다. 예루살렘의 처녀들은 근심하며(4절), 아이들은 포로가 되고(5절), 방백들은 쫓기는 사슴처럼 도망갔다(6절).

시온이란 말(4, 6절)은 원래 다윗 성이 세워진 예루살렘의 언덕 위를 말한다(참조, 삼하 5:7; 왕상 8:1). 후에 모리아산 위에 성전을 건축하면서 언약궤를 다윗 성에서 성전으로 옮겼다(참조, 대하 5:2, 7). 이때부터 성전이 세워진 언덕을 시온 산이라 부르기 시작했다(참조, 시 20:2; 48:2; 78:68~69). 결과적으로 그 단어는 예루살렘 전 도시에 적용되었다. 예루살렘은 다윗 성과 성전이 있는 산, 그리고 나중에는 확장된 도시의 서쪽 언덕까지 포함했다(참조, 렘 51:35). 시온이란 말이 본래의 성전이든 성전이 세워진 도시이든간에, 하나님이 거하시는 곳으로 종종 간주되어 왔다(참조, 2:1 주해, 처녀 시온). 그래서 4~6절에서 예레미야는 하나님께서 그의 백성 중에 현존하심을 상징하는 성전과 그와 관련된 제사가 파괴된 이후, 예루살렘이 종교적으로 얼마나 황폐해졌는지를 강조했다.

1:7 육체의 질병만으로는 충분치 못한 듯 정신적인 고뇌 또한 예루살렘의 백성을 엄습했다. 예루살렘은 옛날의 모든 즐거움들을 생각했다. 황폐하여 조롱거리가 된 현재의 상태는 이전의 영광과 날카롭게 비교되었다. 그리고 예루살렘은 한때의 영광을 기억하는게 아무런 위로가 되지 못함을 알았다. 대적의 손에 떨어져(2~3, 5~6절) 비웃음을 받았다.

1:8~9 예레미야는 예루살렘의 몰락을 묘사한 다음(1~7절) 예레미야는 멸망의 이유를 설명한다(8~11절). 예루살렘은 크게 범죄했다(참조, 5절). 예루살렘에 임한 재앙은 순진한 백성에 대한 무정한 하나님의 행동이 아니라, 백성의 죄로 스스로의 파멸을 자초한 것에 지나지 않았다. 자신이 뿌린 씨를 거둔 것이다. 그들은 하나님을 떠나 우상을 숭배했을 때의 결과를 생각하지 않았다. 죄는 단지 죽음과 파멸로 이끈다는 진리를 깨닫지 못한 것으로 보인다(겔 18:4; 롬 6:23).

1:10~11 예레미야는 예루살렘이 죄로 인해 받은 결과를 두 가지로 짧

게 묘사했다. 첫째, 예루살렘은 자신의 성전이 더럽혀지는 것을 보았다. 이방인들이 주의 성소에 들어갔다. 백성이 헛되이 자신의 안전을 의존했던 건물(참조, 렘 7:2~15; 26:2~11)이, 이제는 들어갈 수 없었던 이방인들에 의해 그들의 눈 앞에서 더럽혀졌다. 분명히 유다 사람들은 그들의 성전을 거대한 마력을 지닌 것이나 행운의 부적 같은 것으로 여겼다. 하나님은 다른 곳이 파괴되도록 내버려 둘지라도, 하나님 당신의 집만큼은 그렇지 않을 것이라고 생각했다. 유다 백성은 하나님이 성전의 돌들보다 순종을 훨씬 더 중요시 여긴다는 사실을 너무 늦게 알았다.

두 번째, 예루살렘은 기근을 겪었다. 포위 기간과 그 이후까지 식량이 부족했다. 사람들은 생존하기 위해 식물을 얻으려고 보물을 팔아야 했다 (1:19; 2:20; 4:10). 은과 금을 가지고 있던 사람들에게 물질주의의 무익함이 더 절실하게 다가왔다.

B. 자비를 구하는 예루살렘의 기도(1:12~22)

첫 번째 애가의 뒷부분에서는 초점이 바뀌었다. 바깥에서 안을 들여다보며 서 있는 대신에 예레미야는 안으로 들어가 밖을 내다본다. 의인화된 예루살렘이 지나가는 사람을 불러 자신의 상태를 보여 준다. 12~19절에는 예루살렘의 황폐함을 관찰하는 사람들에 대한 부르짖음이 들어있다. 20~22절에는 여호와께 대한 예루살렘의 간구가 있다.

1:12~13 예루살렘은 지나가는 사람을 불러 세우고 자신의 상태를 보여

준다. 첫째로 예루살렘은 자신에게 임한 하나님의 심판에 초점을 맞춘다 (12~17절). 그리고 죄로 인해 받게 된 심판을 설명한다(18~19절).

예루살렘의 멸망은 우연히 일어난 일이 아니다. 그것은 하나님의 심판의 직접적인 결과이다. 주께서 그것을 가져왔다(참조, 2:1~8; 4:11; 5:20). 예레미야는 예루살렘을 향한 하나님의 역사를 설명하기 위해 네 가지 비유를 사용한다. 첫째로 하나님의 공격은 골수를 찌른 불 같았다. 이것은 번개가 하늘을 가르고 사람을 치는 것으로 언급되곤 했다(참조, 왕상 18:38; 왕하 1:10, 12; 욥 1:16; 시 18:12~14).

둘째로 하나님의 공격은 예루살렘의 발에 그물을 펴는 사냥꾼의 공격과 같다. 그물은 새(잠 1:17), 물고기(전 9:12), 그리고 영양(사 51:20)을 포함하여 수많은 동물을 잡기 위한 덫으로 사용했다. 그물은 동물이 도망가지 못하도록 얽혀져 덫이 된다.

1:14 셋째로 하나님의 공격은 예루살렘의 목에 죄악의 멍에를 올려놓은 것과 같았다. 멍에는 무거운 짐을 끌기 위해 보통 두 마리 동물을 함께 묶어 둔다. 무거운 나무 대들보로 씌운 멍에는 비유적으로 노예나 무거운 짐, 견디기 어려운 괴로움들을 말할 때 사용된다(참조, 창 27:40; 레 26:13; 신 28:48; 대하 10:3~11; 사 9:4; 58:6, 9; 렘 27:2, 6~11). 예루살렘의 죄는 바벨론을 섬겨야 하는 심판의 멍에를 낳았다. 하나님이 예루살렘의 힘을 약하게 하여 적에게 넘기셨다.

1:15 넷째로 하나님의 공격을 포도를 밟는 것에 비유했다. 포도처럼 예루살렘의 젊은이들이 짓밟혔다. 처녀 유다를 하나님께서 술틀에 놓아 밟으셨다. 수확한 포도는 술틀에 놓이고 옆 구덩이로 즙이 나올 때까

지 발로 밟았다. 이 행동은 완전한 파멸과 관련된다(참조, 사 63:1~6; 욜 3:12~15; 계 14:17~20; 19:15). '처녀 유다'는 하나님의 심판의 결과를 이해한 예루살렘을 의미한다(2:2, 5). 하나님은 예루살렘을 군대로 에워쌌다.

1:16~17 지나가는 자에게 예루살렘에 임한 하나님의 심판에 대한 설명은 결국 비극적 절망의 탄식으로 끝을 맺었다. 예레미야는 가슴 아픈 비통의 장면에서 예루살렘을 누군가의 위로와 도움을 바라며 손을 내밀고 우는 과부(참조, 1절)로 묘사했다. 그러나 가까이서 과부를 위로할 자는 아무도 없었다. 예루살렘도 마찬가지였다(참조, 9, 21절). 도시는 황폐하게 되었고 멸시를 받았다. 예루살렘이 도움을 청했던 이웃들도 이제는 적이 되었다(참조, 2절). 그들은 예루살렘을 불결한 자로 여겼다. 여기서 사용된 '닛다'라는 히브리어 단어는 월경이라는 말과 연관되어 종교적인 부정함의 의미로 사용되었다(참조, 레 15:19~20; 겔 18:6). 이전의 친구들이 예루살렘을 피하고 거절하게 되었다.

1:18~19 유다의 죄의 고백을 통하여, 백성들은 공의의 하나님께서 불의한 백성을 징계하기 위해 심판을 도구로 사용하신다는 사실을 알게 되었다. 여호와는 의로우시나 백성들이 여호와의 명령을 거역했다. 하나님은 악의 창조자도, 다른 사람을 학대하기 좋아하는 극도의 가학자도 아니시다(참조, 겔 33:11; 벧후 3:9). 그러나 하나님은 의로우셔서 죄가 계속 되는 것을 허락하지 않으신다. 죄는 일시적 쾌락을 즐기는 사람에게 무서운 대가를 지불케 한다. 예루살렘은 그러한 '쾌락'을 맛보기 위해 자신의 하나님을 버렸다. 이제 예루살렘은 환란, 포로(참조, 3절), 친구의 배반, 기근으로 인한 죽음이라는 대가를 지불해야 한다.

1:20~22 예루살렘은 지나가는 자에게 부르짖다가(12~19절) 이제 하나님께 간구한다. 여호와께 자신의 영혼을 드러내어 예루살렘의 고난을 돌아보아 주시기를 간구한다. 밖에는 칼의 살육이 있고 집 안에는 사망만이 있다. 예루살렘 성이 느부갓네살의 공격을 받았을 때 포위를 뚫고 자유를 위해 도망치려 했던 사람들은 칼에 쓰러졌다. 성에 남아 있던 사람들은 기근과 역병으로 죽었다.

자신의 고난을 묘사한 다음, 예루살렘은 하나님의 심판이 적에게까지 이르기를 구한다. "주께서 그 선포하신 날을 이르게 하셔서 그들이 나와 같이 되게 하소서"(21절)라는 고백의 '그날'은 선지자에 의해 이미 선포된 '주님의 날'이다. 이 때는 불의를 복수하시고 약속된 의의 날이 오게 할 하나님의 심판이 온 땅에 미치는 때이다(참조, 요엘 서론, "해석상의 주요 문제"의 '여호와의 날').

예루살렘은 하나님이 자신의 죄를 심판하셨듯이 적의 죄를 심판해 주시기를 원한다. "나의 모든 죄악들로 말미암아 내게 행하신 것같이 그들에게 행하옵소서"(22절. 참조, 4:21~22). 이 일은 그 당시에 일어나지 않았으나, 하나님은 장차 미래의 환난의 때에 모든 나라를 심판하시겠다고 하셨다(참조, 사 62:8~63:6; 겔 38~39장; 욜 3:1~3 9~21; 옵 15~21; 미 7:8~13; 슥 14:1~9; 마 25:31~46; 계 16:12~16; 19:19~21).

II. 두 번째 애가: 예루살렘의 죄에 대한 하나님의 심판(2장)

찰스 스윈돌은 예레미야애가 2장에 '마굿간에서 온 말씀'이란 적절한 제목을 붙였다. 예레미야의 관심의 초점이 의인화된 예루살렘 성에서 하나님께 받은 벌로 옮겨졌다. 처음 열 개의 절은 심판을 받아 조직적으로 그 성이 파괴되는 하나님의 진노를 묘사한다. 11~19절은 첫째, 그가 사랑한 성의 몰락을 슬퍼하며 우는 예레미야의 고뇌에 찬 간구와, 둘째, 그 백성을 위하여 하나님께 구하는 기도를 포함한다. 20~22절은 백성의 반응을 나타내는데, 예루살렘은 다시 한 번 하나님께 그의 고난을 돌아봐 주실 것을 간구한다.

A. 하나님의 진노(2:1~10)

두 번째 애가는 예루살렘의 재난에 대한 참된 원인에 초점을 맞추면서 시작한다. 예루살렘 성과 그 백성을 몰락시킨 것은 바로 하나님이셨다. 10절에서 예레미야는 죄로 인해 예루살렘에 임한 하나님의 심판의 사실성에 초점을 맞추었다. 예레미야는 친히 도시의 몰락을 내려다보고 계시는 하나님의 모습을 묘사하면서 '발라'(בלע : 삼키다, 완전히 휘말아 들이다)라는 동사를 네 번 사용했다(2, 5절에서 두 번, 8절에서 '헐다'). 하나님의 심판의 불이 도시를 삼키는 것을 묘사한 표현일 것이다. 예레미야는 또한 '내던지다'(1절), '엎다'(2절), '자르다'(3절), '사르다'(3절), '훼파하다'(5~6절), '헐어 버리다'(6절), '버리다'(7절), '헐다'(8절), '꺾여 훼파되다'(9절)와 같은 생생한 동사들을 사용했다. 이런 단어들은 예루살렘이 느꼈던 파괴와 혼란의 감정을 잘 나타내 주고 있다. 하나님은 깨진 파편들을 책임져야 할 '난파선의 단 한 명의 승무원'이셨다.

2:1~5 예레미야는 처녀 유다의 견고한 성에 대한 직접적인 하나님의 진노(3절. 참조, 1:12; 2:6, 21~22; 3:43, 66; 4:11)와 분노(2:4; 3:1; 4:11)를 설명했다. 처녀 유다는 특별히 예루살렘 성(참조, 1:15; 2:5)을 말한다. 그 성을 또한 처녀 시온(1:6; 2:1, 4, 8, 10, 13, 18; 4:22), '처녀 예루살렘'(참조, 2:13, 15)이라고 불렀다. 이 파괴는 실제의 거처(2절), 궁(5절. 참조, 7절)과 견고한 성을 포함했으며, 그 땅의 지도자들도 포함했다. 그래서 하나님은 나라와 방백(2절)을 낮추셨다. 시드기야와 왕가는 왕좌에서 쫓겨났다. 3절에 언급된 이스라엘의 모든 뿔은 아마 왕가를 의미했을 것이다. '뿔'은 힘의 상징이다. 하나님은 백성이 기대했던 모든 사람들을 제거하셨다. 불 같고(3~4절) 원수 같은(4~5절) 유다로 간주하시는 하나님의 파괴 때문에 사람들은 근심과 애통에 빠졌다.

2:6~7 하나님의 진노는 주의 성소에도 쏟아졌다. 성막을 동산 초막 같이 헐으셨다. '막'을 뜻하는 히브리어 단어는 '오두막'을 뜻하는 단어의 다른 철자이다. 즉 예레미야가 말하고 있는 것은 농부가 추수기간 동안 그늘을 만들기 위해 사용했던 일시적인 들판의 오두막이나 오막살이 집을 부수는 식으로 하나님께서 그의 성막(공회 처소)을 부수셨다는 뜻이다. 절기, 안식일, 모든 제물과 심지어 제단까지도 예루살렘의 몰락에 영향을 받았다. 여호와의 성전에서의 훤화가 이제 훼파된 성전에서의 탄식 소리로 바뀌었다.

2:8~10 예레미야는 바벨론에 의해 유린당한 예루살렘의 지도자들에 대해 다시 말했다. 그는 지도자들을 이전에 백성을 보호하기 위해 예루살렘을 쌌던 성벽과 같은 존재로 묘사했다. 예루살렘을 둘러싼 성과 성곽이 파괴된 것같이(8~9절상) 지도자의 인간 성벽도 무너졌다(9절하~10절). 다윗 왕조가 왕좌에서 쫓겨났다. 왕과 방백들이(참조, 2절) 다른 열방으로 추방당했다. 성소가 파괴되자 제사장의 할 일도 없어졌으며 율법도 필요없게 되었다. 또 다른 지도자들인 선지자들도 거짓말쟁이들에 의해 타락하여(참조, 렘 23:9~32; 28장; 겔 13장) 더 이상 하나님께 묵시를 받지 못하거나 여호와의 이름으로 말하지 못했다(참조, 2:14). 백성을 인도하도록 하나님께 택함 받은 왕과 제사장과 선지자들은 예루살렘의 몰락의 영향을 받았다.

지도자들을 상실하자 백성들은 애통했다. 탄식은 장로들로부터 처녀들에게까지 이르렀다. 이것은 젊은이와 늙은이, 그 밖의 모든 사람들이 지도자를 상실한 슬픔에 잠겨 있음을 나타낸다. 여기서는 양 끝 계층(장로와 처녀)을 말하므로 메리즘으로 알려진 표현법(양 극단의 표현을 사용해서 전체를 포함하는)을 이용하고 있다. 슬픔에 잠긴 그들은 잠잠하고, 슬픔과 고뇌의 상징인 머리에 티끌을 무릅쓰고 굵은 베를 허리에 둘렀다(참조, 창 37:34; 욥 2:12~13; 느 9:1. 참조, 1절 주해, '처녀 시온', 6절 주해, '시온'; 사 3:24 주해, '베옷')

B. 예레미야의 탄식(2:11~19)

예레미야는 그가 보았던 장면들에 고통스러워하며 탄식한다. 그는 자기를 탄식하게 했던 예루살렘의 상황에 대해 다섯 장의 그림을 그렸다.

2:11~12 첫 번째 그림은 포위 기간 동안 인구를 감소시킬 기근에 초점을 맞추었다. 어떤 전쟁이나 역경에서든지 가장 슬픈 장면은 아이들이 고통을 당하는 모습이다. 예레미야는 고통으로 눈물에 눈이 상하도록 울었다(참조, 3:48~49). 땅에 쏟아진 그의 심장(간)으로 그는 감정적으로 완전히 말라 버렸다. 그는 어린아이와 젖먹이, 혼미하여 그 어미 품에서 혼이 떠나가는 어린이들이 먹을 것을 위해 울부짖는 모습을 묘사하면서 비통의 순간에 사로잡혔다. 아이들을 사랑한 부모님들도 아이의 생명에 필요한 음식조차 줄 수 없었다.

2:13 그 도시의 절망적인 상황이 예레미야로 하여금 예루살렘을 직접 부르게 했다. 그의 두 번째 그림은 슬픔에 잠긴 친구를 위로하기 위하여 필사적으로 노력하는 사람의 모습이다. 불행히도 그 심판의 크기가 너무 가혹하여 어떤 위로도 줄 수 없었다.

2:14 예레미야가 그린 세 번째 그림은 도시의 멸망을 막기는커녕 오히려 촉진시켰던 거짓 선지자들이었다. 하나님은 죄로 인한 예루살렘의 멸망을 경고하셨고 선지자들은 이런 임박한 재난을 알려 백성이 회개하도록

촉구해야 했다. 예레미야와 에스겔은 하나님의 충실한 선지자였지만, 불행히도 다른 사람들은 평화와 번영의 낙관적인 예언으로 사람들의 귀를 간지럽혀 놓았다(참조, 렘 28:1~4, 10~11; 29:29~32). 예루살렘은 진실한 선지자들의 경고를 무시하고 아첨하여 현혹시키는 거짓 선지자들의 거짓말을 듣는 것을 택했다.

2:15~17 네 번째 그림은 승리한 적이 패배한 유다 백성을 조롱하는 그림이다. 한때 웅장하고 안전했던 예루살렘 성이 이제 조롱과 멸시의 대상이 되었다. 사람들은 그를 조롱했으며 그 적들은 사라져 버린 이전의 영광과 희락을 비웃으며 그들의 승리를 기뻐했다.

하지만 예루살렘이 그 적들의 자랑을 믿지 않도록 하기 위해 예레미야는 유다 사람들에게 그 멸망은 하나님이 하신 일이라는 사실을 다시 생각나게 했다. "원수가 너로 말미암아 즐거워하게 하며 네 대적자들의 뿔로 높이 들리게 하셨"(17절)다는 구절에서, 그 성을 파괴할 때 예루살렘의 적에게 나타난 '뿔'(힘. 참조, 3절)은 그들 자신의 것이 아니었다. 하나님이 그들에게 예루살렘을 획득할 수 있는 능력을 주셨다. 즉 그들을 멸망시킨 분은 바로 하나님이셨다. 그리고 하나님은 죄를 범한 백성들을 긍휼히 여기지 않으셨다(참조, 21절; 3:43).

2:18~19 예레미야의 다섯 번째 그림은 재난에 처한 백성이 절망 속에서 끊임없이 하나님께 울부짖는 남은 자들에 대한 것으로 바뀌었다. "네 마음을 주의 얼굴 앞에 물 쏟듯 할지어다"(19절)라는 말은 진실한 기도를 뜻한다. 백성들은 그들의 가장 깊숙한 생각과 감정의 끈을 풀고 하나님 앞에 마음을 토로한다(참조, 시 42:4; 62:8; 142:2). 여기서 백성들을 향한 예

레미야의 권고(11절)와 그의 반응은 유사하다. 이 두 경우에 그들은 울며 고통스러워하거나, 하나님 앞에 기도로 그들의 감정을 쏟아 낸다. 그리고 굶주린 어린아이들의 비통한 장면에 슬픈 감정의 초점을 맞춘다.

C. 예루살렘의 기도(2:20~22)

예레미야는 예루살렘의 재난을 애통해 하며 예루살렘을 부르던 그의 개인적인 슬픔에 대한 표현(12~19절)을 끝낸다. 이제는 하나님께 대한 예루살렘의 기도를 기록한다.

2:20상~20중 예레미야는 고통과 공포의 부르짖음 속에서 그 성을 하나님이 감찰해 주시기를 간구하며 성의 재난에 대해 생각한다. 굶주림으로 아이를 죽이는 구역질 나는 상황이 존재한다. 예루살렘에 대한 포위가 너무 심해 그 안에 있던 모든 사람들이 굶주려 죽게 되는 상황에 처했다. 자기 보존의 놀랄 만한 욕구로 인해 어떤 부모들은 식인종이 되어 그들의 아이를 잡아먹었다. "여인들이 어찌 자기 열매 곧 그들이 낳은 아이들을 먹으오며", 이 행위는 하나님이 율법에 대한 불순종의 결과를 이스라엘에게 경고할 때 모세에 의해 생생하게 묘사되었다(참조, 레 26:27~29; 신 28:53~57). 이런 비난받을 만한 행위는 가장 절망적인 때(참조, 왕하 6:24~31)에 실행되었다.

2:20하~21중 살육에는 어린이들을 넘어 종교 지도자와 모든 연령의 사

람들까지 포함되었다. 바벨론 군대가 정복하기 위해 밀려왔을 때 제사장들과 선지자들이 주의 성소 안에서 살육당했다. 예레미야가 예루살렘의 바람 부는 거리를 지나갈 때 그는 깨진 벽돌 조각 사이에 흩어져 있는 부푼 시체들을 보았다("늙은이와 젊은이가 다 길바닥에 엎드러졌사오며"). 바벨론이 마침내 예루살렘의 방어를 뚫었을 때 그 군대는 30개월 동안 그들을 방어한 예루살렘에 화가 나 있는 상태였다. 그들은 연령과 성을 가리지 않았다. 피에 굶주린 바벨론 군사들은 수천 명을 살육했다.

2:21하~22 누구도 그 종국의 심판을 잊지 않도록 하기 위해 예레미야는 다시 심판의 칼을 휘두르신 자가 하나님임을 백성에게 상기시킨다(참조, 17절). 하나님이 바벨론을 이기게 하셨기 때문에 바벨론이 이긴 것이다. 하나님은 예루살렘이 그에게 불순종했을 때 그가 하실 일을 이스라엘에게 경고하셨었다(레 26:14~39; 신 28:15~68). 그리고 그는 충실하게 약속을 이행하셨다. 하나님이 사랑했던 백성은 이제 멸망당했다.

Ⅲ. 세 번째 애가: 예레미야의 반응(3장)

　　3장은 애가서의 중심이다. 이 장은 다른 장까지 포함한 이 책 전체에 명확한 구조를 제시한다. 1~2장과 4~5장의 죄의 어둠과 고통이 3장에 나오는 하나님의 신실한 사랑의 찬란함을 전개할 수 있게끔 하는 배경 역할을 한다.

　　이 장은 처음 두 장과 현저히 다르다. 22절 대신에, 히브리 알파벳 전체의 세 배인 66절로 되어있다. 이 장은 또한 1, 2장에서 문지기 역할을 하는 친밀한 단어 '오!'(애카[אֵיכָה])로 시작하지 않는다. 대신에 일인칭 화자가 자신이 경험한 고난에 대한 개인적인 반응으로 묘사해 나간다.

　　3장의 주제와 내용에 대해서는 앞에서 논의했다. 사람들은 '나', '나를', '나의'가 의인화된 예루살렘을 지칭한다는 사실을 알 것이다(참조, 1:12~22; 2:22). 3장의 일부에서는 그 성을 말하는 반면, 다른 부분에서는 한 개인을 말하고 있다. 사실 이 사람과 예레미야는 완전히 같다. 이 두 사람 다 그들 나라 백성들에게 미움을 받았고(렘 1:18~19; 애 3:52), 도우려 했던 사람들에게 조롱을 받았으며(렘 20:7~8; 애 3:63), 생명을 위협당했고(렘 11:18~19; 애 3:60), 물구덩이에 처넣어졌다(렘 38:4~13; 애 3:53~58). 그리고 둘 다 그 백성의 멸망에 대해 슬피 울었다(렘 9:1; 13:17; 14:17; 애 3:48~49).

　　그러므로 질문하는 사람은 예레미야 자신인 것이 당연하다. 그러나 그 표현에는(한 사람을 넘어서) 모든 사람이 포함되어 있음을 알아야 한다. 이 장에서 단수에서 복수로('우리', '우리를', '우리') 전환된 것이 크게 눈에 띈다(참조, 22, 40~46절). 따라서 3장에 나온 한 사람은 모든 이스라엘 사람을 대표하는 예레미야로 보는 것이 가장 좋은 해석이다. 그가 당한 고난은 많은 이스라엘 사람이 당한 고난을 나타내기 때문에 그는 자신의 경험을 사용했다.

이 장을 세 부분으로 나눌 수 있다. 예레미야는 예루살렘의 몰락 기간 동안의 그의 고뇌를 상세히 묘사했다. 그런 고통의 와중에서 그가 알고 있는 하나님의 방법은 희망을 주는 것이지 절망이 아니었다(19~40절). 그래서 예레미야는 구원과 회복과 하나님의 뜻이 이루어지도록 이스라엘을 하나님께 기도하도록 인도할 수 있었다(41~66절).

A. 예레미야의 고뇌(3:1~18)

3:1~3 많은 비유를 통해서 예레미야는 유다의 대표자로서 그가 하나님의 분노의 손에 의해 당한 많은 고난을 낱낱이 열거해 나갔다(참조, 2:2, 4; 4:11). 예레미야는 겉으로 보기에 이전의 태도나 행동과 반대의 모습을 보이는 하나님을 보았을 때 혼란스러웠다. 하나님은 예레미야가 하나님이 인도하시는 빛 안에 걷기보다는 어둠 속에서 흔들리게 하셨다(참조, 3:6). 하나님은 예레미야에 대한 손을 돌이키셨다. 이 구절은 독특한 부분인데, 하나님의 손에 대한 개념은 구약성경에 잘 나타나 있다(참조, 삼상 5:6; 욥 19:21). 하나님의 사랑의 손이 재난의 주먹이 되었다.

3:4~6 하나님의 재난은 예레미야에게 고통스런 결과를 가져왔다. 하나님의 고통이 그의 건강을 대가로 지불케 했다(참조, 시 38:2~3). 그의 살과 가죽을 쇠하게 하시고(주름 잡히고) 그의 뼈가 꺾였다(그의 내적 고통

에 대한 상징적인 표현일 것이다. 참조, 시 42:10). 이런 외적 변화는 내적 고통에 의한 것이었다(참조, 15, 19절). 예레미야는 내외적으로 모두 부서졌다.

3:7~9 예레미야는 그의 재난에서 빠져나갈 어떤 길도 찾을 수 없었다. 그는 갇히고 묶였으므로 자유는 사라졌다. 하나님은 그의 도움을 구하는 기도를 물리치셨고 피할 수 있는 모든 길을 막으셨다.

3:10~13 하나님은 예레미야를 벌주기 위해 홀로 내버려 두기로 작정하신 것 같다. 하나님은 예레미야를 공격하여 상처 입히려고 길가에 숨은 곰이나 사자와 같았다. 예레미야는 하나님이 그를 과녁으로 삼으신 것 같다고 말했다(참조, 욥 6:4; 7:20; 16:12~13). 하나님은 고난을 주기 위해 그를 선택하셨다.

3:14~18 예레미야는 생생한 이미지를 통해 그의 고난에 대한 묘사를 끝맺는다. 그는 동족들에게 조롱당했고 비웃음을 받았다. 쓰디쓴 고통에 눌려(쑥과 담즙으로, 유다에서 가장 쓴 맛을 내는 식물. 참조, 19절.) 발에 밟히고 평강과 복은 떠났으며 절망으로 이끌려갔다.

B. 예레미야의 희망(3:19~40)

3:19~24 예레미야의 상태는 유다의 상태와 같다. 그의 외적인 고통과

(19절상. 참조, 1~4절) 내적 동요(19절하. 참조, 5, 13, 15절)는 그를 절망으로 몰고 갔다("내가 낙심이 되오나"). 하지만 한 가지 생각이("내가 내 마음에 담아 두었더니") 그를 내리누르며 위협했던 절망을 밀어낼 수 있었다("여호와의 인자와 긍휼이 무궁하시므로 우리가 진멸되지 아니함이니이다"). 유다는 무너졌으나 없어지진 않았다. 하나님이 죄 때문에 유다를 벌 주셨지만 자신이 언약한 백성, 유다를 버리지 않았다. '크신 사랑'이란 단어는 헤세드(חֶסֶד)이다. 이 단어는 신실한 사랑의 의미를 갖고 있다. 하나님은 자신이 선택한 백성을 붙들고 계셨다. 신명기 28장에서 이스라엘과 맺은 언약(참조, 서론)은 폐기되지 않았다. 사실 하나님의 사랑은 그가 약속한 저주를 실행하시면서, 동시에 남은 자를 지키시는 그의 신실함 속에서 볼 수 있다. 심판 그 자체는 하나님이 그의 백성을 버리지 않았다는 증거가 된다. 하나님의 '긍휼'(레헴[רֶחֶם: 자궁], 의미를 강조하기 위해 복수를 사용함)은 하나님께 속한 사람들에 대한 관심과 자비의 마음을 보여 준다.

유다는 하나님이 영원히 그를 버리도록 그렇게 멀리 떠날 수 있을가? 하나님의 신실한 사랑과 긍휼에는 한계가 있는가? 예레미야의 대답은 '아니오'이다. 하나님은 '자비'가 아침마다 새롭게 나타나는 분이시다. 하나님은 그의 언약의 백성에게 날마다 새로운 사랑을 공급해 주신다. 광야에서 만나를 주신 것처럼 그 공급에는 끝이 없다. 이 사실이 예레미야를 찬양하게 만들었다("주의 성실하심이 크시도소이다"). 그는 자신에게 부어 주시는 하나님의 끝없는 자비로 되돌아왔다. 이것 때문에 예레미야는 회복과 축복을 가져다주시는 하나님의 역사를 기다리기로 결심했다. 그는 이제 하나님의 신실한 사랑이 얼마나 끝이 없는지를 알았기 때문에 어떠한 상황에 직면해도 하나님을 신뢰할 수 있었다.

3:25~40 신명기 28장에서 말한, 저주를 가져오신 하나님이 신명기 30장에서 약속하신 축복도 가져오실 것이다. 하나님의 백성은 그들의 고통에 대한 마땅한 태도를 보일 필요가 있었다. 예레미야는 이스라엘의 고통의 본질에 관하여 일곱 가지 원칙을 썼다. 첫째, 고난은 하나님의 구원, 즉 종국의 회복에 대한 희망으로 견디어 내야 한다(25~30절). 둘째, 고난은 단지 잠깐이며 하나님의 긍휼과 사랑에 의해 경감된다(31~32절). 셋째, 하나님은 고난을 기뻐하지 않으신다(33절). 넷째, 만약 고난이 불의한 것이라면 하나님이 그걸 보시고 기뻐하지 않으신다(34~36절). 다섯째, 고난은 항상 하나님의 주권에 달려있다(37~38절. 참조, 욥 2:10). 여섯째, 고난은 근본적으로 유다의 죄 때문에 비롯되었다(39절). 일곱째, 고난은 하나님의 사람을 돌이키는 데 위대한 선을 이루게 한다(40절).

예레미야는 하나님의 성품과 그의 백성과 맺은 언약이 어떤 관계가 있는가를 기억함으로써 그의(그리고 이스라엘의) 고난을 좀 더 합당한 관점으로 바라볼 수 있었다. 유다의 고난은 의지할 데 없는 백성에게 상처를 입히며 고통 주기를 기뻐하는 변덕스러운 하나님의 잔인한 행동에서 나온 것이 아니었다. 오히려 그 고난은 그의 언약을 신실하게 지키시는 긍휼하신 하나님에게서 비롯되었다. 하나님은 사람들에게 고난 주기를 기뻐하지 않으셨다. 그러나 고난은 유다를 되돌아오게 하려는 일시적인 수단으로 주신 것이었다. 그래서 예레미야는 백성을 권고하면서 이 부분을 끝낸다. 우리가 스스로 행위를 조사하고 여호와께로 돌아가자는 것이다. 하나님의 고난은 말을 듣지 않는 백성을 되돌려 바로잡기 위한 수단으로 계획된 것이었다(신 28:15~68). 그것은 백성을 주께로 되돌아오게 하려고 계획된 것이었다(신 30:1~10).

C. 예레미야의 기도(3:41~66)

선지자의 상황(1~18절)과 하나님의 성품이(19~40절) 예레미야를 기도하게끔 촉구했다. 다음 단락은 두 부분으로 나누어진다. 첫째 부분(41~47절)에서는 선지자가 백성들에게 고통 때문에 그들의 죄를 하나님께 자백하도록 권고하고 있다. 이 단락은 복수로('우리', '우리를', '우리의') 쓰여졌다. 두 번째 부분(48~66절)에서 예레미야는 그의 기도 후에 하나님의 개인적인 구원을 기억했다. 이 사실이 예레미야가 그의 적들을 심판해 주시라고 하나님께 간구하게 만들었다. 이 부분은 단수로('나', '나를', '나의') 쓰여졌다. 이것은 유다의 대표자로서의 예레미야를 나타낸다. 하나님이 예레미야를 구원하시고 그의 적들을 심판하신 것 같이, 유다가 하나님께 간구하면 하나님은 유다를 구원하시고 그 적을 심판하실 것이다.

3:41~47 이 기도는 40절의 권고에서 비롯되었다. 유다가 하나님께로 돌이키는 것은 기도를 통해서 이루어질 것이다. 그가 하늘을 향해 돌아서면 자신이 범죄했고 패역했음을 알 것이다. 그 나라의 고난, 즉 나라가 하나님의 진노 아래 있고(참조, 2:1, 3, 6, 22; 3:43) 기도가 응답되지 않아 열방에게 찌꺼기처럼 거부당하고 비소당한 것(참조, 2:16)은 하나님께 대한 불순종에서 비롯된 것이다. 그의 모든 두려움과 함정과 잔해와 멸망은 하나님과의 언약을 거역한 결과이다. 유다가 죄의 무서운 결과를 알았을 때 비로소 자신의 죄를 인정할 것이다.

3:48~51 48절에서 예레미야는 인칭을 복수에서 단수로 갑자기 바꾸었다. 유다 백성의 자백(41~47절) 다음에 48~51절에서 예레미야가 백성의 대표자(52~66절)가 되는 변화가 일어난다. 백성들이 자신의 죄를 자백하고 하나님의 응답을 기다릴 때 예레미야는 계속해서 울며(참조, 2:11) 여호와께서 하늘에서 살피시고 돌아보시기를 간구한다. 이스라엘이 포로 생활에서 하나님께 돌이켜 간구하면 그를 회복시키겠다고 약속하셨다(신 30:2~3). 그래서 예레미야는 그 사건이 실제로 일어나기까지 하나님의 백성을 회복시켜 달라고 하나님께 계속해서 간구할 것을 맹세했다.

3:52~55 하나님이 그들의 운명을 바꿔 주실 때까지 백성들을 위하여 기도할 것을 맹세한 다음, 예레미야는 백성들의 대표자가 되어 이스라엘을 자신의 처지와 관련시켰다. 유다가 고난당할 때 예레미야 또한 고난당했다. 유다가 구원해 달라고 간구하면 예레미야도 구원을 간구했다. 하나님이 예레미야를 구원하신 것은 그 나라에 가져올 구원의 전주곡이었다.

유다 최후의 날 동안 예레미야의 사역은 많은 적을 만들게 했다. 그 자신의 고향 사람들이 그를 죽일 것을 음모했고(렘 11:18~23), 성전에 있는 사람들은 그를 사형에 처할 것도 요구했다(렘 26:7~9). 그는 매를 맞고 반역자로 몰려 옥에 갇히게 되었다(렘 37:11~16). 나중에 느부갓네살의 포위가 끝날 무렵에는 굶어 죽게 하려고 진흙 구덩이에 처넣어졌다(렘 38:1~6).

예레미야는 죽음을 경험하게 될 구덩이에서 하나님께 구원해 달라고 간구했다. 어떤 사람들은 그 구덩이가 물웅덩이, 혹은 무덤, 지옥을 동시에 말하고 있는 것으로 여긴다(참조, 삼하 22:5~6; 시 18:4~5; 69:1~2, 14~15; 욘 2:5~6). 예레미야가 실제로 웅덩이에 던져진 사건을 보며 히브리 사람은 죽음의 웅덩이라는 개념을 떠올렸을 것이다. 하지만 상징적인 뜻을 너무 깊게 생각해서는 안 된다. 만약 그 웅덩이가 죽음만을 뜻했다면 "그 위에 돌을 던짐이여"(53절)라는 구절이 무의미하게 될 수 있다. 죽음의 구덩이에 빠졌다면 왜 사람들이 자기에게 돈을 던지는 것에 관심을 가졌겠는가? 그가 실제 웅덩이에 빠졌다면(예레미야의 상황처럼) 실제 위험에 처했다는 것을 나타내는 것이 옳을 것이다.

3:56~58 웅덩이에서 구원을 외치는 예레미야의 기도는 응답받았다 ("내가 주께 아뢴 날에 주께서 내게 가까이 하여"). 하나님은 예레미야 편에 서서 진흙 구덩이에 빠진 죽음에서 그를 구하셨다(참조, 렘 38:7~13). 그래서 예레미야는 유다에 대한 하나님의 긍휼과 신실하신 사랑(참조, 22~23절)의 산 예시가 되었다. 하나님은 자기에게 구원을 요청하는 이 사람을 정말로 구원하셨다.

3:59~66 예레미야는 그를 적대시하는 그의 적, 유다 사람들 앞에서 그를 구해주실 것을 간구했다. 하나님은 예레미야가 모함받는 것을 보셨다. 그를 향한 그들의 복수, 음모, 모욕과 조롱을 보셨다. 예레미야는 또한 그들이 행한 대로 보응해 주시도록 하나님께 간구했다. 이 사실은 느부갓네살이 예루살렘에 침공해 들어갔을 때 역사적으로 이루어졌다. 예레미야를 음해하고 박해했던 지도자들은 그 대가로 바벨론에 의해 벌을 받았다(참조, 렘 39:4~7; 52:7~11, 24~27). 예루살렘도 분명히 이와 같았다. 예루살렘 역시 그 적들에게 박해를 받았다(46~47절). 하지만 그가 하나님께 돌아오면 적들 앞에서 그를 구해 주실 것을 확신할 수 있었다.

IV. 네 번째 애가: 여호와의 진노(4장)

4장은 2장에서 묘사한 심판과 유사하다. 심판을 받고 있는 한 사람의 반응을 묘사한 후(3장) 예레미야는 예루살렘의 재난 장면을 살펴보는 것으로 다시 되돌아갔다. 그는 포위 전후의 예루살렘의 상황을 비교했고(4:1~11), 포위 원인을 설명했으며(12~20절), 시온의 구원을 간구했다(21~22절).

A. 포위 전과 후의 비교(4:1~11)

예루살렘이 심판을 받은 적나라한 사실은 몰락 전과 현재의 상태를 비교함으로써 날카롭게 제시되었다. 몇몇 학자들이 1~6절과 7~11절 사이에서 유사점을 찾았다(참조, "예레미야애가 4장 1~11절 사이의 유사점" 도표). 이 두 부분은 모두 동일한 결론, 즉 예루살렘의 현재의 재난은 죄에 대한 하나님의 심판이라는 점(6, 11절)을 지적하기 위해 쓰여졌다.

4:1~2 예레미야는 예루살렘을 빛을 잃은 금과 버려진 보석으로 비유했다. 그리고 상징적 언어를 통해 설명했다. 금과 보석은 예루살렘 사람인 시온의 아들이었다.

이전의 영화 때문에 예루살렘은 금처럼 귀했으나 이제는 질항아리같이 여겨졌다. 진흙은 팔레스타인 지방에 흔했다. 거의 모든 그릇은 이것으로 만들어졌다. 질그릇은 아주 많아서 그 가치가 거의 없었다. 하나가

깨지면 밖에 던지우고 새 것으로 대치되었다. 예루살렘 사람들도 이와 같이 하나님의 소중한 백성이었으나 이제 무가치하게 되었다.

예레미야애가 4장 1~11절 사이의 유사점			
4:1~6		4:7~11	
1-2절	시온의 아들의 가치가 멸시받았다.	7~8절	왕자들의 가치가 멸시받았다.
3~5절	어린아이와 어른들이 고난받는다.	9~10절	어린아이와 어른들이 고난받는다.
6절	결론: 그 재난은 하나님의 징계이다.	11절	결론: 그 재난은 하나님의 징계이다.

4:3~5 예레미야는 일반적인 사람들에서 특별한 어린아이들로 그 초점을 바꾸었다. 포위 기간에 어머니들에 의한 어린이의 대우는 야생동물들보다 더 나빴다. 지중해 연안 지역에서 볼 수 있는 들개들은 무리지어 돌아다닌다. 그들은 황폐하고 황량한 지역에 무리지어 있다(참조, 사 35:7; 렘 9:11; 10:22; 49:33; 51:37; 말 1:3). 심지어 들개들조차 자기 새끼를 먹이고 있을 때에도, 떡과 물을 구하는 예루살렘의 아이들은 부모에게 버림받았다. 예루살렘 사람들은 야생 타조처럼 무정하게 되었다. 어미 타조는 새끼에 무관심하여 그들이 짓밟고 다니는 모래 속에 알을 낳고서는 돌보지 않는다(참조, 욥 39:14~18 주해).

젖먹이와 아이들은 목마름과 배고픔으로 죽어 가고 있었다(참조, 2:19). 포위 기간 동안 계속해서 진수를 먹던 사람들도 이제는 가난하게 되었고 왕자들(왕실의 붉은 옷을 입고 양육받은 자)도 병중에 잿더미 위에 누워 있었다(참조, 욥 2:8).

4:6 예레미야는 이 네 번째 애가의 첫 번째 단락에서 예루살렘을 소돔에 비교하며 끝냈다. 그러나 예루살렘의 징계는 소돔 때보다 더 무거웠다. 그 이유는 첫째, 소돔의 징계는(한 순간에) 짧았으나 예루살렘은 오랫동안 계속되었다. 둘째, 소돔에는 아무런 도움도 없었던(사람의 손을 대지 않은) 반면 예루살렘은 애굽의 도움이 있었다.

4:7~9 예레미야의 두 번째 단락(7~11절)은 첫 번째 단락(1~6절)과 비슷하지만 여기서는 폭을 좁게 하여 그 예를 들어 효과를 높이고 있다. '시온의 아들들'(2절)이 이제는 방백들(참조, 2:2, 9)로 불린다. 도시의 지도자들은 다른 모든 사람처럼 똑같은 운명으로 고통을 당했다. 그들의 윤택한 안색과 건강한 몸들도 바벨론의 파괴의 손길에서 도망치지 못했다. 그들도 역시 피부가 검어지고(숯보다 검고) 말라졌으며(주름 잡혔고) 그들의 몸은 굶주림으로 고통받아 쇠약해졌다(참조, 5:10).

4:10~11 굶주리고 있던 아이들이(4~5절) 이젠 그들의 부모에 의해 희생당했다. 굶주림의 극심한 고통으로(참조, 1:11, 19) 마침내 자비했던 부녀가 자기 자녀를 잡아먹게 되었다(참조, 2:20 주해).

　예레미야는 시온의 징계의 원인이 바로 하나님임을(참조, 1:12~17; 2:1~8; 5:20) 다시 한 번 지적하면서 두 번째 단락을 끝맺는다. 예루살렘은 죄로 인한 하나님의 진노(참조, 2:2, 4; 3:1)와 맹렬한 분노(참조, 1:12; 2:3, 6)를 경험하고 있다. 하나님의 심판은 예루살렘을 통째로 삼키는 불 같았다(참조, 2:3). 도시의 구조와 기초가 모두 파괴되었다.

B. 포위된 원인(4:12~20)

4:12 예루살렘은 안전해 보이는 완벽한 요새였다. 그 도시는 과거에 몇 번 침략자들에 의해 점령당했다(참조, 왕상 14:25~28; 왕하 14:13~14; 대하 21:16~17). 그러나 그 성은 다시 더 견고하게 세워졌다(참조, 대하 32:2~5; 33:14). 게다가 히스기야는 수로를 파서 그 물이 도시로 들어오게 했다. 그래서 예레미야 시대의 왕들은 그 도시를 난공불락의 성으로 여겼다. 그런데 하나님은 그 도시를 무너뜨렸다.

4:13~16 예루살렘의 포위와 몰락의 한 가지 원인은 선지자들과 제사장들의 죄악이었다. 하나님과 사람 사이의 중재자의 자격을 갖고 있던 지도자들이 타락했다. 공의를 지키고 하나님의 언약을 충실히 지키는 대신에, 이들은 무죄한 사람들의 피를 흘렸고, 그 피로 더러워졌다. 그들은 죄로 더러워졌으므로 나병 환자와 같은 대우를 받았다. 놀랍게도 사람들이 나병 환자를 피하는 것처럼 선지자들과 제사장들을 피해 다녔고, 이들은 언약의 연합에서 쫓겨나게 되었다(참조, 레 13:45~46). 하나님은 백성들을 죄에 빠지게 한 예루살렘의 지도자들(제사장과 장로들)을 흩어 버리셨다.

4:17~19 예루살렘 포위의 첫 번째 원인이 선지자들과 제사장들의 죄 때문이라면(13~16절) 두 번째 원인은 외국과의 헛된 동맹이라고 할 수 있다. 하나님을 신뢰하는 대신에 예루살렘은 바벨론으로부터 보호받고자

애굽에 의존했다. 이스라엘은 헛되이 자신을 구원치 못할 나라를 바라보았다. 예레미야와 에스겔 둘 모두는 헛되이 애굽에 도움을 청하고 있는 것에 대해 경고했다(렘 37:6~10; 겔 29:6~7). 바벨론의 군대가 공중의 독수리보다 더 빨리 와(참조, 합 1:8) 마침내 예루살렘을 점령하고 도망가려는 사람들을 쫓아 마지막 끝날에 이르렀을 때, 그 헛된 희망은 더욱 쓰라린 슬픔만을 가져왔다.

4:20 예루살렘 포위와 몰락의 세 번째 원인은 그들의 왕인 시드기야였다. 시드기야는 여호와의 기름 부음 받은 자였다. '기름 부음 받은자'(메시아[מָשִׁיחַ])라는 말은 이스라엘 왕을 일컫는 말이었다. 왜냐하면 하나님에 의해 그 임무가 구별되었다는 것을 나타내기 위해 그 머리에 기름이 부어졌기 때문이다(참조, 삼상 10:1; 16:1; 왕상 1:39~45; 왕하 11:12). 예루살렘이 몰락했을 때 시드기야는 요단강과 암몬으로 도망가려고 했다(렘 39:2~7). 그러나 그는 적의 함정에 빠졌다. 그의 아이들은 죽음을 당했고 그는 사슬에 묶여 끌려갔다. 그들의 안전을 의지했던 예루살렘의 지도자들은 그들을 보호할 힘이 없었다.

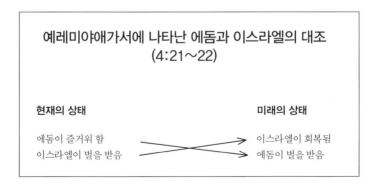

예레미야애가서에 나타난 에돔과 이스라엘의 대조
(4:21~22)

현재의 상태	미래의 상태
에돔이 즐거워 함	이스라엘이 회복됨
이스라엘이 벌을 받음	에돔이 벌을 받음

C. 공의를 구함(4:21~22)

4:21~22 이스라엘과 맺은 하나님의 언약 때문에(신 28~30장) 백성들은 하나님의 구원을 바라볼 수 있었다. 예레미야애가 4장의 마지막 두 절은 이스라엘과 그들의 이방 적인 에돔 사이의 대조를 그리고 있다(참조, "예레미야애가서에 나타난 에돔과 이스라엘의 대조" 도표).

에돔은 예루살렘이 바벨론에 멸망하도록 조장하는 역할을 적극적으로 수행했다(참조, 시 137:7; 렘 49:7~22; 겔 25:12~14; 35장. 참조, 우스에 관한 욥기 1:1 주해). 자기 '형제' 야곱(신 23:7)에 대한 에돔의 죄는 예루살렘을 이용하여 이익을 취했던 모든 나라들의 죄를 대표한다. 하나님은 그들의 행동에 대해 말씀하셨고, 죄의 대가로 그 나라들을 심판하실 것이다. 하나님은 말씀하신 대로 정확히 행하실 것이다(신 30:7). 에돔이 예루살렘의 재난을 즐거워하고 기뻐한다 할지라도 언젠가는 더 쓴 잔이 그에게 이를 것이다(참조, 1:21~22). 잔을 마시는 것은 심판을 당하는 것을 뜻했다(참조, 렘 25:15~28). 하나님이 예레미야 시대에 죄로 인해 예루살렘을 심판하신 것 같이, 하나님은 죄로 인해 에돔(넓게는 모든 이방 민족을) 또한 심판하실 것이다. 예루살렘은 회복을 기대할 수 있으나 에돔은 단지 심판만을 기다려야 한다(참조, 옵 4, 15~18, 20~21절 주해).

Ⅴ. 다섯 번째 애가: 남은 자들의 반응(5장)

다섯 번째 애가서는 앞선 애가의 형태를 깨뜨린다. 사실 이 장은 애가라기보다 기도라고 하는 것이 더 적합하다. 1~3장에서는 각각 하나님께 대한 기도로 끝을 맺지만(1:20~22; 2:20~22; 3:55~56) 4장에는 기도가들어있지 않다. 따라서 5장의 기능은 4장 다음에 나오는 기도와 이 책의 결론을 짓는 기도로 볼 수 있다.

이 기도는 남은 자들의 반응으로, 두 부분으로 나뉜다. 첫째는 하나님께 자신의 처지를 기억해 달라고 간구하는 것이다(1~18절). 이 부분은 또한 죄의 고백을 포함하고 있다. 하나님의 기억하심을 간구한 후에는 유다의 회복을 간구한다(19~22절). 이 문맥에서는 이스라엘 땅의 회복과 언약의 축복을 구하고 있는 것이다(신 30:1~10).

A. 기억하심을 바라는 남은 자들의 기도(5:1~18)

5:1 1절은 5장의 기도 전체를 소개한다. 남은 자들은 그들이 당한 모욕을 기억하시며 그들의 현재의 치욕을 감찰해 주시기를 하나님께 간구했다. 예레미야는 하나님이 그러한 잔악함을 알고 계심을 이미 지적한 바 있다(3:34~36). 그래서 무슨 일이 일어났는가를 감찰해 달라는 백성의 기도는 옳지 않다(하나님은 모든 것을 알고 계시므로. 참조, 잠 15:3). 오히려 하나님은 그들의 상황을 감찰하시고 역사하신다.

5:2 1인칭 시점을 사용하지만('우리', '우리를', '우리의') 백성들은 바벨론에 의해 당하게 된 고난의 일반적인 상태로 묘사됐다(2~10절). 유다의 땅이 이방인들에게 돌아갔다. 바벨론이 그 땅의 통치권을 잡고 그 땅을 장악했다(렘 40:10; 41:3). 이에 더하여 유다 주위의 국가들은 마음대로 유다 땅의 일부를 제 것으로 삼거나 병합해 버렸다(겔 35:10).

5:3 그들의 소유를 잃은 것 외에 그 백성은 자신의 권리까지 잃어버렸다. 그들의 새로운 주인은 그들을 거의 돌아보지 않는 잔인한 독재자들이었다. 남자들은 고아나 아비 없는 자식처럼 버려졌고 어미는 과부처럼 초라해졌다. 이스라엘 사회에서 고아나 과부는 가장 무력한 자들이었다(참조, 1:1 주해). 그들의 권리를 옹호하거나 그들의 공의를 보장해 줄 자가 아무도 없었다. 바벨론의 통치 아래 유다는 어떤 권리나 보호받을 수단도 없었다. 그들은 적에게 패배한 자들이었고 바벨론은 그들의 잔인한 군주였다(참조, 합 1:6~11).

5:4~5 유다에 대한 바벨론의 통치는 잔악했다. 유다 사람들은 그들이 마실 물과 연료로 이용할 목재를 돈 주고 사야만 했다. 그들은 유다와 바벨론 어디에서도 그들을 쫓는 자들로부터 쉴 수 없었다. 박해와 공포가 그들의 모든 발걸음을 따라다녔다(참조, 신 28:65~67; 겔 5:2, 12).

5:6~8 유다의 재난에 또 다른 중요한 요인이 있었다. 그들은 양식을 얻기 위해 애굽, 앗수르 사람과 '악수했다'. '악수하다'로 번역된 히브리어는 '돈을 주다', '손을 잡고 흔들다'라는 뜻이다. 이 구절은 계약이나 협정의 뜻을 포함하고 있다(참조, 왕하 10:15). 그리고 종종 협정을 맺은 한 집

단이 좀 더 힘이 센 다른 집단에게 사람에게 굴복하거나 복종한다는 뜻으로 사용된다(대상 29:24; 대하 30:8; 렘 50:15). 유다는 나라의 안전을 위해 역사적으로 애굽과 앗수르에게 동맹국으로 서약해 왔다(참조, 겔 16:26~28; 23:12, 21). 유다의 과거의 지도자들은(선조) 나라들 사이에서 동맹국을 바꾸었는데, 이러한 변덕이 그들을 멸망시켰다. 죄가 죽음을 가져왔고 생존자들은 징계를 받았다. 그들 조상의 죄 때문에 부당한 고통을 받는다고 주장하지 못했다(참조, 5:16). 그러나 그들은 이 징계가 그들 조상의 어리석음 때문이라는 논리적인 결론을 내렸다. 이방신의 나라에 대한 그들 선조의 복종은 이제 더 쓰라린 결실을 맺게 만들었다. 바벨론은 잔인한 감독을 임명했다. 낮은 등급의 사람들이 높아졌고 유다 사람들은 강제로 그들에게 복종해야 했다("종들이 우리를 지배함이여").

5:9~10 그 냉혹한 상황과 식량 부족은 그 백성이 살아남기 위한 필사적인 수단을 취하게 했다. 양식을 사기 위해 유다 사람들이 여행해야 했던 광야 지역에는 유랑하는 강도단의 칼이 따라다녔다. 분명 그들은 용감해야만 했을 것이다. 필요한 음식의 부족으로 인해 그들의 피부는 검어졌다(참조, 4:8).

5:11~14 이 절에서 시점이 1인칭에서 3인칭('그들의')으로 바뀌었다. 그들이 당한 일반적인 고통의 상태를 묘사한 다음(2~10절) 각각 다른 계층에게 미친 영향을 묘사했다. 사회의 어떤 구성원도 심판의 저주에서 도망갈 수 없었다.

외국의 점령자들에 대한 공포로 고통을 당한 첫 번 계층은 예루살렘(시온)의 부녀들이었고 유다의 처녀들이었다. 바벨론 군대의 습격 때 그 도시에 살아남은 자들은 가학적인 군인들에 의해 잔인하게 욕을 당했다. 정복 군인들에 의한 야만적이며 잔인한 장면은 역사를 통하여 수없이 많이 반복되었다. 승자들은 무방비 상태의 부녀자들을 대상으로 호색의 음란한 복수의 잔치를 계속 벌였던 것이다.

그 도시의 지도자들 또한 바벨론 군대의 분노를 맛보았다. 방백들의 손이 매달렸다. 바벨론에 대한 유다의 반역을 이끈 대가로 이런 잔인한 방법으로 죽음의 고통을 당했다. 아마 이것은 말뚝에 희생자를 못 박아매는 십자형의 한 형태로, 그 당시 흔히 사용된 사형 집행의 한 방법이었을 것이다. 장로들도 같은 고통을 당했다.

바벨론 침공 때 살아남은 소년들은 노예가 되었다. 팔레스타인에는 가축이 부족했기 때문에(30개월의 포위 기간 동안 대부분 잡아먹었기 때문에) 동물들이 할 일을 사람들이 해야만 했다. 곡식을 빻기 위해(삼손에게 시켰던 것처럼, 삿 16:21) 남자들은 맷돌을 돌렸다. 그리고 소년들은 도시에 필요한 큰 목재를 운반해야 했다. 유다의 희망이었던 자들이 노예 신세가 되었다.

지혜와 정의와 행복은 그 도시를 떠났다. 노인들이 모이곤 했던 성문은 정의와 지혜의 장소였다. 사람 사이에 분쟁이 있으면 현명한 노인들에게 가져갔다. 그러나 장로들이 떠났으므로(참조, 12절) 지금까지 유다 사람들에게 유효했던 지혜와 정의가 사라졌다. 심지어 소년들의 노래도 그쳤다. 음악은 기쁨과 행복과 관계가 있는 것이다(참조, 시 95:1~2). 그리고 유다는 바벨론의 잔인한 손아귀에서 고통당하는 백성처럼 이제는 기뻐할 것이 아무것도 남지 않았다.

5:15~18 어둠의 장막이 예루살렘을 덮었다. 한때 거기 있었던 기쁨과

희락이 슬픔과 애통으로 바뀌었다. 한때 번성하여 혼잡했던 도시가 황무하여 여우가 노는 폐허가 되었다. 면류관은 예루살렘이 누렸던 영광과 존귀를 상징적으로 나타냈다. 그러나 그 영광이 이제 사라졌다. 죄 때문에 그것을 잃었다. 사람들은 굶주려 혼미해졌고 그들의 눈은 눈물로 어두워졌다(참조, 2:11; 3:48~49). 들개들이 배회하는(참조, 4:3) 황량한 현재의 처지에 대해 책임을 져야 할 사람은 바로 유다 자신이었다.

B. 회복을 구하는 남은 자의 기도(5:19~22)

5:19 자신의 상태를 묘사한 다음(1~18절), 유다는 하나님이 역사하기를 바라는 기도로 끝맺는다(19~22절). 이 기도의 기초는 영원한 하나님의 주권이다("여호와여 주는 영원히 계시오며"). 유다는 그의 하나님이 더 강한 바벨론의 신에게 패배했기 때문에 고통당하는 것이 아니다. 유다의 하나님만이 참 하나님이시다. 그리고 그분이 유다에 재난을 가져오셨다(참조, 1:12~17; 2:1~8; 4:11). 그러나 유다의 멸망을 가져 온 동일한 하나님이 유다의 회복을 가져올 힘 또한 가지고 계신다.

5:20 그 나라를 회복시킬 하나님의 능력을 알았기 때문에 백성들은 두 가지 질문을 하게 되었다. 히브리인들의 서로 다른 것들을 대응시키려는 성향 때문에 이 두 질문은 비슷하게 보일 것이다. 유다에 대하여 잊어버리는 것은 현재 유다의 고통의 상태 그대로 내버려 둔다는 것이다. 여기서 '잊는다'는 것은 1절에서 '기억한다'라는 말의 반대말이다. 하나님은 어떤

것도 잊어버리실 수 없다. 이런 표현은 마치 하나님이 그들을 잊어버린 것처럼 그 백성을 버리거나 포기했다는 것을 의미한다. 백성들은 하나님이 왜 그렇게 오랫동안 그들을 버리셨는지를 묻고 있다. 의미심장하게도 모세는 백성들이 그들의 죄를 자백하면 언약을 기억하시는 하나님의 특성을 묘사하고 있다(레 26:40~42). 그래서 유다 사람들은 그의 언약의 남은 자들에게 약속을 이행해 주시기를 간구하고 있다.

5:21~22 백성들이 간구하는 특별한 것은 "우리를 주께로 돌이키소서 그리하시면 우리가 주께로 돌아가겠사오니"라는 점이다. 백성들은 이스라엘 땅의 회복을 포함하는(레 26:40~45; 신 3:1~10) 하나님의 언약의 축복이 이루어지기를 원했다. 회복에 대한 그들의 궁극적인 희망은 그 언약의 약속에 대한 하나님의 신실하심에 있다. 하나님이 그 나라를 아주 버리시지 않았다면(결코 버리지 않겠다고 맹세하셨다. 레 26:44; 렘 31:31~37) 백성들은 그들의 간구에 응답하실 하나님을 의뢰할 수 있을 것이다.

예레미야애가서는 희망을 보여 주며 끝맺는다. 죄로 인한 잔혹한 고난에도 불구하고 유다는 버려지지 않았다. 하나님은 여전히 전능자이시며 이스라엘과 맺은 그의 언약은 그들의 불순종에도 여전히 시행되고 있었다. 나라에 대한 희망은, 이스라엘이 하나님께 간구하고 죄를 자백하면 포로 기간에 하나님이 그들을 보호하시고(3:21~30) 마침내는 축복을 약속한 나라로 다시 그들을 회복시키는 것을 말한다(21절).

참고문헌

• Cohen, Abraham. *The Five Megilloth*. London: Soncino Press, 1946.

• Gottwald, Norman K. *Studies in the Book of Lamentations*. London: SCM Press, 1962.

• Harrison, R.K. *Jeremiah and Lamentations*: *An Introduction and Commentary*. The Tyndale Old Testament Commentaries, Downers Grove, Ill.: InterVarsity Press, 1973.

• Hillers, Delbert R. *Lamentations*. The Anchor Bible. Garden City, N. Y.: Doubleday & Co., 1972.

• Ironside, H.A. *Jeremiah*: *Prophecy & Lamentations*. New York: Loizeaux Brothers, 1950.

- Jensen, Irving L. *Jeremiah and Lamentations.* Everyman's Bible Commentary. Chicago: Moody Press, 1974.

- Kaiser, Walter C., Jr. *A Biblical Approach to Personal Suffering.* Chicago: Moody Press, 1982.

- Laetsch, Theo. *Jeremiah.* St. Louis, Mo.: Concordia Publishing House, 1965.

- Schaeffer, Francis A. *Death in the City.* Downers Grove. Ill.: InterVarsity Press, 1969.

- Swindoll, Charles R. *The Lamentations of Jeremiah.* Bible Study Guide. Fullerton, Calif.: Insight for Living, 1977.